第 12 章。明治 42 年。70 歳。
2024 年から新札の顔として登場。
銀行など一握りの事業を遺して実財界から身をひく。当時は養育院長はもとより、全国にネットワークをもつ中央慈善協会（現全社協）の会長として活躍。
わが国を代表する「社会事業家」の使命をもって社会福祉の道を拓いた。　（渋沢史料館所蔵）

第 14 章。昭和 2 年 11 月 19 日。88 歳。「養育院は院自身の働きで出来たもので市税をもらったものではない」。全身全霊を投げ打って公的機関である養育院の経営を安定させた。院の子どもを愛し在院者のために献身した半生であった。〈飛鳥山邸内〉
（渋沢史料館所蔵）

養育院幹事 安達憲忠

第 15 章。一般的に当撮影日は不明とされているが、昭和 6 年 9 月 17 日、田中太郎と一緒に撮った写真の一枚。92 歳。『東京市養育院月報』第 364 号に掲載されている。（渋沢史料館所蔵）

養育院幹事 3 代目
同院長 田中太郎

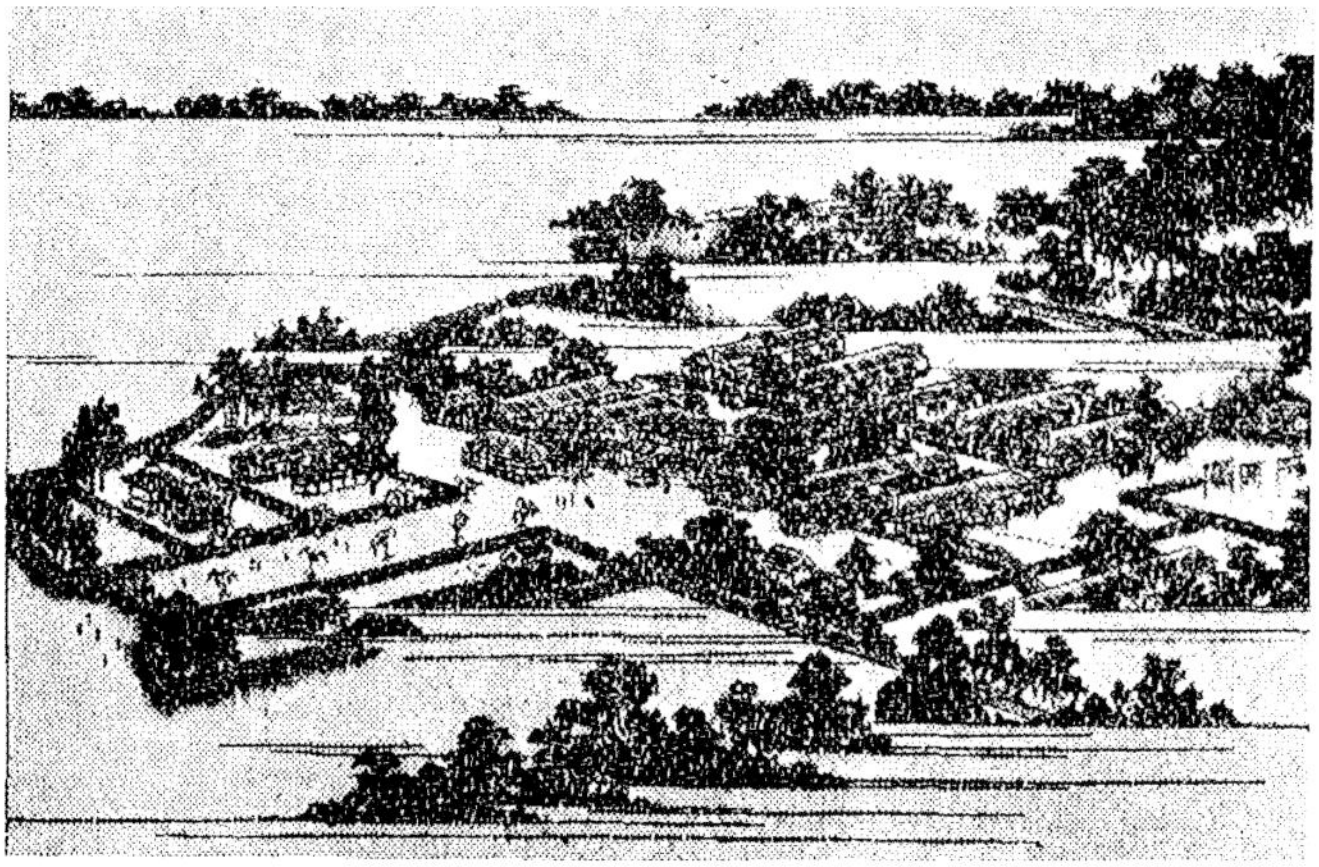

大塚本院見取図絵（『養育院 80 年史』より）

渋沢栄一と社会事業　目次

――社会福祉の道を拓いた「養育院」樹立の半生――

Ⅲ　救済（福祉）事業の夜明け編

Ⅳ　社会事業家への途編

渋沢栄一と社会事業

——社会福祉の道を拓いた「養育院」樹立の半生——

序章　人物スケッチ

通常「渋沢栄一」は「近代日本経済の父」「実財界の泰山北斗」という最大級の讃辞をもって紹介されている。が、これらでさえ的を射た表現とはいえず多少の不満を残すところがある。

「渋沢栄一」を一言で語るのは難しい。

いや、いかに優《すぐ》れた知恵者であっても、一言で表現するのは不可能ではないだろうか。

そんな思いにとらわれて図書館で数冊の人名事典を開いた。〈「財界の太陽」「実業王」「財界の大御所」などの異名をとるほどの日本の資本主義の先覚者、開拓者として活躍した〉（『事典近代日本の先覚者』）とある。今どき使われない〈財界の太陽〉の〈太陽〉に陳腐さをおぼえた。人は棺《かん》を蓋《おお》いて事定《ことさだ》まるという。このシンプルで甘ったるい異名は没後の評価か。当時の新聞や書籍を開いてみると〈太陽〉は存命中のもので「おてんとうさま」と読まれていた。

先の文章のつづきは〈隠退後は教育、社会、文化の各方面の社会公共事業に尽力〉となっているが、〈隠退後〉は誤認である。実財界以外の活動をひと括《くく》りにして社会文化系とした場合、両者の始動は同時期のこと、人生を実財界と社会文化系事業の両輪で築きあげている。その生き方と人物を評価してのことか、当時の書籍には〈万事に卓越した人〉〈偉人の典型〉などに加え〈一個の国宝〉という最上の尊称までである。社会文化系事業の功績は本業の功績に匹敵するほどの光彩を放つ。冒頭の讃辞がものたらないのもこの方の評価が欠落しているからである。

「渋沢栄一」とは、どんな人物だったのか。

〈英傑《えいけつ》（英雄）は時代を作ると謂《い》ひ、時代は俊豪《しゅんごう》（優れた人）を生むと称《しょう》す〉（『青淵回顧録』上巻）とあるように、栄一を英傑俊豪と準《なぞら》えて、時代が栄一を生み、栄一が時代を創ったとある。同様な見方をする研究者は現代にも多く、つねに「近代の象徴」として語られてきた人物である。

昨今「渋沢栄一」の社会事業活動は多少再認識されてきたものの、これまでの社会事業史では完全に放置、無視されてきた。そのため一般に知る機会を閉ざされてきたが、本稿ではまっこうから「社会事業家」として位置づけ、そのうえで、近代実財界の巨頭となる栄一が、どんな精神的経緯をもって社会事業家となったのか、活動のどこが偉大なのか。遠くに仰ぎみる視点ではなく身近にひきよせてその言動と喜怒哀楽をみつめ、人生の軌跡《きせき》をたどろうとしている。

ここに実財界を率《ひき》いる雄姿はない。それゆえ簡単に本業にふれ、社会事業とかかわる姿も交えて人物の全体像を抑《おさ》えておきたい。これから書く話は米寿記念書『青淵回顧録《せいえんかいころく》』（昭和二）から栄一の言葉をぬき出しながら展開していく。「青淵《せいえん》」とは栄一の雅号。同書は刊行の一〇年前から収集した晩年の追懐談を骨子に編集されている。それ以外の出典はそのつど明記する。

栄一は天保一一年に誕生し、東京の自宅で昭和六年に逝去、九二歳の天寿をまっとうした。天保、弘化・嘉永・安政・万延・文久・元治・慶応・明治・大正・昭和と一一の時代を生きるという当時としては稀にみる長寿であった。享年九二は昔の史料に沿って、誕生時を一歳とする数え年の表記。本稿はこれで統一していくが、今流の満年齢では享年九一となる。

栄一が社会に影響力をもつようになるのは、時代が、近世から近代へと移行した直後、明治六年の三四歳から。いまだ金銭にまつわる職業や人が蔑《さげす》まれ賤商《せんしょう》意識の色濃く残っていたころである。若い栄一は特権階級になりつつあった新政府高官・三年半奉職した大蔵省官吏《かんり》（官僚）の椅子をけって、商工業を盛んにしたいという、自ら描いた理想を実現するために『論語』を心の宝典として社会創り国創りにのり出すのである。

最初に日本経済の大動脈の支柱となる金融機関、日本橋兜町《かぶとちょう》に本店をおいた第一国立銀行（現みずほ銀行）の総監役についた。栄一がわが国銀行の開祖となったゆえんである。

〈此《こ》の銀行の経営に就《つ》いては、私は創業当時から余程《よほど》積極的の考えを有《あ》って居《い》た。敢《あ》えて銀行の利益を無視するといふ訳《わけ》ではないけれども、銀行自身の利益よりも寧《むし》ろ日本全体の経済の事を先に考えるといふ態度であった。即《すなわ》ち日本の実業振興せしむる為《ため》に、銀行を全国的に活用せしめるやうにしなければならぬと信じたからである〉（ルビ筆者・以下同）

仕事に向かう姿勢は厳しかった。

〈第一銀行（第一国立銀行の改称）の業務と渋沢の家事とは塵一本でも混同せず、其の間には劃《かく》然《ぜん》たる区別が立ててある。余は自己の地位を利用し、第一銀行の金で私利私欲を計《はか》ると云ふやうなことは微塵《みじん》も無いのみならず、時として私財を割《さ》いて迄《まで》も第一銀行の為に尽くし、其《そ》の基礎の安固ならんことを図《はか》って来た〉（『竜門雑誌』以下同）

政治と距離をおいた生き方をした。

〈私は歴代の内閣に対し、民間事業家の一人として或《あ》る時には苦情も申し、或る時には援助も受けたが、幸い政商にならず、純然たる一事業家として自己の立場に於いて働き、自分で申すのも可笑《おか》しいが、多少なりとも社会に貢献した積《つも》りである〉

行動力の源、いわば生きる精神の支柱にした『論語』から、道徳と実業は一致するという独自の思想「論語と算盤《そろばん》」を編み出して、この思想を実践し社会に訴えつづけた。

〈余は論語を以《もっ》て商売上のバイブルと為し、孔子の道以外には一歩も出まいと努めて来た〉

背広に小型の論語をしのばせ、その教えどおり一日に三省することを実行したという。

仕事の広がりは銀行の総監役となった翌年からはじまる。明治七年、生活困窮者の救護施設である公設の「養育院《よういくいん》」、翌八年には「商法講習所《しょうほうこうしゅうじょ》（現一橋大学）」の設立に関与した。場所は東京。ジャンルは社会事業と教育事業、いずれもわが国最初のとりくみであった。

創設・関与した会社・事業・団体等の総数は一四〇〇あまり。研究者の元東京大学教授土屋喬雄等が適宜に取捨選択した結果、実財界関係の事業で約五〇〇、社会文化系事業は約六〇〇になるという。事業の一部を紹介すると、第一国立銀行をはじめ日本興業、数多くの銀行と銀行団体、東京証券取引所、東京商工会議所、東京海上火災保険、王子製紙、東京ガス、東洋紡績、清水建設、秩父セメント、新日本製鉄、キリン・アサヒ・サッポロビール、帝国ホテル、富岡製糸工場の最初の指導者でもある。ほかに鉄道、造船、汽車製造、自動車製造、化学工業、貿易などあらゆる近代産業に関与。社会文化系事業では養育院、福田会、岡山孤児院、滝野川学園、結核予防会、らい予防協会、盲人福祉協会、聖路加国際病院、理化学研究所等。一橋大学、早稲田大学、同志社大学、工学院大学、東京女学館、日本女子大学等。明治神宮、災害救護団体等。

これら膨大な事業数は単独で栄一が創業した事業の数ではない。各々の事業には創業者・創業団体がある。東京商工会議所や明治神宮などのように、栄一独自の発想と活動から創設されている事業はあるものの、それより、主宰者が協力を求めてくる、困難に直面した創業者から相談されるという、いわばもちこまれた事業が圧倒的に多い。栄一はそれらの会社や事業の顧問・会長・副会長、院長・委員等に就任して再建・再生を果たし、次代へ継承する途《みち》を開いたのである。名義貸しのようなみせかけは一件もなかったそうだから超人的な仕事ぶりといえよう。

前代未聞ともいえる仕事の多様さと量を、どのように考えればよいのか。

この疑問に答えるかのような証言が、早稲田大学創設者の大隈重信《おおくましげのぶ》によって遺されている。

〈維新後明治政府は、外国にある新奇《しんき》の事業を内地におこさうとして、種々計画し、政府自ら経営したが、何《どれ》もうまくゆかなかった。民間では、当渋沢氏の外《ほか》、進んで新事業をやらうという人が見当たらないから、何でもかでも皆渋沢氏のところに持ちこんだ。渋沢氏自身も、計画された新事業がもとより少なくないであろうが、政府から勧めたのは多いように記憶している。ゆえに男爵《だんしゃく》（栄一のこと）が、沢山の会社の重役になったのは時代の要求で、むしろ、止《や》むをえずになったのであるから、今日では、何人《なんびと》も同氏の真似は決してできない〉〈今日の日本商工業の発達は、男爵の力によることが多いやうである〉（『大隈重信叢書』第二巻以下同）

それでは、数々の仕事に従事したことを、晩年の栄一はどう思っていたのか。

〈私は今日までの間に、各方面に亘《わた》って殆《ほとん》ど凡《すべ》ての事に関係せざるはなしと言ひたい位《くらい》に、種々なる仕事に関係して来《き》たが、之《これ》は国家社会の進歩の為《ため》に、自分の力の及ぶ限りは力を尽くしたいといふ微衷《びちゅう》（自分の心・真心の謙称）に外《ほか》ならぬのである。併《しか》し力の足らぬのと、知恵の乏《とぼ》しい為に、私自身では大なる富を造ることは出来なかったが、実業方面に於《お》いては、其《そ》の進歩に相当の力を添《そ》えたと申し得《え》る積《つも》りである。而《しこう》して之《これ》は、私自身に資本があった為《ため》ではなく、社会が私を信じ、私を援助して下さったからであって、決して私一個の力ではないのである。此《こ》の私の体験より申しても、資本よりも信用の大切である事を熟々《つくづく》感ずる次第《しだい》である〉

本業は大病を機に六六歳から段階的にやめ、七七歳で実財界から身をひいている。

その後、国際的な活動もふくめ一〇〇以上の社会文化系事業における諸団体の代表・副代表に就任し、死亡時には五〇あまりの肩書があったという。

六一歳で「男爵」、八一歳で実業財界人唯一の「子爵」を叙爵。この昇爵は実業財界への貢献ではなく、社会事業に対する貢献度の高さが評価されてのことである。

一口に社会事業といっても活動は広範囲にわたる。それは前記「養育院」に対する貢献度の高さであった。養育院の仕事のキャリアは三五歳から没年九二歳までの五八年間。これは実業財界に身をおいた三四歳から引退時七七歳までの四四年間をはるかに上回り、生涯を賭けて挺身したといえるほどの時間の長さとなっている。

右記の栄一の文章で目にとまるのは〈富を造ることはできなかった〉の一文であろう。「栄一と金銭」については後述するが、この一面は一般的に知られていないため、先に紹介しておきたい。〈富〉については次のようにも述べている。

〈尚《な》ほ私は貧乏人と言う訳ではないが、今日漸《ようや》く相当の対面を保つ事が出来るに過ぎない。此《こ》の點《てん》で言えば、事業の方は順序よく発達したとは言へようが、致福《ちふく》の道に至《いた》っては失敗者たるを免《まぬが》れぬ〉と。やはり〈失敗者〉と明言している。

実業人として土地に関心がなく資産投下をしなかった。必要以上の土地所有を避け、別荘さえもたず休養には旅館を使っている。銀行の開祖といわれながら、岩崎弥太郎の三菱銀行（現三菱UFJファイナンシャルグループ）や安田善次郎《ぜんじろう》の安田銀行（旧富士銀行・現みずほコーポレート銀行）のように自身の銀行も創業しなかった。子孫に財産を遺すという考えはなかったようで、戦後の財閥解体時にはGHQより、渋沢同族は財閥に該当しないという通告をうけている。現在まで存続している会社は、明治三〇年創業の澁澤倉庫株式会社（現江東区）のみである。

資産について、栄一は次のように考えていた。

〈余は実業家でありながら大金持ちとなることを好まない。従って世の大富豪なるものが其の国の財産を占有せんとすることを嫌ふのである〉（『青淵百話』以下同）

〈（富豪になるなど）無意義なことに貴重なる人間の一生を捧げるといふのは馬鹿々々しい次第で、人間と生まれた以上は、最《も》う少し有意味《ゆういみ》に終生を過すのが其《そ》の本領であらうと考える〉

富豪にとらわれるのは馬鹿馬鹿しいとまで公言。それでも自身の財力の豊かさは認め〈富を作るといふ一面には常に社会的恩義あることを思ひ、徳義上の義務として社会に尽くすことを忘れてはならぬ〉と、責任感や使命感を強くだいていたのである。

これらの言葉を整理すると、自他ともに富豪と認めたその財産を、自称〈致福の道に至っては失敗者〉と書き遺すほど〈社会のため〉に存分に使ったということになる。

栄一が〈社会的恩義のため〉にもっとも私財を費やしたのは、どの事業なのか。

〈私は他人が掛《か》け物とか屛風《びょうぶ》とか其《そ》の他の書画骨董《しょがこっとう》に金を出すと同様に、慈善《じぜん》事業に金を費やす事を以《もっ》て一種の道楽と思っている位《くらい》である〉

〈慈善事業〉の筆頭に「養育院」がおかれていることは自明の理。

「養育院」という呼称は古色蒼然としてピンとこないかもしれないが、本院はわが国の社会事業・医療事業の礎《いしずえ》をなす救済施設で、直接には、現東京都の社会福祉事業とつながっている。

公設の「東京府養育院」は明治五年一〇月一五日に設立された。

場所はかつての加賀藩邸（加州邸）、現在の文京区本郷の東京大学の一隅である。

設立動機が『養育院六十年史』に載っている。

〈魯国皇子来朝期迫りたれば、先《ま》ず以《もっ》て、乞食物貰《こじきものもらい》の市中に徘徊《はいかい》する不体裁《ふていさい》（見苦しい、体裁が悪い）を取り締まる必要より、これを一か所に収容する義《ぎ》を生じ、いよいよこれを遂行《すいこう》せるもの、即《すなわ》ち養育院の濫觴《らんしょう》（ことのはじまり）を成《な》したのである〉

簡単に説明すると、ロシア皇子の訪問がせまってきたとき、乞食や物貰いが市中にうろついては見苦しいので取り締まりをし、彼らを一か所に収容したのが養育院のはじまり、という意味。

本当だろうか。本稿では創立時から現在まで一四〇年あまり連綿と語りつがれてきたこの設立動機に疑問をいだき、調べた結果、否定することとなった。

『養育院六十年史』は養育院創設時から六〇年間の記録で、以降、同院史は東京市（明治二二年に府から市へ）と東京都（昭和一八年から都）の養育院存続中の節目ごとに刊行されている。

本稿で参考文献として用いるのは内容の整った次の五冊である。

『回顧五十年』（創立五十周年記念誌・八三歳の栄一述による沿革史）　大正一一年刊

『養育院六十年史』（旧表現であるため難解。以降の養育院史の原本となる）　昭和八年刊

『養育院八十年史』（歴史的な視点で詳細なまとめ方がされている）　昭和二八年刊

『養育院百年史』　（養育院の活動が広く社会的な視点でまとめられている）　昭和四九年刊
『養育院百二十年史』（現代的な解釈がなされて読みやすい。お薦めする）　平成七年刊

これらに〈魯国皇子来朝《ろこくおうじらいちょう》〉〈不体裁《ふていさい》〉の設立動機が載っているが、表記の仕方は微妙に異なる。『同百二十年史』は平成期刊行のせいか、表現に気遣いが感じられそれほど違和感をおぼえないが、『同百年史』（昭和四九）は、前の『同八十年史』（昭和二八）にある〈国の面目にかかわる事〉〈首都の体面上〉の部分を、さらに刺激的《エキセントリック》にして、乞食物貰いを蔑《さげす》むように〈外交的立場から帝都の恥として〉〈帝都の恥隠し〉と変えている。一般的に流布《るふ》しているのが〈帝都の恥隠し〉である。

ところが、原本『同六十年史』を読みこんでいくと、異なる理由が浮上してくる。たしかに養育院設立には〈魯国皇子〉の東京入りに際して巷《ちまた》の乞食《こじき》や物貰《ものもら》いを一掃したことと直接関係しているが、じつはそれ以前に、彼等を救済する施策は議論され、しかもそれは今でいう壮大な失業・救済対策の一環として準備されていた。つまり皇子の来朝がなくとも、ときを経ずして養育院は設立されていたのである。そのため〈魯国皇子来朝〉〈不体裁〉は養育院設立の「きっかけ・契機」という深い意味をもつものではなく、あくまでも「たまたま」というていどのことになる。研究したことは本文に記すが、こうした過去の重要文献は、現在の人権を尊重する視点で再研究する時期を迎えているように思われる。

〈不体裁〉〈恥〉の対象者とは、どういう人々であったのか。

それは「救済保護された人」のこと。本稿では「救済保護」を略して「救護」、対象者を「救護者（養育院では在院者）」と表記する。言葉の変化はそのつど明記する。

院史に登場してくる対象者の言葉の説明をしておく。

〈窮民《きゅうみん》〉＝極貧暮らしの人。〈無告《むこく》の人〉＝身寄りのない貧しい人。〈鰥寡孤独《かんかこどく》〉＝〈鰥《かん》〉は妻のいない夫（六一歳以上）／〈寡《か》〉は夫のいない妻（五〇歳以上）／〈孤《こ》〉は父母のいない子（一六歳以下）／〈独《どく》〉子のない者。〈廃疾者《はいしっしゃ》〉（六一歳以上）＝〈廃《はい》〉は財貨のない者／〈疾《しつ》〉は身寄りのない重病人（六六歳以上）（『全国社会福祉協議会九十年通史』）。

これらの言葉は江戸時代の儒学書に散見できるそうだが、為政者用語というか行政用語である。明治期の庶民の間でたがいを「無告《むこく》の人」や「鰥寡孤独《かんかこどく》」と呼び合っていたわけではない。当然現在は死語。「児童」も同様、史料あつかいは「児童」、文中は「子ども」と表現していく。児童も教育行政用語であろう。知人同士「お宅の児童はお元気？」などとはいわない。

言葉には社会の在り様を如実に映し出しているところがある。

今日では人権侵害もはなはだしい言葉だとしても、それが罷《まか》りとおっていたのが明治の時代。底流には社会的支援を必要とする人々を「惰民《だみん》（怠け者）」とみなし、そうなることを「自己責任」として排除する見方・考え方があった。とりわけ明治初頭はこの傾向が強かった。

明治五年ごろは、全国的に貧民や窮民が巷に溢れていたため、細々ではあるが、各地で何らかの救済活動は行われていた。短期間で閉鎖する救済施設が多かったが、現在の社会福祉事業へと継承しているケースは少なくない。明治期の名著『日本の下層社会』（横山源之助著）に載っている金沢の小野太三郎《おのたさぶろう》の実践もある。小野の誕生は栄一と同じ天保一一年生まれ。視覚障がい者の自宅救護を端緒に私財を投じて貧窮民の救護にあたり、のち「財団法人小野慈善院」の初代理事長に就任。同院が現在の「社会福祉法人陽風園」（金沢市三口町）へと発展している。

どの時代でも、施設運営者を悩ませるのが財源。ことに明治期はその事情が創業者の活動を阻《はば》んだ。「東京府養育院」は徳川の世に積み立てられた庶民の共有金町会所積金《まちかいしょづみきん》を財源として創立されている。そのため創立当初は比較的恵まれた状況にあったが、数年後からは他と同様、財源に苦しむ険しい道がまっていた。そのなかで惰民《だみん》の養成という中傷をハネ返し、資金の乏しさを補い、知恵を出し合って耐えに耐えて前進するうちに大きな成果を生んでいくのである。

設立時、救護者二四〇名からスタートした養育院は、大正期から昭和初期にかけて二五〇〇名近くをかかえるわが国を代表する大規模な公的救済機関に成長し、人々の事情に応じた救護事業のとりくみが実践された。保育・児童保護事業（以下事業は略）・里親・虚弱児・浮浪児・障がい者・聾唖者（子ども・大人）・結核・ハンセン病・看護婦・産婆教育・職業紹介所等。これらは現在の児童福祉・福祉・医療、ハローワーク等を生み出す先駆的な実践活動となっている。

封建時代の空気がただよう社会のなかで、無給で働くだけではなく、自ら資金援助をくりかえすとともに、実財界の仲間に窮状を訴えて寄附金集めに奔走し、養育院の基礎を築いて成長させ成果をおさめたのが「渋沢栄一」であった。

栄一は現場の人ではない。経営者である。が、現場を理解し熟知したうえでなければ経営は成り立たない。そのゆるぎない救育理念と強烈なリーダーシップをもって、人事異動で交代する現場の職員を善導し、貧窮民の排除を当然とした旧思想や旧価値観の社会と闘い、影響を与えながら、東京のみならず全国に社会事業を根づかせていったということができる。

改めてそれは、誰のためか、何のためであったのか、とその主体となるものを問うたとき、答えとしては、国や行政から顧みられることのなかった路上の窮民、食事も満足にとれず呻吟していた不治の長病者や身体に障がいをもつ者など、下層民の老若男女と浮浪の子どもたちで、彼等に新しい命をふきこみ、その両腕に彼等をだきかかえて護《まも》りとおしたのである。

「渋沢栄一」を、わが国社会福祉事業の開祖と呼んでもさしつかえない。

また、「子どもの社会問題」の始祖といっても大袈裟でないところがある。

末期、九二歳の栄一は永遠の眠りにつく直前、次の言葉を遺している。

「養育院のことは、よろしく頼む」

国の繁栄と人々の幸福を願いつづけた栄一の献身と忍耐。その胸に燃えたぎる理想なくして養育院ならびに社会事業の成長と発展を語ることはできない。生涯を賭けて国を思い、人々を愛した「渋沢栄一」の真実《まごころ》の結晶をそこにみる思いがする。

栄一没後も養育院は昭和の戦前・戦中・戦後と存続した。とくに戦後は福祉・児童福祉の法律がさだめられ経営母体も新規に変わっていくが、その変化の底流に「栄一の時代」の養育院の貴重な実践データが役立っているのはいうまでもない。
「養育院」の名称は、平成一一年一二月二四日、〈東京都知事石原慎太郎〉の名前で〈東京都養育院条例を廃止する条例〉（都条例百三十九号）が公布された翌年、平成一二年四月一日をもって消えている。栄一没後六九年、養育院創立から一二八年目のことであった。

養育院を直接の源流とする現在（令和三）の施設を紹介しておこう。
児童養護施設＝　社会福祉法人石神井学園（東京都練馬区）・社会福祉法人船形学園（千葉県館山市）・社会福祉法人勝山学園（千葉県安房郡）・社会福祉法人八街学園（千葉県八街市）
障がい児施設＝　社会福祉法人千葉福祉園（千葉県袖ヶ浦市）
児童自立支援施設＝　社会福祉法人萩山実務学校（東京都東村山市）
看護学校＝　東京都立板橋看護専門学校（東京都板橋区）
病院＝　地方独立行政法人東京都健康長寿医療センター（東京都板橋区）

【確認事項とお断り】

＊個人名の敬称は省略します。

＊渋沢栄一の数々の自著と膨大な関連史料には記述の違いが多々あるため、本稿では調査研究し筆者の理解できるところを書き起こします。とくに年月日については公刊されている渋沢に関する作品と本稿では、多少の違いが出てくることが考えられますが、どの作品も出典を記せば間違いではないように思います。

＊栄一の「母の名前」は史料によって「恵伊・えい・栄・お栄」とありますが、本稿は「栄」で統一します。

＊文中における出典元の記載の仕方は統一しておりません。

＊文献から転載する文章には山カッコ〈　〉を用います。

＊原文には、現代の差別用語にあたる言葉が多いことと、直接関係しない文言や説明がふくまれていることがありますので、原文を損なわないていどに、分かりやすく通常の会話に変えていきます。その場合、会話部分には通常の「　」を用います。

＊現代の差別用語であっても文章上使用する場合もあります。そのときは文献転用となるため山カッコ〈　〉を用いますが、文章上、山カッコを用いないこともあることを、お断りして

おきます。

＊転載量の多い場合、とくに執筆者の声ならびに重要と判断した文献については二字下げで転載します。

＊原文の多くは一文の止めにテンを用いますが、読みやすくするためにマルを用います。

＊原文の漢字にはルビをふりますが、そのつど「筆者」と入れるのはひかえます。

＊旧仮名遣いや差別用語にあたる昔の言葉などはそのつど説明を加え、筆者がとくに言葉の解説が必要としえた個所には（　）で説明します。

＊漢字は「資料」を旧の「史料」とし、「寄付」も「寄附」と旧漢字を用いることにします。

【主要・出典元の紹介】

＊本稿で頻繁に活用する史料に竜門社発行の『竜門雑誌』があります。

竜門社とは、明治一九年、栄一の住まいであった深川福住町邸に寄寓していた学生諸氏の勉強会として発足し、その後、栄一の人柄や徳を慕う人々が集まり、大正一三年に社団法人となった団体。目的は栄一の意向による「道徳経済合一説」を社会に広め実践することとし、総会・講演会等の開催と機関誌『竜門雑誌』の発行を事業内容としていました。ちなみに東京北区の飛鳥山に建つ昔の栄一の豪邸跡がのちに竜門社となり、現在、「渋沢栄一記念財団」

としてよみがえっています。庭園は北区の公園となって訪れる人々を楽しませています。

＊竜門社発行の書籍として栄一に関する第一級史料に『渋沢栄一伝記資料』があります。全六八巻におよぶこの伝記資料には、栄一の日記・手紙・細かな会議や行事にいたるまで生前の実績がすべてまとめられています。本稿ではその一部を活用し、略して『伝記資料』と記していきます。

I 郷里編

第1章　深谷血洗島村

渋沢栄一は明治元年からさかのぼること二八年、天保一一年二月一三日、武蔵国榛沢安部領《むさしこくはんざわあべりょう》郡血洗島《ごおりちあらいじま》村の農家に生まれた。誕生年は一四年を有する天保期の後半にあたり、封建制度の瓦解がはじまるという、わが国の封建社会が大きな振幅をみせて動揺した時代であった。

天保三年と同七年は凶作となり米価の高騰をまねいて餓死者が続出、同一一年も連年の気候変動による凶作が人々を苦しめ、農村では農民一揆、都心部ではうちこわしが多発した。あまりの惨状に幕府内で批判があがった。天保八年には元大坂町奉行の与力で陽明学者の大塩平八郎が町人や農民等を率《ひき》いて大阪で反旗を翻《ひるがえ》した。大塩の乱である。しかし、大塩の主張は幕府内の政治批判にすぎなかった。歴史を大胆に転換していく眼識は次世代へと託されたのである。

幕府打倒という新時代への道を驀進したのは、おもに天保生まれの二〇代から三〇代の若者であった。のちに活躍する天保生まれの政治家や実業家の誕生年をみていくと、吉田松陰《しょういん》・大久保利通《としみち》が天保元（文政一三）年。木戸孝允《たかよし》が四年、岩崎弥太郎《やたろう》が五年、坂本龍馬《りょうま》・井上馨《かおる》が六年。大倉喜八郎《きはちろう》が八年、山県有朋《ありとも》が九年、大隈重信《しげのぶ》・安田善次郎《ぜんじろう》が一〇年、伊藤博文《ひろぶみ》が一二年生まれである。彼等のなかには三〇歳で刑死した松陰、三三歳で暗殺された龍馬のように、多大な働きをしていながらも明治新国家をみずして落命した若者も大勢いるが、あえて生死を分かたずとも、天保は歴史を動かし新国家建設に精励した人物を数多く輩出した時代であったといえよう。

飢饉と民衆蜂起という天保の悲劇のなかに栄一の幼少期はない。そこには貧しくとも健康的な日常があった。またこの時代、老中水野忠邦の天保の改革により、華美《かび》や贅沢への抑制が強い《し》られた。とくにこれと関連する幼少期の出来事《エピソード》はないが、それは常識的な範囲で、生活全般に質素倹約の形で浸透していたものと思われる。庶民の間で「お陰参り《かげまいり》」の伊勢神宮参拝がなんど目かの大流行となったのも、天保期の特徴の一つにあげられている。

渋沢宗家

武蔵国榛沢郡安部領郡血洗島村とは現在の埼玉県深谷市血洗島。かつては埼玉県と東京都と神奈川県の一部をふくめた範囲を武蔵《むさし》の国《くに》あるいは武州《ぶしゅう》と呼んだ。当然血洗島村も武州の国である。領主は安部摂津守《あべせっつのかみ》。この榛沢郡《はんざわごおり》は現在の深谷市にあたり両者の版図《はんと》はほぼ重なる。

関東平野のなかほどに位置する深谷市は埼玉県の北部にあり都心から約七〇キロメートル（以下メートルは略）、上野駅から高崎線の深谷駅へは快速で約一時間一〇分。血洗島《ちあらいじま》は深谷駅から北西に約六キロ。一面の平らな土地に季節の野菜が繁り地方独特ののどかさを湛《たた》えた地である。

血洗島村。「血洗」には戦で片腕を切り落とされた武将が血を洗ったという伝説や口碑を遺《のこ》している。もともと利根川右岸にある血洗島一帯は、群馬県との北部県境を蛇行して流れる利根川と南部支流の小山川の沖積土によって形成された低地帯の扇状地、そのため周辺には島をはじめ瀬・沼・窪・渕・谷など地形を表した地名が多い。

　血洗島村の成立は天正期に吉岡和泉が開拓者の筆頭となり他の五家とともに開墾したことにはじまる（『新編武蔵風土記稿』）。吉岡、笹原、福島、渋沢。残り一軒は不明。四家は「草切り百姓」の尊称をもつ由緒ある家柄となり四氏神として村を守護する役目を与えられた。四氏神の祭事は現在、諏訪神社秋季大祭で一部復活し、深谷市指定の無形文化財となった獅子舞踊りを奉納している。家々は歳月とともに戸数をのばしていく。渋沢家も繁栄し、栄一の誕生したころは一四、五戸に増加。宗家《そうけ》（本家）を中心に分家が家屋をかまえ、中ノ家、東ノ家、前ノ家、古新宅などと呼び合った。栄一が同地ですごしていたころの村の戸数は五〇戸前後と推計されている。

　栄一によれば、通称「中ノ家《なかんち》」と呼ばれた自身の生家が、渋沢一族の宗家であるという。

　渋沢宗家の当主は代々「市郎右衛門《いちろううえもん》」を襲名することになっていた。祖父鷲五郎は市郎右衛門をつぎ、そのあと隠居して只右衛門と称し雅号を敬林《けいりん》とした。敬林の妻は近隣の新戒《しんかい》村の高田家から迎えた与祢《よね》である。栄一の関係史料に記載のないこの祖母の「与禰《よね》」＝与祢という名前は生家跡地前の墓地に建つ祖母の墓碑で確認した。与祢《よね》は天保一五年一〇月、五三歳で死亡、栄一が四歳のとき。記憶に薄かったのだろう、祖母与祢にふれた栄一の筆はみたことがない。

敬林と与祢夫妻の実子は、女の子が二人のみ。長女が栄《えい》、次女がふさ。長女には同族の東ノ家から三男の元助《もとすけ》を養子に迎えた。長女栄と養子元助が、栄一の両親である。

栄一の自著で「瘤祖父さん」と出てくるのが敬林。〈祖父さんは百姓育ちで文学等の特殊な趣味などは何もない誠に好人物であった。家政は不如意で貧乏とまでは行かなかったけれども、裕福ではなかった〉（『雨夜譚会談話筆記』）と。総じて祖父敬林を語る言葉からはふがいなさが伝ってくるが、後世の研究者により、敬林はわずかでも資産を増やしていたことが判明している。

江戸時代の血洗島村の土地を検地してその位置をさだめ各筆の土地の石高や面積等を記した土地台帳「名寄帳《なよせちょう》」（『伝記資料』第一巻）によれば、江戸初期の同村は、畑が全体をしめ麦・藍《あい》・桑・菜種などの野菜を栽培した純農に近い。村の土地所有は七町《ちょう》が最大で、一町歩以下の零細農家が多数、副業をのぞけば小地主がほとんどで貧農村であったという。

栄一の生家も一町歩前後の自作農、明暦二年には九筆の田畑と二か所の屋敷を所持し全三〇戸のうち二一番と低い地位にあった。それが天保二年、祖父敬林が当主となってからは文政時代の当主より一町二反《たん》七畝八歩も増やしている。そうした理由から、いちがいに祖父敬林を〈家政には不如意で〉と、決めつけることはできないのである。

そうはいっても、敬林の当主時代は貧農ということになり、家庭経済の苦しかったのはたしかであろう。村の稼業に変化が生じ副業として藍玉製造、養蚕、製糸等を手がけるようになるのは、貨幣経済へと移行する江戸の後期、栄一の父元助が養子に入ってからのことになる。

通称「市郎右衛門」と名乗った元助は、農業のかたわら藍《あい》に力を入れて家産を増やし、村の子弟に殖産工業を指導するなど村の発展に尽力。こうした貢献が領主に認められ苗字帯刀が許されて名主《なぬし》見習となり、村で一、二の富裕をきそう上層農家にまで宗家を興《おこ》したのである。

農業主体の稼業でありながら敬林・晩香という雅号（以下略して号）をもつことは、学問に関連する教養を身につけていたことの証し。父市郎右衛門にしても、かなりの教養人であったことは栄一が認めるところで、それについての文章は少なくない。

〈平常多く諸書を渉猟《しょうりょう》すると云ふ程の人ではなかったが、渋沢家の流《ながれ》を汲《く》んで学問を好む事は人に譲らず、四書や五経位《くらい》は充分に読めて、傍《かたわ》ら蕉門正風の俳諧連歌を嗜《たしな》むという風流心もあり、自然と田舎人にはない気品もできていた〉（『竜門雑誌』）

栄一はさらりと〈渋沢家の流を汲んで学問を好む事〉と語り、渋沢一族が学問をおもんじてきたことにふれている。

父方の伯父たちはもちろんのこと、元助の兄弟も皆優秀であった。東ノ家を継いだ長男の徳厚は江戸の書家の門人となって唐様の書道に才能を発揮、稼業の養蚕にも熱意を示し技術開発の書物『養蚕手引抄』を著《あらわ》して普及につとめた。号は「誠室」。次兄の文左衛門は俳諧を巧みとした。号は「以静」。

農業を営むかたわら各々の分野で専門性を高め社会活動を行う。この異能ぶりと行動力には後年の「渋沢栄一」の社会貢献をふくめた多岐にわたる活動の原型を思わせるところがある。

学問を大切にしている農家は周辺にもあった。村の周辺だけではなく利根川右岸ならびに小山川の左右にある村々まで範囲を広げてみたとき、農業と学問の両立をはかり、高度な教養を身につけた人はかなりいたようである。

それは血洗島村の南東にある深谷と関係していた。戦国の世に深谷上杉の城下として拓《ひら》けた深谷は、江戸期には深谷町といって本陣、脇本陣、旅籠《はたご》、木賃宿が軒をつらねる中山道の宿場町として栄えた。行き交う旅人や商人でにぎわう。俳人の小林一茶が投宿し、画家の葛飾北斎が旅籠で絵筆を握った。町には諸品を交易する市が立ち、庶民の子弟がかよう寺子屋や私塾もいたるところにあり、商業・文教の町としての貌《かお》もみせていたのである。

同地域の経済がうるおい活気づいていたのは、血洗島村から約五キロのところに、客船の交通や物資の輸送を拠点とする中瀬川岸があったことも影響していたようである。

陸路や水路をとおして京都や江戸や各地から運ばれてくる様々な情報が、深谷や中瀬川岸から周辺地域に集積されていく。そうした状況下で学問に関する情報を血洗島村や近村の人々が受容し一層学問への憧憬をふくらませる。渋沢家の人々においても同様、学問を身につけることが習わしとなり、そうしたことが号をもつことと深く結びついていたのではないだろうか。

たとえそれが一部の人のことだとしても、豊かな文化性を身につけた農民が地域にいたことと、栄一の成長とはきり離せられないものがあるが、その成長に直接影響をもたらしたのは家族であった。〈私は青年になるまでよい両親を持ち地方でも有力な家に居ったから〉（『雨夜譚会』）というように、宗家《そうけ》としての渋沢家と両親のことは、栄一が生涯誇りにしていたことである。

元助と栄の結婚

栄一の父元助の生まれた東ノ家は前記したように、村一番の資産家で名主の家柄であった。兄弟は四男五女の九人、元助は五番目の三男。先にふれたように優秀な兄弟がそろっていた。元助の誕生年は不明であるが、没年の明治四年・享年六三から逆算すると文化五、六年と推察。家の暮らし向きはよく、元助も長兄や次兄と同様、幼少期から文雅の才能を発揮し一五、六歳で書や俳諧をたしなんだ。文字を書いてもうまく俳諧では「烏雄」の号をもつ。武道にも熱心で神道無念流の剣法を身につけ熟練した腕前をみせた。文武両道にひいでていた元助は一生を農民として送る気はなく、いずれは御家人株を買って武士として生きる夢をいだいていた。そんなおりの婿入り話。いちどは断ったが、父宗助の熱心さに抗《あらが》うこともできず承諾した。「すべてを任せてくれること」。条件を出して夢を断念し、宗家の再興を胸にきざんで婿入りしたのである。

「中ノ家」に入ってからの元助の名前は通称の「市郎右衛門」を名乗っている。

母栄《えい》の誕生年も同様に不明、没年の明治七年・享年六三から逆算すると文化八、九年。市郎右衛門より三歳年したである。元助の養子入りを天保四年とすると、その結婚年齢は二六、七歳、栄が二三、四歳。当時としてはたがいに晩婚である。二人には五男八女の一三人の子が生まれた。それ以上という説もあるが、成長したのは三人。唯一の男子が栄一であった。五歳上の姉は仲《なか》、二歳下の妹は貞《てい》という。

父市郎右衛門とはどんな人物なのか。

父親の性格を、栄一は謹厳実直、些細なことでも整然と処理する勤勉さがあった、と説明している。生活は質素倹約に徹し、ふだんの衣食には贅沢をしない代わりに、他人の困難や不幸には敏感で、食べ物のない人には米や塩を贈り、困っている人の相談にのって世話をした。たえず人々に支援・救済の手をさしのべるなど善行を積みかさね、近村の人から信頼されていた。道楽とは無縁で〈只一意専心《いちいせんしん》稼業に励むと云ふ、頗《すこぶ》る堅固な人〉（『竜門雑誌』以下同）であったが、いざとなれば家産をなげうつだけの義侠心があった。〈実際父の人格については、私が今思ふても敬服を禁じ能《あた》はぬ所である〉。栄一は父親への追慕の気持ちをこう語っている。

母栄の人となりは「子育て」とともにみていこう。

日増しに栄一は成長していく。すでに三人のわが子の夭折に涙を枯らしてきた父市郎右衛門と母栄、それに祖父敬林や祖母与祢にとっても、男児の愛らしい仕草をみるのは何より嬉しい。必ず成長して欲しい。やがては宗家《そうけ》を継ぐ跡取りとなるこの男児に、両親も祖父母も温かな眼差しを向けながら胸中ではそう祈らずにおれなかったことであろう。

幸い栄一は元気に育った。天気のよい日には生家のある場所から北の方角に赤城山が眺められ、北東に男体山と榛名山、西には浅間山と遠くの山々が美麗な容姿を現した。冬になるとからっ風が吹き寄せ寒さはいちだんと厳しくなるが、そんなことはおかまいなし、幼児の栄一は戸外へ飛び出して行った。

〈お母さんは大変慈悲深い人であったが、特に私をいつくしみ、寒い時は私の羽織を持って遊びに出かけた私を追いかけて来られる程であった。私がそれを厭《いや》がって羽織を地べたに放り出すと「困った奴だ」とそれでも私を追掛けられました〉（前掲『雨夜譚会』以下同）

風邪は大敵、命取りになることもある。母栄は心底心配した。

心配は栄一だけのことではなかった。家に遊びにくる子どもにも、寒ければ上衣を着せ、暑ければ薄着をさせるなど、始終子どもたちを追っかけていたのである。

母栄の〈大変慈悲深い人〉という具体例が、文章のつづきに記されている。

〈人に物を施す事が好きで、つまらぬ物でも人におやりになる。恰度《ちょうど》隣り（東隣り）に癩病《らい》（現ハンセン病）患者の家があって、其《その》患者と云ふのがお母さんに少し年上位《としうえぐらい》の人であったが常に労《いたわ》られました。私等は大変厭《いや》がって「情愛としては結構だが、そんなに迄する必要はない」と云っても、お母さんはいとわず着物や世話話迄もなさった。私等が「癩病は伝染する――いや其頃は伝染と云ふ言葉はなかった。うつる――」と注意すると、お母さんは「そんな事はない。お医者に聞いたらうつらぬとの事だった」と云って、親切に世話をなさって、隣からぼた餅を作って持つて来ると、それを平気で食べられた〉

母栄より少し年上のハンセン病を患ったその女性には、栄一より年下の男児がいた。この母子の世話をしていた母栄は、いつも一人ぼっちでいるその男の子のことが気になっていた。

「誰も遊んでやる者がいないから、お前は親しくこれと交わって、慰めておやり」

いわれたとおり栄一はその子と遊んでいたのである。

現在、生誕地跡から東へ約一・二キロ、下手計《しもてばか》の鹿島神社に朽木《くちぎ》となった欅《けやき》の大木があり、その底の空洞部分に小井戸跡が遺されている。深谷市教育委員会の立て看板によると、この大欅の根元に湧き出た神水で共同風呂が設けられ、〈栄一の母、栄はこれを汲み、らい患者の背を流したと伝えられている〉とある。こうした伝聞が遺るほど母栄は貧乏と金持ち、病人と健康な人というような分けへだてがなく誰にでも同じ様に接し心を尽くしていたということであろう。

慈悲《じひ》の心には、おのずと向き合う人の不足分をおぎなおうとする気持ちが働き「分かち合い」の行為、つまり慈善《じぜん》行為が生じてくる。自らの生活は極力質素倹約につとめても、母栄はどこかの貧しい家で子どもが生まれたと聞けば、自分の襦袢《じゅばん》一枚を祝いにと贈り、満足に食べられない人には味噌の一つまみや沢庵の一切れでも分け与えた。人々にかけるその細やかな情愛は、同じように慈善行為をかさねていた父市郎右衛門をも驚かせ呆れさせるほどだったという。

母栄を語る栄一に、さすがと感じ入るのは、その行為を「世話好き（世話焼き）」「人のために尽くした」などと表現しないで〈大変慈悲深い〉と断言しているところ。分かち合う無償の行為は人間にとってもっとも崇高な心の表れ。その心を母親の内面に見抜いていたのは、栄一の鋭くも温かな視点であり、母栄への溢れるような思いが伝わってくる。

母栄の人柄を彷彿とさせる話をもう一つ披露する。これは栄一の姉である仲《なか》の娘、つまり母栄からいえば孫にあたる吉岡いくが、座談会で語った内容の一部である（『伝記資料』別巻六）。

ある日突然、機織《はたお》りのじょうずな母栄が、新田という離れた村にあった仲の嫁ぎ先の吉岡家にやってきた。そのとき母栄は仲にこういったという。

〈蚕《かいこ》の仕事といふものは、せはしい（忙しい）ものだから、私が来たといっても一々襷《たすき》や裾《すそ》をとったりはづしたりする必要はない。襷はかけたまま、裾は端折ったままで只《ただ》挨拶だけをすればよい〉と。テンポのある物言い、合理的で潔《いさぎよ》い話の内容、ここに前述の慈善行為をかさね合わせると、母栄は時代の女として父母や夫によりそうという従順さはあっても、服従するではなく、何ごとも自分で考えテキパキと行動する大らかなタイプではなかったか。そんな女性像が浮かんでくるが、こうした見方を栄一がしていないのは、やはり時代の違いといったところであろう。

〈私のお母さんは斯《こ》んな境遇（裕福ではない）の間に成長なされたのだから、別に文学とか思想とかに取立てゝ云ふ程の事はなかった〉（『雨夜譚会』）と述べ、別書では、このあと〈それでも学問しない人の割には、手紙などは上手にお書きになった〉とつけ加えているだけである。

家庭環境

「父市郎右衛門と母栄はどんな家庭を創ったのか」

この問いは「栄一はどんな家庭で育ったのか」という質問と同じであるが、答えとなる直言は遺されていない。そのためこれまで記してきたなかからその材料をみつけて推察していこう。

養子に入って市郎右衛門を名乗った元助が仕事に精進できたことは、祖父敬林が約束どおり家の全権をまかせたことになり、たがいの関係は良好とみなせる。祖母与祢《よね》と母栄の親子関係も申し分なかった。そこに特別な家族の問題はなく一家は平穏な状態にあったということができる。しかし、これでは曇りガラスからのぞいているようで家庭環境はみえてこない。幸い夫妻の喧嘩の話が遺されていた。夫妻の喧嘩には、両人や家族の健全さを計るバロメーターのところがある。

その前に、家庭では夫妻の個人的な私の顔が出てくるもの、家庭のなかでどのように二人がわが子に接していたのかをみながら、二人の性格《キャラクター》を抑えておこう。

父市郎右衛門を語るときの栄一は、前述したことでも分かるように、必ず最初に尊敬の念をこめた言葉をおく。〈私が実父を賞《ほ》めるのも可笑《おか》しい様であるが、確かに非凡の人物であったと思ふ〉（『青淵回顧録』上巻・以下同）。そのあと〈併《しか》しさういふ稼業を営んで居りながら武士的気質《かたぎ》の人で、子供の私に対しては、慈父であると同時に厳父であった〉と、思いを語る。

母栄にも先の〈学問しない人の割に〉と同様、頭の部分の説明に〈母は栄といったが、家附《いえつ》きの娘で、特に偉い人であったと思はぬけれども〉と加えているが、どの自著にも毎回似たような表現に出会うとさすがに、母を語るのに何を基準に偉いとか偉くないというのか、学問の有無など必要あるのか、と反論したくなる。男尊女卑のこの時代、女に学問は不要とされその機会が与えられていなかった。教養人の父親や教養溢れる伯父たちと無意識にくらべたくなる何かがあるらしいが、栄一にしては少々心の扉の開け方が狭い。そう思いながらこの発言をした時期を考えると、婦人を無知蒙昧にしておけば日本は西洋に立ち遅れるという風潮が教育界を席巻し、たんなる良妻賢母から一歩すすんで学術・学問のある善き母の育成を重要視していたころ、栄一自身が女子教育の振興に熱心であったことが影響しているのではないかと思った。

しかし、こうして率直に母親を紹介したあとは〈非常に慈悲に富んだ人で、陰になり日向になって子供の面倒を見られた事については、今になっても涙の零《こぼ》れるほど有難く感ぜられる〉と、胸中を吐露している。両親からたっぷりの愛情を受けて、大切に育てられたことはよく分かっていることで、両親への感謝の気持ちは尽きない。

家庭での両親の様子について次のように語る。

〈(父親は) 些細な事でも四画四面に万事《すべて》を処理する風《ふう》があった計《ばか》りでなく、非常な勤勉家で、働くことにかけては極めて欲が深かったが〉と述べ、母栄には〈厳格な良人《おっと》を持って居《お》っただけ、其《その》気苦労も定めし容易ならぬものであったろう〉と、いたわりの情をみせる。

家庭での父市郎右衛門は几帳面で物事を筋どおり四角四面に考えて対処するタイプらしい。自主独立に富み見栄やずるさや卑《いや》しさのない立派な夫のようであるが、こうした清廉高潔さは妻からすれば意外に厄介なもの、ときには融通のきかない頑固者や口やかまし屋に映ることがある。一般の夫妻同様、市郎右衛門も妻栄の前ではわがままな素《す》の顔をさらけ出していたようである。

次に夫妻の喧嘩に入ろう、一体どんな喧嘩をしていたのか(『雨夜譚会』以下同)。

〈お父さんは大変気が強くて、思想、行動は百姓に珍しい程きちんとした人であった。母などが云ふ事を聞かぬと、大変叱り飛ばされた。お母さんが「旦那はよく人をお叱りになる」と云はれると、お父さんは「叱る気ではないが、そんな判らない事を云ふから叱る」と云って叱られた〉

市郎右衛門の怒り方は、たまに妻栄に向かって「黙れ」と強い口調になることもあったようだが、大体は妻にかぎらず、わが子や誰に対しても大声を出すことはなかった。普通の声で理論的に話を展開していくのがつねのやり方。栄一によると母栄には愚痴をこぼす癖があったらしい。

その栄に対して市郎右衛門が理詰めで突進していく。栄が反論する。

〈私が成長してからは、私が種々事に触れておなだめして、家庭の心配も少くなったけれども、それでもお父さんの小言は絶えず、外の人が右と云えば、必ず左と反対なさると云った専制振りであった〉

栄一の記憶にあるこの夫妻の喧嘩は、仲裁に入るほど成長したころの出来事だから、それは幼少期とは多少違っているのかもしれないが、几帳面な市郎右衛門と大らかな栄のタイプの違いを考えると、二人の喧嘩は栄一の幼少期においても大なり小なりあったことが推察できる。

市郎右衛門と栄の喧嘩から夫妻の在り様をみていったとき、そこに「こづく・叩《たた》く・蹴《け》る」などの小暴力が少しでも確認できれば、それが栄一の人間性や社会事業家としての人物像を紐解く一つの鍵ともなり得るが、そうしたおぞましい話は皆無である。

このていどの性格の違いはどこの夫妻にもみられることで、かえって微笑ましい。

二人は典型的な仲睦まじい夫妻、家庭としては健全といえよう。

またこのことは、栄一が風通しのよい明るい家庭で育ったことを裏づけている。

母栄の「反論」は、当時の男側、すなわち夫からいえば「口答え」となるが、それでも市郎右衛門が思いの丈《たけ》を口にすれば、栄も遠慮せずに自分の意見を述べていたのであろう。誰に気兼ねをすることもなく、家族が自由に言葉を交わせる家庭。先述の慈善行為にしても夫妻別々、たがいに意志のおもむくまま伸びのびと地域のなかを動いている様子が想像できる。

心身ともに健康な両親が創る、風通しのよい明るい家庭。

ここに子どもが育つ重要な要素がぎっしりと詰まっていることは、現代人であれば誰にでも分かるが、当時はこうした家庭を創りたくとも個人の努力ではどうにもならないところがあった。

男系による家の存続がさだめられていた封建社会では、親が実子を育てることにそれほどこだわってはいない。家の継承者として長男は親許《もと》におくが、次男三男は他家の後継者となるため養子縁組をして親類縁者や他人に育てられるのは珍しいことではなかった。裕福な武家や豪農の家では、母親が直接養育をしないで乳母《うば》や子守女《こもりおんな》に任せることもごく一般的なこと、良家の奥方《おくがた》が自身の手で育児をすることはなかった。医学にしても未発達の時期、病気で片親や両親を亡くした子が他家で育つことも普通にある。今にして思えば、実親から離され、他家で育つ子どもの気遣いや負担はどれほどのものであったろう、その我慢の大きさがしのばれる。

本章冒頭で天保生まれの偉人を政界から八名、実業財界から三名と都合一一名あげている。各々の幼少期や成長期の家庭環境に注目して評伝や伝記に目をとおしたものの一人ひとり綿密な調査をしていないので断定できないが、政界へとすすんだ偉人の多くは伊藤博文のように、下級武士の出で貧しく、何らかの事情で精神が鍛えられる境遇にあった。それにくらべ、実業財界へすすんだ三人には、貧富の差こそあれ、両親のもとで育っているという共通点があった。

人は皆、親の子。親を思う気持ちは生きる支えとなる。三菱財閥の創始者である高知県安芸市出身の岩崎弥太郎は貧しい地下《じげ》浪人の家に育った。腕白で少々できが悪かったようであるが、母美和《みわ》は教える方の教え方が悪いのだと言い、弥太郎の頭のよさを信じてかばった。弥太郎に期待をかける。成長するにつれ、弥太郎は美和のいうとおり優れた才覚を現わしたのである。弥太郎の父親は彼が四〇歳のときに死去しているが、母親は弥太郎（享年五二）より一五年長く生きて八七歳で死去。弥太郎は母美和に見護られた人生を送ったということができる。

大倉財閥の創始者で現東京経済大学の創設者であり、古美術収集家でもあった大倉喜八郎は新潟県新発田《しばた》出身、庄屋を営む裕福な家で育ったと伝えられている。父親の死去は彼が一六歳、母親は一七歳。数々の銀行を創設した金融財閥で東京大学の安田講堂を寄贈した安田善次郎は富山県婦負《ねい》郡出身、父が下級武士で生活は厳しく半商半農の家で育つ。父親の死去は彼が五〇歳、母親は二五歳のときであった。栄一の両親も彼が三〇代になってから死去している。

恵まれた生育環境

偉人たちの幼少期や成長期の家庭環境を調べていて気のついたことは、栄一ほど家庭的に恵まれた人物はいない。家庭環境のよさという点では群をぬいている、ということであった。

栄一の場合、「恵まれている条件」のなかに、両親が健康でそろっていること、明るい家庭環境、父親をはじめ親戚に教養人の多かったことも当然その筆頭条件に入るが、これらはすでにふれているためここでは次の二点にしぼって話をすすめていく。最初にスポットをあてるのは、その家庭に「子どもの生育にもっともふさわしい」といえる好条件の環境があったことである。

家の生業《なりわい》から入ろう。農業・養蚕業・藍葉や藍玉作りに関する商工業の半農半工商、多忙な時期には雇い人が男女あわせて一〇人前後いたという。かたわら母栄が営んでいた荒物屋兼質屋があり、機織りも自前の衣服に活用するばかりではなく販売することもあった。そうした年代と栄一の成長時との照会は不可能であるが、それはあまり大事ではなく、ここで重要なことは生育環境である。多少の説明を加えながら、再度元助が養子に入ったときに立ちかえってみる。

父市郎右衛門の仕事は祖父敬林から稼業をうけついだときにはじまる。敬林は畑だけでなく藍も手がけていたが、〈自分が生まれた時は、祖父が微禄して村中の百姓仲間でも中以下の貧しい家に数えられる時であった〉（『竜門雑誌』）とあるように、裕福ではなかった。仕事の成果が生活に変化をもたらすまでには時間がかかる。明るいきざしがみえはじめたのは結婚後一〇年前後、栄一の幼少期ではなかったろうか。市郎右衛門の懸命な働きで家庭経済はしだいにうるおい、領主阿部候の御用達《ごようたつ》となるほどの上層農家となった。苗字帯刀を許され、誉高い名主《なぬし》見習いを仰せつかった。名主見習いという役職は、農工商を奨励し、用水・堤防・橋梁・井堰等を掌握して村の治安の安泰をはかることが仕事であった。市郎右衛門の実家が名主であることは前記した。

幼い栄一は、汗水たらして作物を育て収穫する父親の働き方や、藍の商売に精進する商人としての父親の姿を目に焼きつけていく一方、しだいに生活にゆとりが生まれ、両親の表情に明るさが増してくるという家庭内の変化を実感しながら成長している。その心身には知らず知らずのうちに働くことの尊さや喜び厳しさや難しさなどが刷りこまれていく。父親のように誠実な態度で真剣に仕事をし、広く地域の人々のために尽すことがよい、という確信を抱くようになる。

しかし、いつの世でも努力が報われるとはかぎらない。とくに当時は厳しい。士農工商が固定された階層社会では、士族に学問や出世の道が開かれていても、農民や商人にはその道は閉ざされていた。それだけに、父親を中心に母親と祖父のがんばりで貧農を脱して上層農へと努力を結実させ、名主見習いとなったというのは、農民としての大出世ということができる。

こうして両親の手で育てられ、貧農から上層農へといたる過程《プロセス》に「育ち」があるというのは、ひじょうに恵まれていることで、この生育環境が栄一の人格形成に強く影響している。かりに富裕農家に生を享けて乳母や子守女の手で育てられ、好きな学問ばかりに熱中するという気楽な日常のなかに栄一の「育ち」があったとしたなら、あるいは、没落寸前の富豪の家に育ったとしたのなら……近代を象徴する「渋沢栄一」の出現はあり得なかったのである。

父親の情愛

二つ目にスポットをあてるのは、父親としての市郎右衛門の情愛の深さである。

とにかく世にあまたある偉人伝のなかで、栄一ほど両親のことを多く語っている人はいないであろう。それも一般的には母親への思慕が多いなかにあって、父親への敬慕を表す活字の分量がだんぜん多い。褒められたとき、叱られたときのことなど様々で、父親の印象の強さを告げている。この親子の情愛にふれようとするとき、栄一の話だけでなく、市郎右衛門の側に立って「子に対する父」の気持ちを理解するのも一考であろう。

江戸時代の封建社会では、子どもの衣食住の世話をするのは女の役割とされ、母親はもとより祖母・乳母・子守女などがその任にあたったが、母親は父親の補佐役でしかなく、物事の決定権など責任あることは父親の役目とされていた。

では、子どもに対する農家の父親の責任とは何か。

「農工商の父親」を読者対象にした『子育ての書』(『東洋文庫』全三巻)から『父子訓《ふしくん》』(中村弘毅《こうき》著・文化八年刊)を選んで開いてみた。そこには、父のあるべき姿を〈滋《じ》に止《とど》まる〉と表現し、〈滋〉のことを〈父が子どもに教えて、人の道を知る真の人に成長させること〉と説いている。

「農工商の子どもは、家の稼業に励み、父母に孝行し、兄長に誠意をもってしたがい、身をおさめて家を繁栄させ、末長く幸せに暮らせるよう、名を後世に残すほどの徳行を積むように教え育てる」ことで、それを「親としての道、真実の慈愛」としている。反対に「わが子に道を教えず、姑息《こそく》（あまやかし）の愛に溺れてわがまま一杯に育て、成長したときに祭祀を絶やすようであれば、それは子の大罪ではなく、子に家を保つべき道を教えなかった親の罪の方が大きい」と、父親の責任欠如を〈親の罪〉と断じている。

〈姑息《こそく》の愛〉とは「子どものわがままを容認する・言いなりになる」の意味。「甘やかし」への批判は他の書物にもみられるところから、江戸時代の養育における最大の注意点の一つが「甘やかさないこと」であったことが分かる。

その視点で、父市郎右衛門の胸中をおしはかったとき、みえてくるのは、家長としての覚悟と父親としてのわが子栄一に向ける大きな期待ということになろうか。

家長の責任とは、家名の存続・先祖祭祀・家産の継承・家族の統一などに整理できる。

市郎右衛門が家主としての責務を果たしながら、ご先祖様に顔向けできるように、と立派に家政を興し、いずれは宗家を息子にゆずり末長く家が繁栄することを願う。その願いのなかに徳行を積んで世に名前を遺すほどの立派な農家の後継者になって欲しいと、栄一の身上に輝かしい未来を期待したとしても、それは父親として責任感をともなう自然な願望ということになる。

子育ての書に市郎右衛門が関心をもち、書物を手もとにおいて精読していたことは判明している。『伝記資料』第一巻にそれを裏づける史料が都合四点載っている。史料提供者は〈渋沢治太郎氏所蔵〉となっているから、栄一の妹貞《てい》の息子の治太郎。三人の子を育てあげた市郎右衛門が末の子である貞《てい》にこれらを与え、貞がわが子の治太郎に託したようである。

しかし、史料にはどれも全体の一部分、数行しか載っていない。最初の掲載が『教諭書《きょうゆしょ》』(一二〇九文字)、次に人の道を説いた『神君御教書《しんくんごきょうしょ》』(一五五文字)、『賢君御教諭《けんくんごきょうゆ》』をまとめた「楽は苦の種苦は楽の種」などと記された〈九箇条〉(一八六文字)である。これで三点紹介したことになるが、じつは最初の書に、もう一点別の書が加えられている。

どういうことか。『教諭書』は〈朝お昼《ひ》なり(お目ざめ)候《そうら》わば手水(トイレ)を御《お》つかいなされて候で、まず神様を御拝《おがみ》なさるべし〉ではじまり、〈名をよばれると「あい」とすみやかに返事をする〉など、朝から寝るまでの幼児の基礎知識やしつけ法をこまかく説いている。この文章の最後に八行(二四八文字)だけ〈子どもがおぼえることは太陽月の出る方を東といい、入るを西というなり。東に向かい右の方は南、左は北なり〉と、文章のトーンが異なる別の書がついている。(『教諭書』に後者がのっていないのは確認ずみ)。

そのため三点掲載のところが、実際には四点となる。編纂者のミスである。本稿の考証では『教諭書《きょうゆしょ》』が寺子屋の教科書であったことのみ確認した。

これは原題を『前訓《ぜんくん》』(成人以前の児童の教訓)という。著者は江戸中期に活躍し心の修養を重要視した心学者《しんがくしゃ》の手島堵庵《てじまとあん》。子どもの家庭教育に目を向けた堵庵《とあん》は、安永二年、七歳から一五歳までの男児と七歳から一二歳までの女児を集めて、毎月三回、封建道徳にもとづく徳育を中心に保健・衛生をふくむ家庭教育の実践法を口話（講話）した。この内容を刷り物にしてくばり、その後一冊にまとめたのが『前訓』である。本書は分かりやすいという理由もあって寺子屋の教科書『教諭書』に採用され、庶民のあいだに広がった。市郎右衛門が手にとっていることを考えると、当時も深谷をはじめ各地の寺子屋では『教諭書』を活用していたことが考えられる。

さらに先記の〈九箇条〉。ここには「育てる側の心得」が箇条書きで記されているように見受けられるものの少量であるため筆者には理解不能であるが、重要なのはそれではない。その裏表紙にある〈渋沢ナカ女〉という文字と〈天保十二丑年十月初五日写〉と記載されている日付である。この日付が栄一誕生の翌年にあたっているからだ。

このことは、市郎右衛門が長男栄一の成長に歓喜するかたわら、五歳になった長女仲の養育にも心を動かしていたことになり、幼児教育に情熱をかたむけていたことの重要なあかしとなる。よい父親になろう、人徳のすぐれた立派な人間に子どもを育てたい。そんな養育への意欲がこうした子育て書から伝わってくる。男優先で、女が蔑《ないがし》ろにされていた社会にあって、男児と女児の分けへだてなくわが子を慈《いつく》しみ育てようとする父親の姿に、栄一が褒めていた〈非凡な人物〉の言葉がかさなり、市郎右衛門の横顔にふれたような思いがしてくる。

それでも家族内で、長男の存在は別格であった。

栄一の告白がある。

〈都合三人の子が渋沢家唯一の宝として愛しまれ、殊《こと》に自分は唯《ただ》一人の男の子であるから親の鍾愛《しょうあい》（ひじょうに愛すること）も一入で、渋沢家を大成するのは栄二郎（栄一の幼少名）の外《ほか》にはあるまいと、深く深く希望を繋《つな》げて育てられ、藍の買入れの明暮も忙しく四方を駆廻《かけまわ》る暇々さへ、乳呑児《ちのみご》栄二郎の将来を楽しみに、何呉《なにくれ》と祖父や妻と嬉しき言葉を交《か》して居た〉（『竜門雑誌』）。

どんなに市郎右衛門が幼い栄一を可愛がったことか。

栄一が父親を〈慈父であると同時に厳父であった〉と語っていることは前記した。父親を〈慈父〉と語る子どもの心は満たされている。

〈厳父〉はどうであろう。それはたんに厳しいことをいうのではない。このことは成長の段階に応じて、子どもに人間としての大事なことを言い聞かせて教え導くという、教育的な視点を市郎右衛門がもっていたことを物語っている。養育のなかに「教育的な視点」があるか、ないか、は重要なポイント、子どもを「甘やかす」「甘やかさない」の境はここにある。

やさしくとも決して子どもの言いなりにはならず、親としての正しい見識をもって、的確に子どもの歩みの方向性を示唆してきた〈厳父〉としての市郎右衛門から、栄一は深い愛情を汲みとり、絶対の信頼をおいて尊敬の念を強くして育ったのである。

家族の愛情を一心にうけてすごした栄一の幼少期から成長期にかけての歳月は、天保の偉人たちの身上には訪れてこなかった時間といえようか。

「恵まれた条件」。栄一は人がうらやむほどの平凡で穏やかな暮らしのなかにいて、大人になることを急ぐ必要もなく、菜の花畑や桑畑にかこまれた血洗島村の一隅にたたずむ渋沢家で、のんびりと子ども時代を謳歌していたということができる。

「子ども時代を謳歌していた」ことと後年の明治新国家のもと世の誰もが成し得なかった社会事業活動を展開していく「渋沢栄一」とは深いところで繋《つな》がっている。が、中年となって「養育院」と出合うまで、栄一の脳裏には、社会事業に対する意識も関心もとくにはなかったのである。

第2章　農民の子

色白で丸顔のふっくらと肥えた目鼻立ちの整った幼な子。遺されている栄一の二〇代の写真をみるとこんな可愛らしい幼児のイメージが浮かんでくる。するとそれは両親のどちら似なのか、体格はどちらゆずりか。両親の写真を拝見したことがないので紹介できないのが残念でならない。その性情や性格がどちら似なのかは数ある幼少期のエピソードから想像することができる。

二、三歳のころ。母栄の両腕のなかであやされて遊んでいた栄一には、姿形の可愛らしさとはまるで似つかわしくない、その性情ならびに気性を表すこんな話が遺されている。

家業の忙しい季節には客人が増え座敷にまねく。人の出入りで座敷の障子は始終開閉される。このとき障子がぴたりと閉まらず半開きのときもある。それが気に入らない。「また障子を閉めずに行った」。母栄にだかれた栄一がまわらない舌で雄叫びのように叫ぶ。閉められるまで執念深くいう。客人が赤面する。「困った子だ」。母栄はしきりに詫びた。この話には市郎右衛門の性格を彷彿とさせるところがあり、栄一は父親似ではないかと思ってしまう。

栄一の見方がある。

〈何でも物事に対して秩序を求める。これは成長するにつれ漸時増長した性癖の一つであるが、また他の一面には、物事に対して執念深いほど忍耐が強かった〉（『竜門雑誌』以下同）

〈秩序を求める〉とは大袈裟な表現の気がしなくもないが、こうした几帳面さをみせる幼児は現在もいるのでこれはこれで読みすごしていこう。ひっかかるのは五歳の話の解説である。

栄一は「兄様《あにさま》」と呼んでいた近所に住む親戚の二歳上の喜作《きさく》と家の前の桑畑で遊んでいた。帰宅すると両親は姉の仲をつれて親戚の集まりに出かけるところ。「つれてって」。せがんでみたがおき去りにされた。家には一〇人ほどの手伝い人がいるだけ。腹を立てた栄一は泣きじゃくった。泣き終えても気持ちがおさまらない。ひとつ両親を困らせてやろうと押し入れに隠れて眠りこんだ。栄一がいない。家の者はあわてて一晩中さがした。翌朝血相変えた父親が大声で手伝い人らを叱り探すようにと命じている。そこへ栄一が顔を出した。父親にこっぴどく叱られた。「この子の強情には呆れたものだ」。母栄はため息をついたという。このときの栄一の語りにはこうある。

〈悪いことをしたと思う半面には胸が空《す》いたやうな軽い誇《ほこり》を禁じ得なかった。誇るほどの事ではないが、それほど私は幼少の時分から肯かぬ気の忍耐力が強かった〉

さて？　これはふくれ面《つら》して、おし入れに隠れ寝込んだだけのことではないのか。熟睡という眠りの深さから心身の健康的な様子を知ることが出きても、そこに反抗的な意志をみいだすことはできない。〈忍耐力〉となればなおのこと。五歳前後ならこのていどの失敗はあり得ることで意外性に乏しい。この二行はせっかくの五歳児の息吹を消してしまい、読む者の想像力を限定させるところがある。栄一の語りには自分で意味づけをして評価をするという同様の悪癖がたまにみられる。もちろん多くのエピソードが当時の様子を活きいきと蘇《よみがえ》らせている。

七、八歳。便所の幽霊を怖がる姉仲《なか》に、栄一がこの世に幽霊などいないことを立証する話があり、その胆力と迷信を信じない合理的な思考力のもち主であることを披露している。周辺一強い黒《くろ》という犬をゆずりうけ、闘犬をさせて勝利に喜び「渋沢の黒」をひきつれて自慢気に村を闊歩していた話もこのころ、潑溂とした少年の姿が浮かんでくる。軽い疱瘡《ほうそう》にかかったのも七歳。病気が回復しかけのころ退屈で母栄を手こずらせた。「兄様（喜作）がいないと、ご飯を食べない」。快く喜作が相手をしてくれたおかげで栄一の機嫌も直りぶじに食事をすませたという。これなど、わがままいっぱいの子どもらしい伸びやかさを感じさせる可愛らしいエピソードである。

一二歳のころ。村の鎮守の森諏訪神社の祭りに奉納する「ササラ」と呼ばれる、竹のササラや笛太鼓の伴奏で踊る獅子舞の話がある。それは翁獅子《ホーガン》と若い雄獅子《オジシ》と雌獅子《メジシ》が三つ巴《どもえ》になって踊る舞で、踊り子は毎年どこの家の子と大体決まっていた。それまで栄一の役回りは強い雄獅子であったが、どういうわけか、この年は年老いた翁獅子がまわってきた。栄一は反発した。

「翁獅子なんて嫌だ。自分は雄獅子になる。それが理《り》の当然《とうぜん》だ」

「理の当然だと、お前さん、そんな難しい言葉をどこでおぼえたのか」

「なぁに、それくらいのことは誰でも知っているよ」

「驚いた。儂《わし》は六〇近くなるが、こんなませたことをいう子どもには出会ったことがない」

翁獅子《ホーガン》でごねた話は詳しく語られていないが、村のなかで成長していく栄一の姿が垣間みえる。老人を驚かせた「理《り》の当然《とうぜん》」に、一二歳の栄一の言語力の豊かさと博学さがよく現われているが、同時に、少年特有の自信に満ちた胸中と生意気ぶりも伝わってくる。

この獅子舞踊りが現在市の無形文化財となって秋祭りで復活していることは前記した。一六〇余年前、栄一少年が同神社で村人の喝采を浴びながら踊っていたこの舞踊りを、今コンパクトにして、地元の子どもたちが、血洗島獅子舞保存会の方々の伴奏に合わせて踊っている。

天保から弘化へと時代が移っても、血洗島村や周辺の村の農工商の家では、子どもには四角の文字や学問は必要ないと考えられていた。それは全国的な考え方でもあった。

そうしたなか市郎右衛門は栄一を学問の道へと導いている。

〈今日の世に立つには、どうしても相当の学問がなければならぬといふので、六歳頃から父は私に三字教《さんじきょう》の素読《そどく》を教へられ、大学から中庸を読み、論語まで習ったが、八歳頃から従兄《いとこ》にあたる手計村の尾高惇忠《おだかじゅんちゅう》（新五郎）氏に師事して修学した〉（『青淵回顧録』上巻）

一日の仕事がどんなにきつくとも、市郎右衛門は夜になると、六歳の栄一の勉学指導をした。そのときは長女の仲も一緒であった。『三字教《さんじきょう》』とは藩校の初等教育書で「人の初《はじめ》。性本善《せいもとぜん》。性相近《せいあいちかし》。習相遠《ならいあいとおし》」という書き出し。師が音読するあとを、子どもが口真似して暗誦していくが、意味の解釈はない。これが素読を授《さず》けるといって一般的な教授法であった。

市郎右衛門はつねに朗々と書物を読んだ。そのあとに姉弟の暗誦がつづいた。日が経つにつれて、市郎右衛門は栄一の能力がずば抜けていることに気づき、ときには深谷宿に泊まる尾張の儒学者中野兼斉《けんさい》を自宅にまねいて、幼い栄一と仲に講義をうけさせた。栄一の優秀な頭脳は何かにつけて家族に明るさをもたらせたようである。

市郎右衛門は、八歳の栄一の勉学指導を他人の手にゆだねている。それが先の栄一著にある〈従兄の尾高惇忠〉であった。親戚筋との関係を整理しておこう。

栄一・惇忠・喜作の三人は、親同士が兄弟。栄一の父元助の姉が惇忠の母で、尾高勝五郎に嫁いだやへ。七人の子どもに恵まれたやへの子どもは、うえから惇忠・みち・こう・長七郎・千代（栄一の妻）・くに・平九郎（栄一の見立養子）。母やへの兄が文左衛門、その息子が喜作である。

惇忠の家は血洗島村の隣の下手許《しもてばか》村にあった。

栄一生誕地跡から一本道を東へ約一・四キロすすんだ道沿いにある立派な二階建ての家屋。稼業は農業、養蚕、藍玉作り、ほかに雑貨商も営んでいた。

武蔵の儒学者菊池菊城に教えを請うた惇忠は、近郊近在まで聞こえるほどの秀才であった。

幼少期の栄一は一〇歳年上の惇忠を、喜作と同様に「兄様《あにさま》」と呼んでなついていた。

通学開始。栄一は毎日出かけ、二階の狭い板の間で一時間半から二時間、書物と習字を学んだ。

惇忠の指導法は通常の素読を授ける方法とは異なっていた。教科書には四書五経から中国の正史を人物群像で記した『一八史略』や日本の歴史書など、難しい内容のものまで用いたが、娯楽読物の小説などもすすめた。子どもの感性と思考力を養い、広い視野がもてるように能力を伸ばそうとしたのであろう、独自で編み出したこの教授法は当時としては画期的なものであった。

惇忠は栄一を励ましつづけた。

「人に負けては駄目だ。ひけをとってはならぬ」

栄一の回答が正しいときは褒めた。

「栄さんはすごい、すごい」

いつの間にか栄一は学問が好きになっていたという。

一〇歳のころ。栄一は娯楽読物の流行小説、滝沢馬琴の『俊寛僧都嶋物語』や勧善懲悪趣向の強い小説『南総里見八犬伝』のとりことなり三回、四回とくりかえし読んだ。一一歳から一二歳になると読書はすすんだが、簡単に読本《よみほん》が手に入らず、父親の実家や近所の家から借りて、『三国志』など艱難辛苦をのりこえて立身する軍談小説を耽読し、登場人物の孔明・玄徳・関羽等に魅了され、あたかも自身が豪傑の仲間入りをしたような気分になって肩をいからせた。

「もっと堅い書物を読みなさい」。儒書以外の娯楽読物を不真面目とみていた父市郎右衛門は再三注意したが、「けっこう、けっこう」と、惇忠が快く容認するため好みの読本に夢中になった。

家から八キロほど離れた本庄村に、月に二回読本をとり換える貸本屋があり、栄一は楽しみにしてよく出かけた。行き帰りに歩きながら読む。これで失敗したのが一二歳のとき。正月の挨拶まわりに行かされた際、本庄村の近くまで行くついでに貸本屋に返却しようと、読本を読みながら歩いているうち溝に落ちて晴着を汚し母親にずいぶんと叱られた。前述した「翁獅子《ホーガン》」と「理の当然」はこの年の秋の出来事である。栄一の読書はかなりの量になっていた。

書の専門家である伯父（誠室）に習字を習い、武芸は親類の渋沢新三郎について父親と同じく神道無念流を習得。栄一の心には武士になりたいという希望が芽生えていたのである。

家業に専念

「人間は分を忘れてはいけない。その歳で読書三昧、議論ばかりしているようでは立派な人間にはなれない。読書はやめよ。農業も商売も本気でとりくまなければ一家の益《えき》にはならない」

仕事に厳格な市郎右衛門にこういわれた栄一が、通学を断念して、稼業の農業と養蚕それに商売を身につけはじめたのは一四歳、黒船が浦賀に姿を現した嘉永六年のことであった。

勉学より家業にうちこめと命じたこのときの父親の諭《さとし》は、勉学に無理解でも、親の身勝手な指示でもない。農工商の家の子どもの学ぶ場所は寺子屋もあるが、おもに家庭とされていた。前述したように、わが子に家業を教え導くことは父親の責務であり、市郎右衛門は栄一を立派な農家の後継者とするため、自身の手で農業を教えようとしていたのである。

このとき市郎右衛門は、栄一の生活を、通学からいっきに仕事へと転換させたのではないようだ。少年から青年への区切りをつけるためか、広い世界を見聞させたかったのか、春三月の農閑期に栄一を初めて江戸へつれて行き、日本橋の繁華街を案内し、越後屋呉服店（現三越百貨店）にも入り、浅草の劇場や遊郭のある新吉原など娯楽の町を見物させている。お正月の双六《すごろく》遊びで日本橋や浅草という地名をおぼえていた栄一であるが、江戸での数日間、茅葺《かやぶき》屋根や田畑の風景しか知らなかっただけに、町の様子がまぶしく映った。日本橋の脇に立つ人探しや迷子探しのための「尋ぬる方、知らせる方」と彫られた、石の棒標も目に焼きついたという。

この話は事実として遺されていても、江戸行きの理由の記録はない。時節と江戸行きとがぴったりとかさなるため、市郎右衛門の脳裏には栄一の生活にけじめをつけるためではなかったかと推察した。父親としてのきめ細かな教育的配慮を思ったからである。

江戸の旅からもどった市郎右衛門は、栄一に草鞋《わらじ》の履き方から鍬《くわ》の握り方まで、一から農事の指導をはじめた。決然と書物を捨てて畑に出る野良着姿の栄一をみて喜んだのは高齢の祖父敬林。

「気をつけておやりよ。鍬《くわ》に足を噛《か》まれなよ」。大きな笑顔を作って栄一を送り出すのであった。

栄一の日常は一転した。麦作りの季節には農耕に励んだ。農作業の縄をなう、肥えたごを担ぐ、草を刈るなど、土地の男衆と同様、農家の子として土と汗にまみれて働きはじめた。

藍《あい》の商売にも身を入れた。染料である藍の用途は、濃い青色の半纏《はんてん》や青色の風呂敷、節句用幟《のぼり》などに用いられた。山野の自生植物ではない藍は種をまいて育てる栽培植物で蓼藍《たであい》という長楕円形をした葉が高さ五〇センチから七〇センチに成長する。藍葉の値打ちは、地味や天候や水利などの影響を微妙にうけるため、作り手の腕次第であった。農家で栽培して刈りとった藍葉《あいば》を市郎右衛門のような藍商人が買いつけた。買った藍葉は家の庭先で干す・水をかける・蒸す・臼《うす》でつくなどいくつもの工程をへて餅状の丸い藍玉《あいだま》となる。この藍玉が商品となり、染物をする紺屋との間で売買される。紺屋からの支払いは盆と暮れの一年に二回、掛売《かけうり》の商売であった。

ある日、市郎右衛門が「私の留守中、二人は矢島村で藍葉を買いつけてくるように」と言い残して信州の紺屋回りの旅に出た。これまで旅に栄一を同行しても、そこに修行をさせるという意識はなく、この機会に敬林のお供をさせて初歩的な商売を学ばそうという目論みがあった。

祖父敬林と栄一はぶじに矢島村で買いつけをすませた。

「一人で行きます」。翌日、栄一が言い出し、心配する敬林から金銭をあずかってさっさと予定の村へ出かけてしまった。思春期を迎えて体裁を気にするようになった栄一は、高齢の祖父と一緒に歩くのが恥ずかしいのと、父親のように一人前の男の仕事をしてみたい、という背伸びした挑戦的な思いにつき動かされていた。長年藍の研究をしてきた市郎右衛門はどの土地へ行ってもプロの鑑定家として信頼されていたのである。

村に着くなり栄一は農家の前で大きな声で呼びかけた。「藍を買いにまいりました」。村人はヘンな子がきたと警戒しどの家も相手にしなかった。栄一はかまわず家々の庭先で父親をまねて藍の鑑定をはじめた。「これは肥料が少ない」「この肥料は魚粕ではないな」「茎の切り方が悪い」。最初おっかなびっくりで話を聞いていた村人たちは、栄一の指摘があたっていることに驚き、さらに素性を知って感心した。「さすがに市郎右衛門さんの倅《せがれ》だ。鑑定がうまい」。自信を得た栄一は、翌日もその翌日も、あちこちの村に行って大量の藍を買いつけたのであった。

その藍葉をみて祖父敬林は感激した。旅から帰った父親も栄一の仕事ぶりに感服したという。栄一の一本立ちした初仕事であった。一四歳。現在の満年齢では一三歳、中学一年生にあたる。

家族と地域

労働を中心とした日々の裏側で、家庭では様々なことが起こっていた。

栄一が叔父の保右衛門（母栄の妹ふさの夫）と江戸へ行ったのは、父親と行った翌年であるが、この二回目の旅は、晩年まで、栄一の心の痛みをともなう忘れ難い記憶となっている。

問題は小伝馬町の建具屋で買った一両二分の華美な桐の本箱と桐の硯箱にあった。

経緯。愛用の硯箱が破損していた。父親に新調してもよいとの許可をもらっていたため江戸で買って帰宅後にその報告をした。ところが数日後、届いた荷物をみるなり市郎右衛門の表情が険しくなった。わが家に不釣り合いな贅沢品を買うとは軽率の挙動であると怒り出したのである。

「お前は一五にもなって、よもや父の訓戒を忘れまい。質素倹約はもっとも大切な心得であることを、いつも聞かせているではないか。不心得千万。ああ俺は不幸な子をもったものよ」

市郎右衛門の怒りはなかなかおさまらず、そのうち言葉のなかに、栄一を見限ったような嘆息がまじるようになった。その様子をみかねて、母栄や叔父、伯母や喜作の父親（市郎右衛門の二番目の実兄）までもが駆けつけ、交代で詫びを入れたが、機嫌はしばらく直らなかった。

〈実際その時の自分の心の苦痛と云《ママ》ふものはなかった。厳しい理屈責めに逢って、初めは悪いことを為《な》したと後悔したけれども、四日も五日も続け様に言はれると、小供心にも余り酷《ひど》いと怨《うらむ》む気も出て、次には自分の心を恐れるやうな気にもなり、終《しま》いには悲しくなって、何とも言えぬ憂《ゆう》うつに囚《とら》われるのであった〉（『竜門雑誌』）

この出来事が初めて藍葉を買いつけに行った翌年であることを思えば、父親の逆鱗にふれたことで栄一を一層稼業に集中させたと察する。余談になるが、この述懐の文章のみごとさには読みかえすたびに感動する。自らの思い出とはいえ、心奥の在り様を端的に掬《すく》いとり、少年の心理を正確に無駄なくしかもリアルに表現している。栄一は七五歳。社会事業家として「子どもの問題」にとりくみ、最高峰の地位（中央慈善協会会長）に座していたころの語りである。

家族中の心配が姉仲に集中したのも、同じ一五歳のときであった。

二〇歳の姉仲《なか》が神経を病んだ。仲の縁談に親戚から「待った」がかかり破綻になったことが原因とされた。仲の言動に異変が現われた。案じた市郎右衛門は上州の滝のある土地で保養をさせようと仲をつれて出かけた。その間、迷信や八卦《はっけ》を信じない栄一の反対意見を無視して、心配した親戚の者が祟《たた》りを払おうと三人の修験者を呼び、自宅で祈禱を行った。このとき栄一が修験者を問答でやり込めるというエピソードが遺っているが、本稿ではそれより、転地保養から帰ってきた姉仲を忙しい母栄に代わって栄一が世話していることをとりあげる。

最初、仲は、栄一の世話を嫌がり不機嫌で暴言を吐いた。川辺で涙ぐんで佇《たたず》む仲をそばで見守り、話し相手となるなど、栄一は根気強くかかわり世話をした。そのかいあって仲はしだいに心を開くようになり、やがて病気は快復した。仲は吉岡家の為三郎に嫁いでいる。〈姉が病身であったので、皆々非常に心配しました。私も少年ながらに、姉の看護には出来るだけ尽くしたので「活溌な性質の子であるのに感心である。実によくする」と云って、人々から褒められたことを覚えて居ります〉（『竜門雑誌』）

姉仲へのこのケアは、利発で心身ともに強い少年へと成長していく栄一の人間性に何らかの影響を与えたようだ。高齢の祖父もいることを思えば、栄一が祖父の病気の世話や介護をしたことも容易に想像できるが、史料のなかで、身近な病人と向き合う話はこの姉仲のケースしかない。

次に向学心の話に移ろう。通学をやめたのちも栄一は一人で勉学をつづけた。仕事の合間に本を開く。藍の買いつけのときも懐中にいれた本をとりだして読みながら歩いた。「あれでは親父の名跡は継げまい」。陰口を叩く者もいたが、成長するにつれて知的好奇心は旺盛になっていた。

ときおり師惇忠に会って学問の話をした。惇忠も自宅に恩師の菊池菊城が身をよせたときには栄一と喜作に声をかけて『論語』の講義を聞かせた。栄一の家にも以前教わったことのある中野兼斎がきて司馬遷の『史記』を、別の儒学者から『孟子』の講義をうけた。頼山陽の『日本政記』や尊王攘夷派の志士に影響を与えた『日本外史』に夢中になっているが、これらの書物名とそのときの年齢は不明で、史料には二〇歳ごろまでのことと大雑把に記されている。

地域との関係も深い。村の若者頭《わかものがしら》に任命されたのは一五、六歳のころ。若者の集まる評定で意見を述べ、鎮守の宮の修繕や祭礼、村芝居の開催なども率先して手がけ地域活動をはじめた。そばには必ず喜作の姿があった。二人は仲間や村人から頼りにされた。仕事と若者頭。表に顔を出す機会が増えた栄一は多忙な毎日を送るようになっていた。

一六、七歳。藍の商売は栄一の仕事となり一年に四回、おもな行先は信州、伊勢崎、秩父であった。紺屋は農家との兼業であるため一軒一軒の規模は極小で、信州だけでも五〇軒前後、全体では一〇〇軒以上となっていた。販売時には三俵の藍玉を馬で運搬したが、信州へ行くにはいくつもの峠を越えなければならず重労働、降雪の日などは命がけの仕事であった。

稼業に没頭。即戦力となって働いてみると仕事が面白くなってきた。丹精こめて作った農作物の成長をみるのは嬉しい。そのでき具合を知人と評論し合うときには心が弾む。雇い人たちも栄一の指揮にしたがい懸命に励むので仕事はすすんでいく。

宗家を護ろうとする栄一は、農民として生きるのもよいと思いはじめた。

心身に充実感が漲《みなぎ》ってきた。自ずと向上心がかき立てられ仕事への欲が出てくる。

この武州で、全国的に有名な阿波の藍に負けない優秀な藍を作れないものか。栄一は商略を練り奨励法を考案した。それは買いつけた藍葉のよしあしを番付表にして、自宅にまねいた近村の作り手を、番づけの上位から順に上座に座らせてご馳走するという企画。作り手を激励することでたがいの競争心をかき立て、仕事に対する積極性を導き出すのがねらい。利益を出すための工夫やみんなで向上しようという、おおやけの意識をもった仕事法が早くもこのころからみられる。

封建社会への疑問

栄一・一七歳（安政三）。実家である渋沢宗家の隆盛が周辺で認められていたこの時期、栄一の人生の方向性を決定づける、辛い事件が起きた。

それは岡部村の陣屋《じんや》（代官所・役所）から、市郎右衛門の許《もと》へ御用達《ごようたつ》の呼び出しがかかったことにはじまる。御用達とは御用金の徴収を意味する。当家のように農業と商工業を営む家には農業の所持高に対して年貢《ねんぐ》が課せられ、商工業の収入には御用金《ごようきん》が徴収された。御用金はお姫様の嫁入りや先祖の法会といった領主の出費で、その金額が臨時徴収として村々の財産家の家々へ割りあてられた。これまでに市郎右衛門が納めた御用金は二千両あまりに達していたという。

代官所へは市郎右衛門の代理として栄一が行くことになった。同行者は父親と同年配の町田村と矢島村の戸主の二人。三人は約四キロの地にある岡部村へと向かった。

代官所で面談開始。代官が御用金の金額を各家に命じると、戸主二人は承諾の返事をした。栄一の家には五〇〇両が命じられたが、即答できる立場にない栄一はそれを告げた。

「御用金の高は承りましたが、一応父に伝えまして、改めておうけしに、まかりこします」

快諾をまっていた代官は、その言葉で不快感を示して語気を強めた。

「貴様はいくつになるか。一七にもなれば女郎も買うであろう、してみれば三〇〇両や五〇〇両は何でもないこと、御用金をおさめれば世間に対して名誉になるし面目も保てる。いったん帰ってまたくるなど、そんなことは承知せぬ」

いかにも愚弄嘲笑した物言いに、栄一は顔色を失った。

「是非とも、そう願います」

「今すぐ承知した、と返事をせよ」

「自分は父から、ご用をうかがってこい、と申しつけられただけですから」

これ以上さからうなと隣に座る一人が栄一の着物の袖をひいたが、その忠告を無視し、栄一は自らの立場を主張して一歩もゆずらなかった。

その態度に業を煮やした代官が誹謗中傷をくりかえした。

「貴様は、学問はできるらしいが、つまらぬ男だ！」

投げかけられる言葉に、じっと耐えるしかなかった。

〈あの時ばかりは悔しさの余り私は震へました〉

〈実際親が無かったならば、擲《は》り飛ばして出奔していたかも知れぬ〉（『雨夜譚会』）

帰り道。武家時代のはじまりから徳川の歴史の一つひとつを書物で学んで理解していたつもりでいた栄一は、初めて封建社会の矛盾に直面し、様々なことに思いをめぐらせた。世のなかとはこういうものか、領主のとり立てる年貢はすべて農民が農地を這《は》い丹精こめて作ったものだ、それなのに返済もしない金を用金と名づけて、あたかも貸した金をとりかえすように傍若無人に命令をくだす、そんな道理がどこにあるか。幕府政治への強烈な批判が噴出したのである。

記憶の底には一一歳のときの父親にまつわる悲しい出来事があった。あるとき、訪ねてきた代官所の役人に父親が恐ろしく叱られているのをみた。役人の命令に父親が不同意を表したというのが理由であった。〈父は無理だとは知りながら涙を呑んで服従した光景が、子供心にも非常にくやしいと感じたことがあるが、私が百姓をやめた動機はそれであったと思ひます〉（『竜門雑誌』）。敬愛している自慢の父親が理不尽にも頭ごなしに役人に叱責されている姿は、口惜しさとみじめさとなって幼い心の奥深くに植えつけられていたのである。

農工商の徒は、武家の傘下でしか生きられないのか、役人がいばりちらすのは許されるのか、ならば農民はやめようと、幕府政治への批判は、まっすぐ官尊民卑の身分制度へと向けられたのである。家にもどって市郎右衛門に一部始終を報告した。

「それがすなわち、泣く子と地頭には勝てぬということだ。うけてくるのがよろしい」

翌日、栄一は五〇〇両をもって、ふたたび岡部村の代官所へ出向いたのであった。

それから三、四年の間、栄一は従来どおり商売の旅に出るなど家の仕事に励み、村の若者頭の役目にも精を出していた。微妙に変化をみせはじめたのは、学問へのかかわり方や増えてきた友人の顔ぶれであった。陣屋での出来事は心奥でわだかまりとなって沈殿し、新しいエネルギーを生んでいた。そのため鋭敏となった批判眼が社会の動向に向けられるようになっていたのである。

このころ読んだ本といえば、先記の二〇歳までに読んだ本の範疇に入ると思われるが、陣屋での流れからみて、阿片戦争《アヘン》のことを記した『清英近世譚《しんえいきんせいだん》』（著者不明・前編五巻後編五巻・嘉永二年ごろの刊行）をとりあげる。阿片戦争とは、栄一の誕生年である天保一一年から天保一三年にかけて、清国が、インド産の阿片をもちこんだイギリスの武力の前に完敗し、南京《ナンキン》条約により香港を奪われた戦争。イギリスは清国との貿易ルートを開いて莫大な利益を得たのである。

本書を精読した栄一は、イギリスのやり方は人道にそむく悪だと憤慨し、外国人に対する敵愾心をいだき、わが国のあり方を案じて愛国心に燃えた。その情熱をもって自宅を訪ねてくる友人と幕政を論じ、国事を憂いて議論を湧かせた。友人が多くなったのは仕事先の信州、武蔵、秩父などで学問に関心のある若者や年配の人々と出会い心をかよわす間柄になっていたからである。

市郎右衛門は、大人になった栄一の言動を認めてはいたが、もっと腰を落ち着かせたいという気持ちもあって、栄一に家庭をもたせることにした。

安政五年一二月七日、一九歳の栄一は惇忠の妹、一つ年したの千代と結婚した。文久二年二月、長男市太郎が誕生したが、この子は同年八月に夭折。翌文久三年八月、長女歌子（宇多・歌の字もある）が誕生したのである。

尊王攘夷と出奔

嘉永六年六月、浦賀沖に四隻のアメリカの黒船が来航し、大統領の国書をたずさえたペリー提督が強硬に開国をせまった。それを契機に尊王攘夷論の高唱が巷に聞こえるようになった。

栄一が尊王攘夷を標榜しはじめたのは二一歳のころ。純粋で負けず嫌いの栄一は国のためにわが身をなげうつ覚悟でいた。同じ思想で行動をともにするのは尾高惇忠、その弟である八歳年下の長七郎、親戚の渋沢喜作。栄一をふくめた四人が家族同然の堅い絆で結ばれた。出会った志士や剣客と交流を深めて広く天下の事情を知り、機会をみて討幕を実行したいと考えるようになった栄一は、以前江戸で学んでいた長七郎のあとを追うようにして江戸へ出た。

遊学先は下谷練塀小路《したやねりべいこうじ》にある儒学者海保漁村《かいほぎょそん》の塾舎。漁村はこのころ漢学者として名を馳せ数千人の門弟をもっていた。塾舎で二か月間、栄一は七、八人の塾生に交じって漢学を習い、神田お玉が池の千葉道場にかよった。塾舎では先生に注意されるという失敗談もあるが、栄一の頭脳のよさは、先生も周辺の人々にも強烈な印象を与えていたようである。

江戸遊学において、栄一がひとかどの憂国の志士を気取るようになったのは二二歳、尊王攘夷がもっとも高揚していた文久元年ごろである。

アメリカの開国要求はそれまで虎視眈々と日本との開国をねらっていた諸国に同様な要求をうながすことになり、安政五年、日本は米・蘭・露・英・仏の五か国と通商条約を締結。大老井伊《いい》直弼《なおすけ》が独断で結んだ通商条約への賛否は将軍後継者問題とからんで紛糾した。翌年、井伊による弾圧が激化し尊攘派の吉田松陰等が処刑されるという安政の大獄を生んだ。翌万延元年には、井伊直弼が暗殺された桜田門外の変、二年後の文久二年には、井伊のあとをついだ老中安藤対馬守を尊攘志士が襲撃し負傷させるという坂下門外の変が起きている。

二度目の遊学は坂下門外の変の翌年のこと。以前と同様、海保漁村塾を拠点に千葉道場にかよい、友人の家にも宿泊した。四か月の間に何回か、郷里と江戸を往復している。この遊学には攘夷決行の同志をつのる目的があり、最終的には六九人が結集したのであった。

「夷狄《いてき》斬るべし！」

同年八月、尾高家の二階に攘夷遂行の同志が集った。総大将が惇忠、参謀格は栄一と長七郎と喜作に決まり、挙兵の日時と決行方法が評議された。目指すは攘夷決行と封建打破である。それは六九人の同志で上州の高崎城をのっとり、そのあと守備の手薄な鎌倉街道をいっきに横浜へと進軍し、その間、馳せ参じた同志とともに横浜へのりこんで洋館を焼き外国人を斬り、徳川幕府をやっつけて我々の手で世を糺《ただ》そうという、死を覚悟の暴挙ともいえる企《くわだ》てであった。武器は槍と刀と大和魂がある。武装する着込みや提灯などの準備担当は、惇忠と栄一の二人が分担してそろえることになった。挙兵は同年一一月二三日、火の回りが早い冬至の日と決まった。

その前に、栄一には父親の説得という大仕事がまっていた。この先、家や家族に迷惑をかけないためにはどうすればよいのか、自分のことで辛い思いをさせたくはない。幼いころから可愛がってくれた両親のこと、宗家である家のことを思った。考えぬいたすえ、もはや離縁なり、勘当してもらうしかない。家のことは養子を迎えて継承者を立てることができる、という結論を出したのであった。

父親にうちあける日を九月一三日、月見の晩と決めた。挙兵決行の三か月前である。

当日は惇忠と喜作を家に招いて二人の前で父親と話をはじめた。

「この乱れた世を、ここで安閑とみていることはできません」

「お前が焼きもきしても、どうにもなるまい」

「私は政治運動に加わります」

「家の跡取《あとと》りのお前が、そんなことをいって、どうするのだ。自分の望みを達成するためには、親や妻子はどうなっても、よいというのか」

「では、この家に迷惑がかかりますので、私を勘当してください」

「そんなことまでするにはおよばぬ。この家はお前のものだ」

市郎右衛門と栄一の言動は粗暴ではなかったが、激しい議論となって対立した。惇忠と喜作からの加勢はなかった。やがて明け方近くになって、ようやく市郎右衛門がおれた。

「せっかくお前も商売のコツを覚え家業もおいおい盛んになってきた。儂《わし》も五十半ばになったことだし、あと二、三年もすれば家督をお前にゆずって隠居をしたいと思っていた。しかし無理にしたがわせることもできまい。これまでお前の様子をみてきたが、読書をしてもよく読み、何事においても利発である。儂の気持ちからいえば、いつまでもお前を手もとにおいておきたいが、そうはいくまい。子どもを一人失くしたと思い、儂は、これから二〇年ぐらいは若返って改めて家業に精出すことにしよう。お前のことは、お前の自由に任せることにする」

子を思う親の底知れない愛情をもって市郎右衛門は栄一の考えを受容し、宗家継承の義務を解き放ったのである。それは、わが子の類《たぐ》い稀な才能、火の玉のように一途な情熱をもって前進しようとするその正義感の強い性情を知り尽くしたうえでの市郎右衛門の決断であった。

栄一は自分のことをよく分かってくれたと感謝した。

その日のうちに江戸へ発った。

江戸では父親の目をぬすんで藍の集金から二〇〇両ばかり拝借した金で武具等をそろえた。挙兵の日がせまってくると、栄一たちは同志の役割を決めるなど準備におわれた。すべては計画どおりにすすんだ。あとは江戸と京都を往復しながら、天下の形勢を探っていた長七郎の帰郷をまつのみ。長七郎からもたらされる一報は、栄一たちの情勢判断に重要であった。

長七郎がもどってきたのは一〇月二九日の夜。尾高家の二階で惇忠・長七郎・喜作・栄一・友人の中村三平の五人が集まり挙兵の密議をこらした。

ところが過激な思想と行動を先導してきた長七郎が諄々《じゅんじゅん》と京都の情勢を述べ、いくつかの暴挙の例をあげて、その失敗を説き、今回の計画の中止を主張したのである。

「六九人の農兵で挙兵をしても敗れるのは火をみるよりあきらか。単なる農民一揆とみなされ、子どもじみた軽挙だと世の笑い者となるだけだ」

国を思う忠誠心と死を覚悟の熱情だけでつきすすんできた同志には納得がいかない。刀に手をかけての大激論となったのち、長七郎の意見に倣《なら》うことになった。なかでも熱血漢で最過激派の栄一は、その夜一睡もせずに考え、ようやくしたがうことにしたのである。

それから数日後の一一月初旬ことであった。

全員の解散をとどこおりなくすませたころ、幕府の探偵・八州取り締まりが栄一たちの不穏な企《くわだ》てを察知して動き出した、という噂が耳に入ってきた。このままだと手をこまねいて捕縛をまつようなもの、栄一は喜作と相談していったん身を隠そうということになった。

父親には二〇〇両くすねたことを告白して謝罪し、さらに現状を述べて理解を求めた。

このとき栄一は、市郎右衛門の温情のこもった言葉を涙に濡れながら聞くこととなった。

「お前は自分の信ずるところに向かってまっすぐにすすめばよい。金のことはすぎた話だ。お前が家を継ぐとなれば、家の財産は全部お前のものだから、それには文句をいわぬ。それとは別にして、ここに一〇〇両を用意してある。これを餞別として贈ろう。もって行きなさい」

文久三年一一月八日。

栄一と喜作は、周囲の人々に怪しまれないようにと農民服をまとい、今から伊勢神宮参拝をかねて京都見物に出かけるとし、血洗島村から江戸へと向かった。

栄一は二四歳、妻千代と乳飲み子の歌子を両親に託しての旅立ちであった。

II 立身編

第3章　幕臣と欧州

郷里をあとにした栄一と喜作には人生の大転機がまっていた。出立《しゅったつ》してから、わずか二か月あまりで二人は一橋家に仕官する。

裸一貫、格別の人脈も後ろ盾もなく、自らの能力を頼りに華々しく出世街道を駆けのぼっていく栄一の半生において、一橋家の家臣となることは、まさしくその登龍門にあたる節目といえるが、その契機についてはなぜか数多い栄一の自著には記されてない。江戸に着いて京都に向かうまでのことは次のように語られている（『青淵回顧録』上巻）。

〈浪人者に対しては幕府の神経が過敏で、やはり取り締まりが厳重であり、郷里の訛《なま》り言葉から怪《あや》しい浪人と睨《にら》まれて、却《かえ》って窮地に陥《おちい》る虞《おそ》れがあらうと云うので、両人で苦肉の策を回《めぐ》らし、一橋の用人平岡円四郎氏の家来であるということにして京都迄行かうと考へた〉〈元々平岡氏とは相識《そうしき》の間柄であり、曾《か》つて私が江戸に滞在中一橋に仕へてはどうかと勧められた事もあり、其時は他に志すところがあったので、「もっと勉強してしてから御推挙《ごすいきょ》を願ひませう」と断り、平岡氏からは「それでは君等が改めて仕えたいと思ったら、其時は遠慮なく申し出るがよい」といふやうな話合いになって居《お》つたので、其の縁故から平岡氏の名を利用しようと思ひ付いたのである〉と。臆面もなく栄一は〈平岡氏の名前を利用しようと思ひ付いた〉と語っているが、どんなきっかけで一橋家とかかわり、誰の世話になったのか、肝心なことがまるで分からない。

幸い疑問の鍵を解く内容が〈川村恵十郎《えじゅうろう》日記〉（『伝記資料』第一巻）のなかにある。

当書によれば日記は全部で八〇冊ありそのうち五冊が栄一に関係しているという。最初が『雑日記』という題で、日付は文久三年八月二七日から同年一二月二五日。この四か月間の出来事と、先述の栄一の横浜襲撃密議・月見の晩の激白・挙兵中止・血洗島村からの逃避・京都到着までが符合する。ここから栄一と喜作をかかえるための一橋家の裏舞台の様子が透けてみえてくる。

川村恵十郎《えじゅうろう》は天保六年七月、多摩郡駒木野村（八王子）の駒木関所番川村文助の長男として生まれた。長じて小仏関所番見習《こぼとけせきしょばんみなら》いとなり武具修復方の嘆願のために出府した。文久三年五月、一橋家の最高実力者・用人平岡円四郎《ひらおかえんしろう》に、農家の若者を兵隊に採用する農兵取立《のうへいとりた》ての建策をした。「前途有望な青年がいれば、名前を記した書類を提出せよ」。平岡はうけ入れた。この農兵募集が栄一たちを一橋家へ結びつけている。恵十郎の一橋家仕官は同年一二月のことであった。

『雑日記』には、栄一の名前が〈栄一郎〉、喜作は〈喜作〉と載っている。

文久三年九月九日付に二人の氏名の初見が認められるが、この日を前後して栄一の行状をふりかえってみると、尊王攘夷のきりこみ隊として高崎城ののっとりを企て、父市郎右衛門に理解を求めていた時期にあたる。そのため恵十郎が栄一たちと出会う機会はなく、栄一たちと面識のないまま噂話だけで書類を作成したということになる。噂話とは、遊学時の栄一のすぐれた頭脳と人柄のよさがその後も人々の口にのぼり、それを恵十郎が聞いたようだ。血洗島村の栄一が、遠く離れた江戸において優秀な人材として話題になっていたということになる。

恵十郎は栄一より五歳上の二九歳。純粋で行動的な熱血漢タイプらしく、年下の見知らぬ二人のために奔走し、同家の目付や番頭に一橋家で召しかかえるようにと進言していたのである。

九月一八日付に〈朝渋沢喜作、同栄一郎来、四ッ半頃まで相話す〉とあるこの日が、恵十郎と栄一たちの初顔合わせ。二人は早朝、上野の浄林寺に寄宿している恵十郎を訪ね、午前一一時ごろまで話しこんだ。噂に違《たが》わぬ有望な人物と太鼓判を押した恵十郎は、二人に前もって根回しをしておいた一橋家の番頭を訪ねるようにと助言し、その夜、自身は平岡邸へ行き報告している。

恵十郎の根回しでことは順調にすすんだかにみえたが、領主安部家との交渉が思うようにいかなかった。そのため最初の評議で二人の取立ては断念されたが、あきらめきれないのが恵十郎。評議はやり直され安部家への交渉は続行となった。この評議のあと、恵十郎は議場に二人を呼んで平岡に紹介した。これが平岡と栄一の最初の出会いであった。

好意的な平岡に対して、栄一は高崎城襲撃や他人にはいえない事情を腹の底に隠し、もっともらしく〈もっと勉強してから御推挙を願ひませう〉と答えたのではないか。月が替わって、栄一と喜作に一橋家から〈登京然るべし〉の書面が届いた。二人を平岡の家来として京へのぼらせる許可が出、そこで先触《さきぶ》れの書状（公吏に必要な文書）がわたされたのであった。

栄一と喜作がぶじに京都までたどり着いたのは、こうした恵十郎の努力のおかげであった。

一橋家

栄一と喜作は一橋家に仕官した。恵十郎日記の二冊目『御用留』によれば、文久四年二月九日に仕事を与えられている。そのためこの日を仕官の日とみなしてもよいであろう。

一橋家での名前は、栄一が〈篤太夫《とくだゆう》〉、喜作は〈成一郎《せいいちろう》〉と変わる。

二人は抜群の能力を発揮し、いっきに出世をしていくのである。

このころの一橋家は、幕府から京都を警護する禁裏御守衛総督《きんりごしゅえいそうとく》に加え、外国と戦争するときには大坂の海防が必要になる、ということで摂津《せっつ》指揮も命じられていた。

二人の仕事は、最初は奥の番人という低い役柄の奥口番《おくぐちばん》、二か月後には一級あがって御徒士《おかち》となった。「身分が低いにもかかわらず、友人や知り合いが多く、弁舌もうまい」。重鎮たちが感心するようになり、慶応元年二月には、慶喜の警護をする御目見《おめみえ》格の小十人《こじゅうにん》に昇格した。この身分は慶喜公と直接面会して意見の開陳ができた。一橋家のれっきとした家臣、侍《さむらい》となったのである。

栄一は嬉しかった。さっそく郷里の千代に出世を知らせる手紙を書き送っている。

一橋家で他者をしのぐ実力を栄一がみせることになった出来事がある。

四季をめぐってようやく仕事の全体像がみえてきたのか、栄一（二六歳）は、一橋家が京都守衛総督の大任を拝命しているわりには、兵備が心もとないことに気づいた。死を覚悟で戦闘にのぞむ兵士がいない。そこで軍政を充実するために強い兵士を作らねばならないという思いから、農家の次男三男を対象に人材募集をすることを発案した。このころになると栄一は攘夷一点張りではなく、西洋文明における兵制、軍艦、医学等の利点を認識し、武器は西洋式がよいと考えるようになっていたのである。一橋の君主慶喜《よしのぶ》から許可を得ることができた。

一橋慶喜は水戸徳川家九代藩主斉昭《なりあき》の七男として天保八年九月二九日、江戸小石川藩邸で生まれた。幼名は七郎麻呂《しちろうまろ》。生母は有栖川宮《ありすがわのみや》家から嫁ぎ、曾祖父に霊元天皇をもつ斉昭正室の吉子《よしこ》。慶喜は徳川家と天皇家の血筋であった。乳児期に水戸に移り満六歳から藩校弘道館で学ぶ。九歳で一橋徳川家を相続。元服時に慶喜を名乗る。栄一より三歳うえ。

栄一が歩兵取立御用掛《ほへいとりたてごようがかり》の任を負って一橋家の領地である近畿・中国へ旅立ったのは、昇進直後の二月二八日ごろ(『雨夜譚会』)のこと。旅立ちとは今でいう出張である。行き先の近畿とは、摂津《せっつ》(摂州・現大阪府と兵庫県の一部)・和泉《いずみ》(泉州。現大阪府南部)・播磨《はりま》(播州・現兵庫県西部)の三か国のこと、中国が備中国(現岡山県西部)をさしている。

今回の出張を名誉と思った栄一は、仕事の実績をあげるまでは帰京しないと決死の覚悟でのぞんでいた。最初に近畿三か国を統括していた大阪川口の代官所を訪問したが、ことなかれ主義の代官が新企画の当募兵を迷惑がり冷ややかな態度でいった。「先に石高も人口も最多の備中で仕事を修《おさ》めてきた方が、よい」。この言葉に代官所の非協力的な思惑をみぬいた栄一は黙ってこれにしたがい、備中国の代官所がある後月《しつき》郡西江原《にしえばら》村へと向かった。現在の岡山県井原市である。

この出張で栄一は供《とも》をつれ、御目見《おめみえ》以上の身分らしい行装をして、長棒の駕籠《かご》にのり、槍持《やりも》ちをしたがえ、下座触れまでなして市中を通過した。宿駅の対応ぶりは親切、出迎えた人も少なくなかった。〈我ながら、中々の威光を増したやうに思はれた〉（『雨夜譚会』）とある。

到着は三月八日。翌日から仕事にかかった。代官屋敷に集めた庄屋を前に、栄一は言葉を尽くして歩兵取立ての説明をした。それは連日におよんだ。ところが五、六日経っても応募者がこない。これには裏があった。栄一を成りあがり者と蔑《さげす》んで、この募兵の命令を無視した代官が、「協力にはおよばず」と、村々の庄屋や豪農に指示していたのである。またもや仕事の妨害であった。不審《ふしん》を抱いた栄一は素早く行動した。それは庄屋にこうたずねたことからはじまっている。

「このあたりに剣術家か、学者はいませんか」

剣術家の師匠と興譲館《こうじょうかん》教授の阪谷朗廬《さかたにろうろ》先生がいるとのこと。先に学者との面談を望んだ栄一は、阪谷に自作の詩一首と酒一樽をそえて「明日参上したい」という書状を送ったのである。

山を背にして建つ興譲館（現私立興譲館高校）は、嘉永六年一〇月、一橋家と村の有力者の出資によって設立された半官半民の郷校。郷里の桜谷で塾を開き子弟の指導をしていた漢学者阪谷《さかたに》朗廬《ろうろ》を教授に迎えて開校していた。栄一が訪問したのは創立してから一二年目、塾生は寄宿生と通学生を合わせて開校当初の三倍以上にふくれ、寄宿生だけで一〇〇人を超すほどの人気ぶり。このころの興譲館は萩の明倫館、水戸の弘道館とならぶ三学館として名を馳せ、北海道から九州まで全国から阪谷を慕って学問を志す青年が集まっていたという（『興譲館百二十年史』）。

阪谷朗盧《ろうろ》は文政五年生まれ。人間の真理を追究する求道者さながら素朴で正直、忠義に篤く親孝行、微塵も私欲がなかった。写真でみる阪谷は痩身でお公家様のような細長い顔つきをし、目元は涼し気でやさしさをたたえている。栄一より一八歳上。

書斎をかねた阪谷の住居は館内の奥まった草深いところにあった。訪問時に迎えてくれた阪谷の表情がいたって自然で穏やかだったことに栄一は感激し好意をもった。酒好きの阪谷は杯をかさね、気分をよくして時勢を談じた。栄一は驚いた。これまで江戸や京都で出会った漢学者がこぞって攘夷鎖国論を主張していたのに対し、同じ漢学者でも阪谷は欧米の文明を理解して開港論を説いたからであった。阪谷の意見に栄一がどんな言葉で反論したかは遺されていないが、栄一は阪谷の意見に納得した。「彼等を夷狄《いてき》視するばかりでは、世界の情勢からとり残されます」。栄一は一晩のうちに阪谷への信頼度を深め尊敬の念をいだいたのであった。このとき会った幼い男児が、のちに栄一の娘琴子の夫となる阪谷芳郎（大蔵大臣・東京市長）である。

翌日、剣術の師匠である関根剣客と手合わせしたが、関根の剣術は栄一におくれをとった。たちまち噂が広まった。「今度のお役人は普通じゃないぞ。阪谷先生と対等に議論をするし、剣も強い」。以降、栄一のいる宿屋に、塾生や近傍の青年が訪ねてくるようになった。

ときは鯛網の盛んな季節。塾生六、七人に村の青年を交え、三里の道を歩いて笠岡の沖で行われる鯛網見学に出かけた。白砂の浜辺で酒宴を開き、詩を吟じてにぎやかに談笑する。威張らず誰とでも誠実に向き合う栄一の人柄が好印象を与え、それがまたよい噂となって広がった。

七、八日後、募兵を希望する五人の青年が現われたのを機に志願者が続出し、ついに二〇〇余名に達した。村々の庄屋たちも栄一に親しい気持ちをもった。庄屋の一人から代官所の指示を打ち明けられた栄一は、当初の志願者がなかった理由をこのとき知るのであった。

備中での出来事は、近畿の代官所に届いていた。そのため大阪川口での募兵は順調にすすんだ。志願者は二五〇人ほど。近畿と中国で四六〇人あまりの歩兵志願者を得ることができた。栄一は歩兵取立御用掛《ほへいとりたてごようがかり》の任務をぶじに果たし、五月の半ばに京都へもどったのである。

慶喜はことのほか喜び、栄一の功労を讃えて銀五枚と時服一そろいを褒美に与えている。

栄一への誹謗中傷は大なり小なり中年までつづくが、それらすべてが封建社会の階層制による出自への偏見か、すぐれた能力に対する無理解や嫉妬心から生じたもので、自身の言動からくる失点はなかった。栄一が怒りや恨みをだいて私情的反撃に出たという史実もない。次々と難題に挑んでは成し遂げて高い評価を得、無言で他者を説得して人脈を広げていく。その豊かな発想と行動の基軸には、到底藩の家禄で生活し、身体的労働を卑しんでいた武士階級の人々には備わっていない能力、労働の本質や尊さを心身で知る者のみもち合わせているひいでた才幹があった。それを強く印象づけられるのは、このあとの建言と実行力にみられる。

今回の出張で庄屋・豪農・農民と多くの人々と出会ったなかに、地域の貢献者、孝行娘、篤実な高齢の独身者、懸命に仕事にとりくむ百姓男など感心して心を動かされた人々がいた。

武家社会において身分の低い百姓を表彰するという前例はなかったが、栄一は、平岡円四郎に代わって用人筆頭格となった黒川嘉兵衛に、日々善行を積みかさねている市井の人々を表彰したいという旨を具申すると、賛成してくれた。

表彰の対象者は近畿・中国から選ばれた一四人。そこに興譲館教授の阪谷朗盧《さかたにろうろ》もいたが、阪谷は褒美の銀五枚と五人扶持を辞退した。褒美は興譲館に贈られている。この斬新な企画の波及効果は大きかった。近畿・中国では、人々から一橋家の徳が賞賛されたのである。

また、一橋家の厳しい財政事情を知ってからというもの、栄一はつねに財政基盤を強固にできる方法を考え、訪問の先々で同地の産物や売りさばき方など家政のあり方を点検した。それが三箇条の建議となった。播州でとれる上米を年貢米として兵庫でさばいているが、兵庫では蔵方に任せきりになって米価が安い。それを灘や西宮の酒造家に売れば値段が変わる、と考えて「年貢米の法の改正」を実行。播州では白木綿が多量にとれる。これを国の物産にするよう「方法を設ける」とした。硝石が沢山とれる備中そば「硝石の製造所設置」を提案している。

栄一の働きぶりは高く評価され勘定組頭《かんじょうくみがしら》に任じられた。一橋家の組織は、勘定奉行が二人、勘定組頭が三人というように一〇〇人以上で構成されていた。栄一の勘定組頭は勘定奉行のしたになるが、実際の権限をもつ勘定所の次官であった。このとき喜作は軍制所調役組頭に命じられ、二人の進路は財政と軍事とに分かれていくのである。

栄一の人生に大きな影響を与えることとなったその吉報は、黒川嘉兵衛に代わって、用人筆頭格となった水戸出身の原市之進《はらいちのしん》によってもたらされた。それは栄一が珍しく仕事に熱の入らない張り合いのない日々を送っていたころである。

近畿・中国へ出張した翌年の慶応二年七月、将軍家茂が薨去《こうきょ》され、慶喜が徳川宗家をついで第一五代将軍となった。幕府の凋落を予感していた栄一は慶喜に失望し、苦悩をかかえて幕府に移った。〈其時《そのとき》の失望落胆、不平不満は実に言語に絶し、毎日煩悶懊悩の日を送り、真に進退に窮したるの余り、いつそのこと切腹して相果てやうかとまで思ひつめたものである〉（『青淵回顧録』上巻・以下同）。幕臣となった栄一は陸軍奉行支配調役に任じられた。この役職には将軍お目見えの資格がなかった。〈従つて私は総《すべ》て対して不満で不満で堪へられなかつた〉と告白している。

突然やってきた原市之進は、栄一にこういったのである。

「民部公子のお供をして、フランスに行ってくれぬか」

「どのようなことも決して厭《いと》いませんから、ぜひお遣《つか》わしをお願います」

攘夷論者の栄一が簡単にひきうけることはあるまいと先読みし、慎重な態度でのぞんでいた原は拍子ぬけ、あとで返事を修正されても困ると思い、念入りに快諾の確認をしたのであった。

パリ万国博覧会の式典が慶応三年三月二四日に開催されるにあたり、皇帝ナポレオン三世から各国の王様や首相と同様、日本の大君（将軍）が招待された。将軍徳川慶喜は自身の名代として水戸の弟である一四歳の民部大輔《みんぶたいふ》昭武《あきたけ》を立てたのであった。

昭武は嘉永六年九月二四日、水戸藩主徳川斉昭の一八男として江戸の水戸藩中屋敷で生まれた。

生母は斉昭側室の万里小路睦子。慶喜は一六歳年上の異母兄となる。

派遣される昭武には三つの任務が課せられた。一、将軍の名代、二、万博終了後、条約締結国を歴訪して親善を深めること。三、慶喜が命じた三年から五年のフランス留学であった。

昭武の御傳役《おもりやく》責任者として慶喜の信頼する山高石見守《やまたかいわみのかみ》がつき、水戸藩から七人の随行者が決まったが、彼等は外国を夷狄禽獣《いてききんじゅう》の国と蔑《さげす》んで、留学などはもってのほか、と主張する頑迷固陋の尊攘派、現地でのトラブルが予想された。そこで庶務と会計の能力を持ち合わせた人物が必要となった。「その役は渋沢篤大夫《とくだゆう》（栄一）こそ適任」。慶喜の大抜擢により、栄一に「御勘定格陸軍附調役」の命がくだったのである（口絵写真参照）。

「近代」を吸収

慶応三年一月一一日。昭武一行は全権大使・外国奉行・通訳・翻訳・医師等に加え留学生や万博出品者の商人らをふくむ総勢三三名でフランスの郵船アルヘイ号に乗船して横浜を出航した。大まかに船の寄港先を記すと上海、英領香港、仏領サイゴン、英領シンガポール、英領セイロン島、アラビア南部の英領アンデン等。パリ到着は三月七日。日本を出てから六七日目であった。西洋文化を「近代」とみなした場合、栄一が近代と出合うのはフランスでも、その前に上陸した寄港先の異国でもない。それはアルヘイ号に乗船したときである。のちにこの欧州旅行を綴った『航西日記《こうせいにっき》』（栄一と杉浦愛蔵の共著）の食事風景にそれが載っている。

毎朝七時ころ〈タープルにて。茶を呑《のま》しむ。茶中必《かならず》雪糖《さとう》を和しパン菓子を出す。又豕《ぶた》の塩漬《しほづけ》などを出す。ブール（フランス語でバター）と云。牛の乳の凝《こ》たるを。パンへぬりて。食せしむ。味《あじわい》甚《はなはだ》美《び》なり〉。テーブルで飲んだのは砂糖入りの紅茶か。〈牛の乳の凝《こり》たる〉と表現しているバターをつけたパンを「美味しい」と口にする。〈食後。カッフヘエー。といふ豆《まめ》を煎《せじ》たる湯を出す。砂糖。牛乳を和して之を飲む。頗《すこぶ》る胸中を爽《すこやか》にす〉。砂糖とミルク入りのコーヒーを〈頗《すこぶ》る胸中を爽《すこやか》にす〉とは、初めてとは思えないほど的確で健康的な感想である。

少年昭武もコーヒーを愛飲していたことが、フランス滞在中の日記にみられる。〈慶応四年八月二日　夕食後、海岸を散歩（略）海原を眺めながらコーヒーを喫む〉。〈八月三日　夕食後、（略）海岸で気持ちよくコーヒーを味わう（朝はココアを飲む）〉。〈八月七日　夕食後、渋沢氏の部屋でコーヒーを飲んでいると、シャン・ド・バタイユ（戦場）広場で演奏されていた音楽が聞こえた〉。〈八月九日　夕食後、河岸を散歩。カフエを探したが見つからなかった〉（宮地正人監修『徳川昭武幕末滞欧日記』）。連日飲むほどに生活のなかに溶け込んでいたようだ。

栄一も昭武もコーヒーを美味しい、と味わっているところから、西洋文化に対する若者らしいこだわりのなさや好奇心溢れる瑞々しい気持ちが感じとれる。そのこだわりのない積極的な気持ちは、これから出合うすべての新しいものにいえた。栄一はアルヘイ号が横浜港を出航したと同時に、身体の奥深く隅々にまで「近代」を呼吸し、新しい自身を作りあげていくのであった。

パリの地

パリに到着。将軍名代の昭武は、開会式でナポレオン三世と謁見し、国書を奉呈して大任を果たした。その後、各国の王族や首脳たちと出会いはなやかな宮廷外交をつとめた。

セーヌ河畔の広場を会場として開催されたパリ万国博覧会の一般公開は、三月二七日から一〇月八日の約半年間。蒸気車、電信機、海底テーブルなど世界中の最先端技術品、各国の特産物、工芸品等がならんだ。日本は薩摩藩と佐賀藩（備前）が中心となって磁器・陶器・蒔絵漆器・刀剣・和紙などを出品し好評を博したのであった。入場者延べ六八〇万人。

パリ万博の見学を終えた昭武一行には各国歴訪がまちうけていた。歴訪は八月六日から一一月二一日までの約四か月間。スイス・オランダ・ベルギー、イタリア、英領マルタ島、イギリス。

歴訪を終えた昭武は留学生活に入った。教育係りはヴィレット中佐。学科は語学・馬術・絵画・射撃、週何回かは水泳と体操、各学科には専任教師がついた。語学と馬術を重点的に学んでいる。

パリで最初に栄一が個人的にしたことは、姿形の外見を整えることであった。

到着後の三、四日目に街の仕立屋で洋服を頼み、髷《まげ》を落として和服や刀をやめた。髷は日本と通信する際、幕府に断髪願いを提出して許可を得ている。滞在中のフランス語の読み書きや会話の能力は、万博中から山高と水戸従者とで専門教師を雇って勉強していた成果が出て、一か月ほどで身ぶり手ぶりをまじえて買い物など日常の用を果たせるようになっていたという。

御勘定格陸軍附調役という栄一の任務は、庶務係と会計係、新たに書記係の任務も加わった。具体的には昭武の世話、幕府との通信、昭武の手紙の相談、公的日誌の記載、山高石見守や水戸従者の手当の支給などであった。金銭出納《すいとう》のいっさいの責任を負っていたことにより、出航時からつけていた出納帳は〈九月二八日　六シリング　御昼食パン色々三人分〉〈十月六日　壱弗半平八郎煙草代〉〈十月十七日　三弗　写真弐枚〉というように、水も漏らさぬ徹底ぶり。それだけではない。栄一は父市郎右衛門仕込みの節約・倹約精神を大いに発揮し、昭武の手廻り品を買うときでさえ、従者に任せず、自身をとおすことにしていた。人望か、統率力か、栄一は裏方のまとめ役としてみごとにリーダーシップを発揮していたのである。

西欧諸国の歴訪で、栄一は何に目ざめ、何を学んだのか。

当時のフランスは欧州のなかでもいちだんと繁栄した国に成長していた。銀行や会社の立ちならぶパリの街をみて栄一は目をみはった。その繁栄を経済の視点で説明してくれたのが、パリに着いたときの案内人である経済人・私立銀行家のフロリヘラルドであった。彼によればフランスには「株式会社組織」による「会社」というものがあり、その組織は、市民の一人ひとりが少額のお金を出資し、数多く集めたその資金をもとに運営して営利事業を生み出していくのだという。市民を富まし国も栄えるという話に、栄一の心は鷲づかみにされた。また、彼の助言でフランスの公債と鉄道会社の株を約二万両で買っておいたところ、急遽帰国が決まったときには鉄道株が高くなっており、正統の利子に加え五百円ほどよぶんに儲かったのである。

〈私は此時《このとき》、経済といふものは斯《こ》う云ふ風にすればよいものだと感じ、且《か》つ進歩せるフランスの商工業を実地に見聞して、日本をして盛ならしむるには、どうしても商工業の施設を完備して、大いに之《これ》が発展を計らねばならぬと痛感したのである〉（『青淵回顧録』上巻・以下同『』）。

さらには、銀行家のフロリヘラルドと昭武の教育係のヴィレット中佐が、意見を交わしながら物事を決めていく様子にも驚いた。二人は民間人と政府の人。日本でいえば身分の低い町人とお武家様に相当する。その二人が対等な関係で仕事をすすめている。〈私はかねて日本の官尊民卑の弊《へい》を甚《はなは》だしく慨嘆《がいたん》して居たから「斯《か》うなくてはならぬ」と切実に思った〉（『竜門雑誌』以下同）。

人間同士の対等な関係は何より仕事を簡潔にする。目から鱗、栄一は覚醒した。

同様の覚醒は、昭武がベルギーのレオポルド国王と二回目に謁見したおりにも体験している。

レオポルド国王は、昭武が製鉄所を見学したことを知ってこういった。

「これからは鉄が重要となり製鉄事業のさかんな国は必ず富み栄えると信じる。日本を強くかつ富める国にするには、鉄を多く用いる国としなければならぬ。なお日本が将来、鉄を必要とするようになったなら、ぜひ生産が豊富で品質の良好なわが国の鉄を用いるようにされたい」

最初、栄一は一国の帝王ともあろう人が商売のことに言及されるとはあまりに如才なさすぎると眉をひそめたものの、よくよく考えてみれば話の内容はもっともだし、その態度も平民的、国王の考えがこうならば国民は産業に対して冷淡であろうはずはないと大いに感服したのであった。

欧州の国々の繁栄に接して、国のあり方や繁栄の理由、それを創り出していく人間の思考の仕方などを、広角的にとらえた栄一の心眼には、日本の未来像が描き出されるようになっていた。〈商工業が発達すれば、自然商工業者の地位が上がって、官民の間が接近して来るであらうと思った〉。このとき栄一は、自らのすすむべき道を政治の世界から実業界へと変えている。

商工業の発達した新しい社会を創出したい。官尊民卑《かんそんみんぴ》打破の精神が熱をおびてきた。その打破精神のなかに「社会事業家 渋沢栄一」の誕生の種子が内包されていたのである。

各国を歴訪中、栄一は慈善活動という、これまで意識したこともない未知の世界にふれている。〈慈善事業に就いては外国人は驚くべきほど多くの力を用ゐて居り、中には死後の財産を残らず慈善事業に寄附するなどと遺言をする者も多い位で、貴婦人達は、慈善会の為に力を尽くすことが唯一の仕事の様になって居る〉（『竜門雑誌』以下同）

秋になって、フランスにいる昭武のもとに、ある夫人から一通の書面が届いた。そこに書かれていたのは、今年の冬は厳しい寒さが予想されるため、パリの貧民が温かくすごせるように、何日にどこそこへきて、何かを買ってもらいたい、という案内であった。栄一も昭武も不思議に思い、パリに住んでいる男性にたずねた。そこで初めて貧民に寄附するために、篤志家の紳士方がお金を出し合って義援金にするという慈善活動を知った。男性はこんな説明をしている。

「それは必ずしもその場所へ買いに行かなくとも、いくらかの金を送ってもよいのです」

「民部公子の体面を考えると、いかほど送ればよいのですか」

「多ければ四、五百フラン、少なければ五〇から一〇〇フランぐらいでしょうか」

栄一は昭武の名前で一〇〇フランを送った。この寄附金が男性の説明にある最低の金額であったところに、栄一の慎重さがのぞいている。しばらくしてお礼状とともに品物が送られてきた。その品物は「これを買ったものとしてください」という意味で、このとき初めて栄一は慈善会の仕組みを理解したのであった。

〈成程此《こ》れは博愛済衆の趣意に適《かな》ふて良いことであると感心しました、其後も彼の地ではそういふ風に度々寄附を云ふて来て、其度ごとに民部公子は之《これ》に応じられました、其《そ》れで私は日本にも他日斯《こ》う云ふ習慣を作りたいものだと思ふて居《お》りました〉

慈善会のイベントはバザー形式のものと察するが、先方に義援金を送ったのは〈たびたびあった〉というから、この慈善活動が栄一の脳裏に深く刻まれたのである。

帰国

日本では一五代将軍徳川慶喜が将軍職をしりぞいて大政奉還を断行、幕藩体制二六〇年の歴史は終焉した。フランスにいる従者のほとんどが帰国するなか、栄一は昭武の留学につきそうためパリに残ったが、三月には新政府から帰朝をうながす書簡が昭武宛てに届いた。

混乱の渦中にある日本へ昭武を帰したくなかった栄一は、月額五千弗の留学費用がとだえることを予想して、今後の滞在資金を計算した。きり詰めれば四、五年は大丈夫だろう。それでも多少の余裕は欲しいが、金策のあてはない。思い浮かんだのが二度と金銭では迷惑をかけまいと誓ったはずの父親、栄一は手紙で事情を説明して留学費用の助けを求めたのであった。

〈私の父は至極理解に富んだ人であり、私の書面を見るや徳川の恩顧《おんこ》を受けた以上は徳川家の為に尽くすのは当然であるといふので、家産《かさん》を売却しても出来るだけ多くの資金を送らなければならぬと決意され、家人にも其事《そのこと》を語られたさうである〉（『青淵回顧録』上巻）

それにしても昭武の留学資金の一部となると莫大な金額である。〈家産を売却しても〉に、この父と子の絆の深さを思わずにはいられない。実家の経済はこのころになると栄一がその資産を恃《たの》みとするほどの資産家になっていたのである。手紙をうけとった市郎右衛門は、頼まれた金額を用意したようであるが、栄一の帰国を知ることによって資金は不要となった。

八月、水戸藩主慶篤《よしあつ》の死去にともない昭武の水戸藩主就任が決定し、先に帰国した水戸の従者二人が昭武を迎えにきた。慶応四年八月三〇日、昭武一行は文明文化の発達したフランスの首都・美しいパリをあとにし、一年半におよんだ異国の旅を終えたのである。

神奈川上陸は一一月三日。栄一は翌日、東京小石川の水戸藩上屋敷《かみやしき》へ入る昭武を見送ったのち神奈川の宿に荷物をおき、水戸へ帰る昭武のために欧州土産を買いに横浜の商会まで出向いた。資金は潤沢、留学用の残金とフロリヘラルドからわたされた鉄道株の利益が三万円あまりある。

そこから六、七千円出してスナイドル銃を買い、三、四日後に東京に入ることにした。

東京では神田の友人宅に泊まるつもりでいたところ、手紙で帰国を知らせておいた父市郎右衛門が、栄一の帰郷をまてずに友人宅へ飛んできていた。六年ぶりの親子の体面であった。

断髪の栄一をまぶしくみながら、市郎右衛門はやさしく言葉をかけた。

「金に困っているのではないか」

「一橋家の時代から節約を心がけ、欧州でも給金は頂きましたから、ご心配にはおよびません」

このとき栄一は、妻子が長い間世話になっていることの礼をていねいに述べたうえで、血洗島村を出るときにもらった金をかえすべく市郎右衛門の前に一〇〇両をさし出した。反対に市郎衛門は家内ともども嫁の千代には世話になったと礼を述べ、いったん納めた一〇〇両をその礼だといって栄一の前においた。今後の栄一の身のふり方を案じていた市郎右衛門は、郷里へもどって百姓の道もあるのだ、と喉まで出かかった言葉をのみこんだ。

「新政府に媚びて士官の途《みち》を求める気持ちはありません。今後は駿河（静岡）へ行って慶喜公のお側でお仕えするつもりですが、徳川から俸給を頂かず、自分で仕事をしようと考えています」

その言葉を聞いて安堵した市郎右衛門は村へ帰った。あとをおいかけるようにして栄一が帰郷。ふたたび神田にもどって静岡藩の役所で事務をとり、一二月四日、駿河へと向かったのである。

第4章　華麗なる転進

明治新政府・太政官の弁官《べんかん》から静岡藩庁をとおして「出仕せよ」との召状《めしじょう》が栄一のもとに届いたのは明治二年一〇月二一日のことであった。

このころ、栄一（三〇歳）は静岡に定住するつもりで郷里から妻子を呼びよせ、親子水入らずの生活をはじめていた。本年二月に念願の合本会社「商法会所《しょうほうかいしょ》」を設立して頭取となり、紺屋町の旧代官屋敷跡に設けた事務所で四〇人あまりの所員と一緒に仕事に励んでいたのである。業務は商品抵当の貸付・定期当座預金・地方農業の奨励・米穀肥料の売却等。

商法会所は、静岡藩と藩民の共同出資による一種の株式組織の会社であった。

帰国後、静岡に入った栄一には勘定組頭の役職が用意されていたが、四〇〇石から七〇石に減封されて窮乏状態となった徳川で俸禄を得る気持ちはなく辞退した。これからの世は株式組織の会社が必要となり、自分がその合本会社を設立したいとの思いを正直に述べると、藩は理解を示して協力した。栄一に対する藩の信頼はあつかった。一橋家時代からの評価もさることながら欧州旅行において勘定所へ提出した勘定書（欧州収支報告書）が評価を決定したのではないだろうか。

〈余は公子留学中の計算を明瞭に記録し（略）厘毛も誤魔化したことがない。当然のことではあるが、当時に於《おい》ては異数《いすう》（滅多にない・珍しい）とせられ、為《ため》に益々《ますます》信用を得た〉（『竜門雑誌』）

さらには、三万円という高額な残金を作っていたことも勘定所の皆を驚かせていたのである。

とにかく栄一にとって明治政府からの召状《めしじょう》は晴天の霹靂《へきれき》。討幕派の旧薩長で占められている新政府が、旧幕臣を遠ざけていることは百も承知。それだけになぜ自分がと合点がいかなかった。召状をことわるため、藩の実権をにぎる中老大久保一翁《いちおう》のもとへ相談に出向いた。

大久保一翁は、栄一の人生に大きな影響を与えた重要人物の一人である。

一翁（忠寛）は、三河以来の徳川譜代の家臣・父忠向と母みさの長男、文政一四年、江戸で生まれた。駿府奉行、京都奉行、大目付兼外国奉行、側用取次、勘定奉行勝手方等をつとめる。秀才の誉れ高く情愛も豊かであったが、勤厳剛直という意思の強さが災いしてしばしば不遇なあつかいをうけた。慶応四年一月、会計総裁に。大政奉還後、六歳の藩主徳川家達《いえさと》を補佐し当静岡藩へ移住、のちに静岡藩参事（知事）となっている。

栄一の勘定書に目をとおしたときの一翁《いちおう》の年齢は五二歳。勤厳剛直な性格は変ることはなく、人物の真贋《しんがん》をみぬく力も鋭敏であったと推察するが、この一翁が親子ほど歳の離れた栄一のたぐいまれな頭脳明晰さ、私利私欲のない誠実な人間性、敏腕な財政事務能力をみのがすはずもなかった。一翁に面会が適《かな》うと、さっそく栄一は真意を述べた。

「藩庁から東京行きを、おことわり願えませんか」

「ならぬ。今すぐ行きなさい。新政府はいまだ徳川家に逆意があると邪推しているところがある。静岡藩が邪魔したと思われると、結局は藩主のご迷惑になるから、ひとまず出仕《しゅっし》をなさい。そのあとのことはお前の意志にまかせよう」

このとき一翁が、臣下に絶対的な説得力をもつ藩主のことまでもち出し、強い口調で反論したのは、徳川家の立場を護るというより、前途ある若き栄一の将来を考えてのことではないか。

栄一はしぶしぶ静岡を出立した。東京府の太政官を訪れたのは一一月四日。

初めて太政官へ出仕した栄一は、その場でいきなり〈民部省《みんぶしょう》ノ租税正《そぜいのしょう》ニ任《にん》ズル〉の辞令をわたされて仰天した。〈租税正《そぜいのしょう》〉とは租税長官のこと、本来なら熟年のベテランがすわる椅子である。辞退して帰ろうと、その足で大蔵省へ向かった。大蔵省で仕事の説明を聞いてもよく分からない。いったい誰が自分を推挙したのか、あまりの見当違い、やはり静岡へ帰ろう。それには辞退の許可を得なければならない。栄一は同省で一番偉い人の名前と住まいをたずねたのであった。

白羽の矢

明治新政府は京都で設立された。大政奉還の二か月後の慶応四年一二月九日、朝廷の摂関等旧体制廃絶を宣言する王政復古《おうせいふっこ》が発せられた。このとき仮の統治機構として、最高首脳部（内閣）にあたる総裁《そうさい》・議定《ぎてい》・参与《さんよ》の三職制と任命者が発表されている。正式な新政府が誕生したのは、鳥羽伏見戦争で新政府軍が勝利した数日後の一月一七日、先の三職制下に七科（局／神祇・国内・

外国・海陸・会計・刑法事務と制度寮）の行政機関が設置されたのである。

同年（慶応四）七月、江戸は「東京」と改称。九月に元号が「明治」。一〇月には江戸城が東京城となり「皇城」とさだめられた。京都を出発して初入城した天皇はいったん京都へ帰還し、翌二年三月二八日、ふたたび入城。この機に皇城内に政官が設けられ東京が首都となっている。

官僚機構は以降、朝礼暮改、目まぐるしく変化していく。同（明治二）年七月八日、職員令の布告で一官六省が設置された。この職員令から三か月後に、栄一のもとに召状が届いている。

遠隔の地に住む栄一に、白羽の矢を立てたのは誰か。

それは七月の職員令で民部省と大蔵省を兼任し大輔に昇格した大隈重信《おおくましげのぶ》ということになっている。が、大隈は栄一を知らなかった。上司の民部・大蔵卿の旧宇和島藩主・伊達宗城《だてむねなり》とその部下の民部・大蔵少丞の郷純造《ごうじゅんぞう》の推薦であった。のちに実業家として活躍する郷の子息誠之助《せいのすけ》が父純造から聞いたという話によると、大隈は純造に人探しを頼むとき、次のように声をかけたという。

「誰か事務のできる者はおらぬか。実際上の事務に明るい者を推薦してくれ」

「事務のできる者」とはたんなる事務系のデスクワークのことではない。財政経済ならびに民政につうじ事務はもちろん実践的能力に長《た》けている人物という意味。これからあらゆる分野の職業を創出して殖産興業を活性化していかねばならない大蔵省にとって、旧武士階層出身の青年は、近代国家の未来を大言壮語しても実務能力に弱く、未熟さが目立っていたのである。優秀な人材を望んでいた大隈の要請に郷《ごう》が応えたことは、大隈が文章に載せている。わずかな文章量であるが、大隈が興味をもったのは、ここではないかと思える箇所がちらりと出てくる。〈我が輩が大蔵省に入って人材を求めていると、郷純造が洋行帰りの渋沢君を推薦してきた〉（『実業之日本』）と。この〈洋行帰りの渋沢君〉のくだりである。

大隈重信は旧備前藩（佐賀県）出身。蘭学と英学をおさめ通訳や英語教師の経歴をもつ。洋行帰りは文明開化の急先鋒、知的リーダーになることを心得ていた。伊達と郷が栄一の噂を聞きつけてその行状を調査報告したことは容易に推察できることで、そこで語られる欧州旅行や勘定書のことは、若い栄一の優秀性の証明には十分な材料となって大隈の胸に刻まれたことであろう。

当然こうした動きを栄一は知る由もない。とりあえず旅館に荷物をおいたまま一一月七日から民部省へ出勤した。辞退するための許可をもらいに、築地の大隈邸を訪ねたのはその間のことである。大隈は一回目の訪問時には不在、二回目に話し合うことができた。

後年の大隈の記憶によると、初対面の栄一は〈腰に両刀を帯びて一つ間違ったら一本とろうという剣幕、家に居る時でも一刀だけは離さないといふ勢ひ〉（『実業之日本』）であったという。

栄一は堂々と思いの丈《たけ》を吐露した。

「私は百姓の子ですから、租税というような役を仰せつけられても、租税を知らないので仕事ができません。また、その事務にも興味がもてないし、それについての意見ももっておりません」

次いで経歴や現状についての考え、将来は商工業に関わる仕事を望んでいるという志も語った。

大隈は二歳うえ。栄一を観察しながら話を聞いたのち、理路整然とまくし立てたのであった。

「君が租税のことを知らないというのは辞職の理由にはならない。今の大蔵省でそれが分かっている者、理解して居る者がいると思うのか、誰もいない。今のこの状況は高天原《たかまがはら》に八百万神々《やおよろずのかみがみ》が集まって、新しい政治の制度を創り出そうとしているのと同じなのだ。これから調査研究して、日本の将来のために尽くさねばならない。君の四民平等と階級打破の考えについては、私も同感である。そうした君なればこそ、むしろすすんで新政府建設に努力すべきではないのか。商工業の発達のためには、日本の財政、経済の基盤を固めてからでも遅くはない」

理に適《かな》った意見を聞いて栄一は辞意を撤回し、新政府につかえる決心をして念を押した。

「では、ある時期がきたら、ご免《めん》を蒙《こうむ》りたい」

「相当なときがきたら辞任して、志を遂げられるがよい」

大隈のこの返答により、退職を前提条件として明治政府は栄一を召集したことになる。

大蔵省官吏

新政府が東京に移ってきたとき大蔵省は皇城内におかれていたが、一、二か月で移動しその後もしばらく転々とした。栄一が勤務したときの大蔵省は皇居前馬場先門内の旧忍《おし》藩主松平邸跡にあったが、翌年に皇城内へと移動。明治四年八月三日には、神田橋内旧姫路藩酒井《さかい》雅楽守《うたのかみ》邸跡へと移っている。この旧姫路藩邸内の大蔵省は木造二階建て、庭には紅白の花をつける大梅樹が枝を伸ばし、池の南には平将門塚《たいらのまさかど》があった。各庁舎のなかでもっとも美しい庁舎と伝えられ広重の画にも描かれている。現在の大手町一丁目、三井物産の場所がその跡地で平将門塚がある。

このころの栄一の住居は本郷湯島天神中坂下にあり、妻・娘・手伝いの老女と親戚の尾高淳忠もいた。ここで二年すごし、同年一〇月に、この家を尾高家にゆずり、神田小川町裏神保小路へ引っ越した。現在の千代田区神田神保一丁目七番地、十字屋古書店の付近である。

栄一の創った商法会所（常平倉と改称）は、結局、廃藩置県で藩が消滅すると自然解散にいたったという。わずか九か月の会社経営であった。後年の栄一は、この商法会所のことを〈銀行とも商会社ともつかぬ中途半端なもの〉（『史話明治初年』）と語っている。


いよいよ羽織袴姿での通勤がはじまった。

栄一は欧州体験により、自らの考え方が進歩的であるという自信をもって職場に立った。旧幕府制度の改革が秘められていただけに現場をチェックする目は厳しい。長官も官吏《かんり》もあわただしく働いてはいるが、夕刻になると潮がひくように退庁するだけにみえた。そこで、栄一は同省のあらゆる仕事を一か所に集約して調査・審議を行い、制度を立案していく専門の局が必要と考え、改正掛《かいせいがかり》（掛は課）の設置を提案した。改正掛の総長には栄一より一歳した、旧長州藩出身・大蔵小輔《しょうゆう》の伊藤博文がついた。栄一は改正掛長を命じられ、租税正《そぜいしょう》と兼任する。なお改正掛の発案者は伊藤博文、とする栄一述もある。

このころの栄一はどんな姿形をしていたのか。

現在、東京都北区の飛鳥山《あすかやま》の栄一の住居跡地に建つ「公益財団法人渋沢栄一記念財団渋沢栄一史料館」に行くと、入り口でシルクハットをかぶった欧州時代の栄一の等身大写真パネルが出迎えてくれる。このパネルの栄一は小柄で色白、たれ目気味のやさしい目元と坊ちゃんふうの丸顔、気品もあるが、この青年が徳川慶喜にみこまれるほどの才能とリーダーシップをもっていたのかと疑いたくなるほど童顔で可愛らしい。やはり人はみた目と中身とは違うということであろう。

体格について述べたいが、それは栄一の子息渋沢秀雄著にゆずろう。

〈栄一の身長は五尺二寸余り（一六〇センチ未満）しかなかった。しかし顔や上半身は普通人より大きかった。脚が短かったのである。だから座っていると、非常に大きく見えた。体重も身長のわりには大変重かった。そして腕力も腰も人並み以上に強かった。そこで剣術の場合も、肉弾戦で相手をネジ伏せたものと見える〉（『父渋沢栄一』上巻）

栄一の顔つきは大蔵省時代の後半になると一転し、可愛らしさは消えて、逞《たくま》しい男の匂いを感じさせるようになってくるが、通勤当初は実年齢の三〇歳とはみられず、まだどことなく坊ちゃん顔の面影をとどめていたからか、周囲の反発を呼んだのであった（口絵写真参照）。

案の定、大隈重信の目にも三〇歳にはみえなかった。せいぜい二七、八歳と映ったようで、〈当時まだ二〇歳時代で、一見壮士の如く〉（『実業之日本』以下同）と記している。

さらに大隈はこのころの栄一の様子を〈圭角《けいかく》が多く〉と記憶していた。この〈圭角が多く〉は理屈っぽくて闘争的、角々《かどかど》しいタイプの若者ということになるが、この様子はかえって若き日の栄一の精神の瑞々しさを伝えている。大志を抱くぶんだけ理想が高い。頭がきれるぶんだけ理論が立つ。自力で生きるぶんだけ自己主張に妥協がない。湧き立つような血潮が全身から迸《ほとばし》っているような、負けず嫌いで強気な潑剌《はつらつ》とした青年栄一像が浮かんでくる。

予期せぬことがおこったのは、働きはじめてから数日後のことであった。

「あの壮士風な男は何だ。旧幕臣というではないか。なぜあんな男を我々の上司にするのだ」

まだ二〇代の若造にしかみえないうえに、元幕臣の栄一を抜擢したことで、大隈のもとへ苦情が殺到した。なかでも激怒したのが旧岩国藩・四〇半ばの大蔵小丞《おおくらしょうじょう》・玉乃世履《たまのせいり》であった。

大隈はうろたえなかった。〈マー見て居れといって、渋沢君に思う存分働かした〉

そのうち不平組が、次々と謝罪にきた。最初が玉乃世履であった。

「渋沢君はとても我々のおよぶところではない。先の無礼は我々の思い違い。じつに相済まぬ」

国もとの同志に送った玉乃世履の書簡が遺されている。さし出しの日付は、栄一が辞令をうけとって一九日目、初回の改正掛の会議を終えた直後に書いたものと思われる。

〈此節《このせつ》静岡藩より渋沢生《二七、八歳》を民部租税正に擢用《てきよう》せり。此《こ》れは一橋秘蔵の臣にて百姓より抜《ぬ》き、民部公子に従ひ仏《フランス》にわたりしものにて最の人なり。日々討論面白き事也〉（『竜門雑誌』原文は漢字とカタカナ）。文中の〈渋沢生〉の横にわざわざ小さく〈二七、八歳〉と年齢を入れているところが面白い。玉乃の気持ちが偏見から信頼へと一転した証拠の書簡である。

このあと栄一と一五歳上の玉乃とは生涯の友となる。栄一がその才能で無言のうちに中傷をハネ返して高い評価を得、仲間を増やしてきたことは前記した。大蔵省時代も同じであった。

改正掛《かいせいがかり》は民部省と大蔵省の中間に設置された特別の局で、全員が栄一と同様に兼任の形をとり会議のときだけ各局から職員が集められている。

掛長の栄一は、海外体験のある優秀な人材を静岡の旧幕臣に求めた。一二、三人そろったのは、翌三年の春。会議は週に何回か開かれた。上層部の大蔵卿伊達宗城、大輔大隈重信、小輔伊藤博文、少丞郷純造、少丞玉乃世履らが出席し、租税制度・度量衡《どりようこう》・駅伝法などの改正が審議された。若い俊秀たちが中心となり、知識も人間性もさらけ出して熱心に討論をかさね、審議を尽くして国創りのための法案を作成していく。玉乃書簡にあるように〈日々討論面白き事也〉という会議の感想から察すると、討議内容の充実もさることながら、この会議の在り様にこそ、新時代を象徴する自由さと自己解放感があったのかもしれない。

〈みんな気心を知り合った人達ばかりだから、遠慮解釈のない書生交際で思い切った討論をして初めて方針か定まるのだから、実に愉快であった〉(『伝記資料』第二巻)

栄一の遺した膨大な活字のなかで、これほど明るく弾んだ内容のものは珍しい。

抜群の能力

明治三年七月、民部省と大蔵省は分離し、栄一が長官をつとめる租税司は租税寮と改められ、民部省から大蔵省へと移管した。このとき栄一（三一歳）は大蔵少丞に昇格している。

勤めはじめて一年経っていないにもかかわらず栄一はフル回転で仕事にのぞんでいた。租税司主任・通商司主任・度量衡《どりょうこう》の主任と三分課の主任となり、大蔵省に移ってからも、昨年暮れから民部省に一任された製糸事業の全権委員（官営富岡製糸工場主任）をひき継いだのである。

改正掛《かいせいがかり》では国立銀行の設立の仕方、太政官札の始末のつけ方、公債証書の実施法、会社組織の作り方など次々と難問題が出てきた。何をどうすれば実現するのか、それを知る者がいない。そのたび誰かが諸外国で学んでくるしか方法がなかった。知らないことや未経験のことを海外から学んでくるというこの姿勢は、のちの社会事業にたずさわる栄一に大きな影響を与えている。

大蔵省の仕事が本格的に動き出したのは廃藩置県が発令された明治四年に入ってからである。そのころ土地の整理、藩の金穀の取り締まり、藩札の発行高、租税徴収の方法など旧藩の後始末の命が大蔵省から改正掛におりてきた。栄一は三日間寝ずに数十枚の処分案を条記した。

〈何しろ僅《わず》か数日間に廃藩の後始末を整理するに就《つ》いての具体案を作製するのであるから、私の苦心というものは実に一方《ひとかた》でなかった〉（『渋沢栄一自叙伝抄』）

同年（明治四）には官制改革があり、七月に租税正《そぜいのかみ》が廃止、翌八月には改正掛も廃止された。

栄一が租税正であった期間は一年と九か月。改正掛長も同期間である。

租税司と改正掛で扱ったすべての審議内容が『大蔵省沿革志』（『明治前期財政史料集成』第二・三巻）に載っている。その膨大な量の内容を、先記の元東大教授土屋喬雄等が整理したところによれば、審議件数の合計は一七四件、うち栄一の関与は一六〇件に達する。租税制度・度量衡制度・殖産興業・歴法・戸籍法・身分制度・官制・訴訟裁判・建築・褒賞例典・電信・鉄道・蒸気汽船など（『竜門雑誌』）。これらは民部省と大蔵省の全般の仕事にあてはまるそうで、栄一のたずさわった一六〇件のすべてが後世に影響してくる新事業であったという。

〈渋沢君は八面鋒という勢で働かれた。財政の事、地方行政の事、殖産興業の事、有《あ》らゆる方面に活動された。考へもよく、計画も立ち、それに熱誠を以《もっ》て事に当られた〉（『実業之日本』）

大隈が激賞しているように、栄一の能力は秀才ぞろいのなかでも頭が一つも二つも抜《ぬ》きん出ていた。深い集中力と記憶力のよさと仕事の速さ。ソロバンを使っても腕に自信のある商人の息子が競い合って脱帽したというほど栄一の腕前は速く正確であった。この速さと正確さはすべてにわたっていえることで、書類なども、伊藤博文から〈渋沢は本末を明らかにしてよく仕事を間違へずにやってくれる〉（『竜門雑誌』）とお墨つきを与えられるほどミスがなかったといわれている。

抜きん出た能力には体力も入る。諸制度改正の始末や銀行の新制度といった新しい仕事が次々とまいこんできたときには、三日三晩、不眠不休で働くのは珍しくなかった。「もう耐えられぬから寝かせてくれ」。仲間が悲鳴をあげるなか、栄一だけは大した疲労をみせず、黙々と仕事をつづけた。その頭脳と体力の逞《たくま》しさに始終仲間は驚いていたという。

西洋式簿記のトラブル

大蔵省が明治四年八月に旧酒井雅楽守邸へ移転していることは前記した。栄一が洋服で通勤しはじめたのはこのころで、同五年になると、首脳部の多くは洋服を着用している。

改正掛が機能していたころの話になるが、会議では海外の資料を参考に、栄一が文案を作成し、各寮司の職制や事務章程などが審議された。西洋式簿記も採用が決まり、金銀の出納はどんぶり勘定の大福帳から簿記へと代わった。が、そのことでひと悶着おこったのである。

このとき栄一（三三歳）は、大蔵補佐三等仕と昇格、事実上の大蔵次官の次の地位につき五、六〇名の職員を部下にしていた。日常の執務は畳を板敷に換えた部屋で行われた。板敷には事務職の机がならび、その奥には、昔の殿様がすわる一五センチほど高くなった、広さ三〇畳の上段の間があった。そこに職員と向き合うかっこうで栄一の机がおかれていた。上段に近い事務職側の机には、土佐出身、維新後の経済政策を研究していた岡本健三（三〇歳）がすわっていた。

ある日のこと、いきなり事務室から、長身で筋肉隆々の旧薩摩藩士、四〇歳半ばをすぎた出納頭の得能良助が、岡本の机までできて、はげしい口調でせめ立てた。

全員に緊張が走った。自席で様子をみていた栄一が近寄っていくと、得能が、こんどは栄一に向かって激怒しはじめた。

「様式帳簿（簿記）などハイカラ連中がよけいなことをして事務が煩雑になった。君は、西洋にかぶれて改正法などというロクでもない発案をしたが、迷惑だ。こんな悪改正はすぐに撤回せよ」

「新法は再三審議して研究のうえに決定したもの、われわれを非難するのは間違っています」

両者は意見をぶつけた。論争中、得能が思わず両手をつき出したせいで、小柄な栄一はよろけてあとずさりしたが、栄一のとっさの説得のおかげで暴力沙汰にはならずにすんだ。

このあと、得能の怒りのもとを考えた栄一は、数日後に、西洋式簿記の専門家をまねいて、各課から選んだ優秀な人たちに簿記の講習をうけさせたのであった。

ところが、自体は急変した。「大蔵小輔とは、大蔵卿の名代の職分である。上官に対して下僚の得能はけしからんふるまいをした。許してはおけぬ」。腹の虫がおさまらない岡本等部下たちが、太政官に弾劾《だんがい》した。そのため得能は出納頭を免じられ免官となったのである。

得能が紙幣頭となって大蔵省に復帰するのは、栄一の退職後の明治七年のこと。のちに得能は銀行の総監役となった栄一が困難に陥ったとき、急場を救う努力を惜しまなかった。栄一同様、得能良助は、わが国の印刷業の貢献者でもある。

このトラブルは、得能の免官でけりがついたようにみえるものの、栄一の胸底では、旧薩摩と旧長州の出身者が主軸をにぎる場所にあって、ある種の思惑が強くなっていたのではないだろうか。この件に関して、栄一は次のような胸の内を明かしている。

「(得能君より) 先に (私が) 大蔵省に出仕して官等 (地位) は、私の方がうえであったように記憶しています。これらのことも、君が私を快く思わなかった原因でありましたろう。ことに得能君は、当時第一の雄藩たる薩摩出身であるのに、私は静岡藩士族であって、元は武蔵の国の一農民であったから、君は私を内心、生意気の奴と思っておられたかもしれません」（『得能良助伝』）

退官の決意

「大蔵省をやめて、商工業にこの身をささげたい」

退職を前提として士官していた栄一が、ついに辞意を口にしはじめた。

栄一は二回辞意を表明し、三回目にやめている。

一回目は明治四年の夏。民部省と大蔵省が分離して栄一が通商司主任になったころ。

辞意のきっかけは、東京と大阪で出会う富商たちの、古い慣習にひたった卑屈な態度や勉強不足の様子をみて、日本の未来に大きな危惧をおぼえ、自らが金融関係の仕事にのり出して商工業の活性化に尽力せねばならないと強い使命感をいだいたのである。このころ栄一は大蔵省から会社の設立の仕方・経営の仕方・合本組織のことなどをまとめた書籍『立会略則《りゅうかいりゃくそく》』を出版している。

大隈と伊藤に辞意を告げた。「今は見合わせろ」。したがうしかなかった。

二回目の辞意表明はそれから間もなくの秋のことである。

大蔵大輔は大隈重信から井上馨に代わった。見識も高く繊細かつ豪放磊楽な井上を、栄一は信頼した。井上が五歳うえ。栄一は働きがいを感じた。「君はじつによくやるな」。井上は栄一の仕事ぶりに感心することが多かった。「本当にやったのかい」。三晩寝ずに作った規則をもっていったときなどは褒めた。雷を落とすことで知られていた井上が、栄一だけは怒らなかったことから、周囲の人々は、栄一を雷よけの避雷針《ひらいしん》と呼ぶことがあった。

二人は肝胆相照らす間柄となっていくが、仕事は周囲から嫌がられることもあった。

廃藩置県のあと、政府の財政基盤の不完全なことに危機感をおぼえた井上と栄一は、政府の歳入を計算し、大蔵省として歳出をさだめる予算を建議した。「量入為出（いるをはかり　いずるをなす）」である。まだ「予算」の思考法も言葉もなかったころ。

「大蔵省は窮屈なことをいう」「政府の発達をとめる気か」。内閣や各省から苦情が殺到し、二人は四苦八苦しながらその対応にあたらねばならなかった。

ある日、不在の井上に代わって、栄一は、大蔵卿の大久保利通から相談をうけた。

「このたび、政府で陸軍省の最費額を八〇〇円、海軍省は二五〇円に、という議が成立した。止むを得ず同意したが、これに君は、どんな意見をもつか」

おりしも栄一は、財産管理のために苦心しながら歳入の統計を作成していた最中。

「国家財政が未発達の今、合わせて一〇五〇円もの巨額な支出は考えられません。統計ができて、歳入がはっきりしたうえで、それに応じた支出額を決めるのが、妥当かと思います」

これを聞いた大久保卿はみるみる間に不機嫌になり、詰問するようにいった。

「それなら、渋沢くんは、陸軍の方は、どうでもかまわぬというのかね？」

その場で二、三やりとりをして話を終えたが、時間の経つほどに、大久保卿の高圧的な態度が浮かんできて、腹のなかが怒りで煮えくりかえった。権威を笠にきて横車をおそうとする態度は栄一のもっとも険悪していたこと。われわれの奮闘は無駄かもしれない。そう思った瞬間腹が決まった。やめる。その夜のうちに井上邸を訪ねた。「明日、辞表を出します」。驚いた井上は留任を言いきかせ、栄一を大坂の造幣局へと赴任させたのであった。

明治六年。裁判の建設費用をめぐって司法省と大蔵省の対立が激化したことで、井上は辞任を決断した。大阪から大蔵省にもどっていた栄一はこの機をのがさなかった。「二人がやめると現場が困るだろう」。しきりに留任をうながす井上の忠告を、栄一はガンとはねのけたのであった。

栄一の能力は大蔵省の仕事と真摯にとりくむことで伸長した。全国の情報を把握し、分析することでより時代の認識を深めた。諸々の制度の新設にたずさわることで視野が広がり、すぐれた仲間も得られた。国という最高峰のおおやけの立場に身をおくことで自らの使命に確信をもつようになった。栄一（三四歳）の胸中は近代を胚胎した活力《エネルギー》で満ち溢れていたのである。

辞職を前に栄一は内省しながら将来に思いを馳《は》せた（『竜門雑誌』以下同）。

〈志をいかにもつべきかを考へたとき、ふと心に論語のことがよみがえってきたのである〉

故郷を出るまで愛読していた論語を思い出したのは一〇年ぶりのことであった。

〈論語には己を修め人に交はる日常の教えが説いてある〉

〈私は論語の教訓に従って商売をする〉

未来に向かって生きるための心の拠《よ》り所とするものは決まった。

しかし、周囲の人には理解されず、退職を耳にした玉乃世履（当時府知事補佐）が飛んできた。

「君はいずれ大臣となる人物だ。商人になるとは何ごとだ。卑しむべき金銭に目がくらんだのか！」

栄一の才能を高く買っていた玉乃は、世人の羨望する地位を捨てるのは何としても惜しいと必死でとめた。身分差別の撤廃は明治四年。国民は華族・士族・平民に分れ、庶民は一様に平民となった。が、一方では新たに官業という特権階級が生まれつつあった。庶民にとってお上《かみ》に仕える官吏《かんり》は憧憬をいだく出世の象徴となっていくのである。

栄一はそうした官尊民卑の思想や在り様をまっこうから否定した。

「金銭をあつかうのがなぜ卑しいのですか。金銭を蔑んで国家が成り立つはずもない」

「たしかに民業を興すという志は立派かもしれないが、それは人格を損なうものではないのか」

「いいえそうではありません。私は論語を心の支えにして生きていく覚悟でいます」

堅実な考えを知った玉乃世履は心の底から激励し、栄一の前途に希望を託したのである。

明治六年五月三日、井上と栄一は辞表を提出、同月二三日、明治政府から許可がおりた。以降、栄一が官途に入ることはなかった。生涯、政治とは距離をおくことになるのであった。

Ⅲ　救済（福祉）事業の夜明け編

第5章　上野に建つ養育院

かつて一〇〇万人都市を誇り豊饒な文化を生み出してきた江戸の町が廃墟と化し、人口も半減したのは維新前後のことであった。崩壊寸前の武家屋敷跡に乞食や浮浪者が住みはじめた。乞食や浮浪者には江戸期からの者と維新後の者がいた。彼等のかかえる事情は飢餓、高齢のうえに身寄りがない、地震・時化《しけ》・洪水などの気候変動のために土地を離れざるを得なくなった農民、火事で無一文となった親子等もいる。維新後、全国から陸続と集まってきた無職の元武士もおり、そのなかには新政府への反感をだき外国人に対する排外感情をもつ者も少なくなかった。

明治二年に首都となった東京は、春から夏にかけて長雨がつづき、凶作で仕事を失った人々が増加した。それは全国的なことで、庶民には暗い幕開けとなった。

長雨のさなかの四月、東京市中の人口調査が実施されている。総人口約五〇万三千人。うち貧困層は五分の三、救済対象となる極貧民・極々貧民は約一〇万五千人におよぶ。のちに「養育院」に救護される人々の生活状況を抑えておくために次の調査の一部を紹介しよう。養育院設立の七年前、全国的に餓死者が出たときの慶応二年の調査である（『東京百年史』第二巻）。

〈窮民の上〉＝畳や建具、鍋釜の類はあるが、三度の食事のうち二度を粥《かゆ》にして、ようやくその日その日を送る者。
〈窮民の中〉＝竈《かまど》に湯釜、破れ戸棚か簞笥《たんす》かあってもなかに品物がない。食事も多くは二度ぐらいで、それも薩摩芋の類を半分食べ、半分は粥に芋を混ぜるという状態のもの。
〈窮民の下〉＝畳や建具がない。なかには竈《かまど》もなく、臭気ふんぷんとして言葉にも述べ尽くし難しという住まい。

全般に、食べ物さえ満足に得られず、つねに生死の瀬戸際に立たされていたことが分かる。とくに竈《かまど》をもたない〈窮民の下〉の人々の実情は想像を絶する悲惨さである。幕末より明治初頭の方が生活の困窮の度合いはひどかったとみなすことができる。

日比谷 幸 橋《さいわいばし》（現内幸町）の旧郡山藩柳沢甲斐守邸を改築して設置された東京府は、明治元年九月二日に開庁されている。

さすがに府は庶民の惨状を放置できなかった。旧佐賀藩出身で二代目府知事となった大木喬任《おおきたかとう》の談話がある（同好史談会編『史話明治初年』以下同）。

〈明治初年の東京の貧民というものは、なかなか今どころの話ではない〉〈その時分のあり様はじつに惨憺たるものであつた。そこで自分はぜひとも救育所を設置しなければならぬと思つて〉

喬任は臨時の貧院《ひんいん》設置にふみきった。「貧院《ひんいん》」は設置直後に「救育所《きゅういくじょ》」と改称される。

明治二年春に、深川救育所（現江東区）、三田一丁目（現港区）の阿州・土州・内藤家の旧邸跡

に三田救育所を設置、秋には麴町救育所（現千代田区・四谷見附付近）、高輪救育所（現港区）と四か所に設置された。

喬任は救育所の食事にも言及していた。

〈救育所の有様というものは、ずいぶん酷《ひど》いもので、私も佃島の幕府の溜場《ためば》（旧石川島人足寄場）へ行つてみたが、囚人に食わせる食物はなかなかみごとなもの〉〈それで計算を立ててみると、救育所の貧民に、佃島監獄舎の囚人が食つているようなものを食わしては、到底収支相償《あいつぐな》わぬとみたから、私は救育所の貧民には監獄署の囚人より劣つたものを食わしておつたのである〉

救育所の食事は相当ひどかったようである。そうしたなかでも所内では生活規則を設けて医療の設備を整え、職を斡旋する更生策をも講じていた。

仕事の斡旋は、男女を問わず病人をのぞいて稼働力のある者を選別した。女と体力のない男には、当時の重要な工業である繭糸引きと糸繰《いとぐり》・機織り・鼻緒縫い・紙漉《かみす》きなど、壮健者には開墾・ゴミ溜掘・農業・草取りなどが用意されていた。

労働の目的は自立にあった。その機をみはらって独立させていくのである。

この更生策は明治期をとおして新政府の推進したいわば失業対策ということになろうか。

東京府が職の斡旋として開拓移住者をつのり、浮浪する無職者を下総《しもふさ》国小金原（現千葉県松戸付近）や北海道・樺太などの未開地へ送り込んだのはこの時期（明治二・三）のこと、そこには三田救育所からの志願者もいた。戸籍が作られたのも明治二年。翌年三月には町触《まちぶれ》を出して東京府下にとどまる無籍者の禁止を訴えた。以降、他国者を郷里へもどすことが優先されていくのである。なお、この時期、ロシアのウィンブル皇子の来朝がある。皇子は七月二二日＝オーシン号で横浜へ入港、二五日＝東京入り、八月一一日＝帰還している。

町会所七分積金

「養育院」設立の財源となったのが、前記した庶民の共有金七分積金《しちぶづみきん》と町会所《まちかいしょ》の穀物《こくもつ》である。

両者の設置主は松平定信《まつだいらさだのぶ》。八代将軍徳川吉宗の孫で田安宗武《たやすむねたけ》の第三子、宝暦八年、江戸で生まれた。のちに奥州白河藩主の養子に入った定信は、二六歳で白河藩主となり質素倹約を奨励して天明の大飢饉の財政窮乏を立て直した。その後、江戸で老中首座となり、倹約を旨とした寛政の改革にのり出して貧民救済・間引きの禁止など次々と政策をうち立てた。各地に粥などの食べ物を施与《せよ》するお救《すく》い小屋を作り、引軽罪刑をうけたあとの者や再犯の可能性のある者などを保護して、彼等に仕事を与え、独り立ちさせるための石川島人足寄場《いしかわじまにんそくよせば》（現中央区佃島）を設置している。

寛政三年、定信は庶民の救済を目的に「町会所積金《まちかいしょづみきん》」を奨励した。積金《づみきん》とは地震や洪水などの自然災害や火事などの惨事を想定して現金を準備しておく備荒貯蓄《びこうちょちく》をさす。貯蓄したこのお金は、江戸の町民から、地主や家主が徴収した町費のこと。七分積金《しちぶづみきん》と呼ばれるのは、徴収金の一分を予備の町費に、二分を地主にもどし、残りの七分を貯蓄にまわしたことによる。

災害等の対応には、お金だけではこと足りず、米や玄米なども蓄《たくわ》えておかねばならない。備荒《びこう》施設《しせつ》として浅草向柳原に籾蔵《もみぐら》を設け、そこにおいた事務所を町会所《まちかいしょ》と名づけた。町費の七分積金と籾蔵の町会所とを合わせて「町会所積金」と呼んだのである。

町会所の業務は、積金の管理、米穀の購入、貯蔵管理、困窮地主への貸付事業、窮民の救済などで、幕府の二万両の差加金を加えた原資を基に積金で増殖をはかるようになっていた。組織としては幕府勘定奉行の監督下におかれていたものの れっきとした町人組織であった。事務の責任は勘定所御用達《かんじょうしょごようたつ》として選出された両替商の富商一〇名に委託され、江戸民衆の自治救済機関として機能していたのである。

町会所積金は莫大な財産となって維新まで継続された。財政破綻に陥っていた江戸末期の幕府は、町会所の穀物と町民の貯蓄である七分積金には手をつけなかった。庶民の財産を死守したことは幕府の最後の美点となったのである。

幕府崩壊後、町会所積金は数奇な運命をたどることになる。

明治元年五月一九日、町会所の資産である玄米・白米・籾・現金等は、官軍に引きわたされ、その後市政裁判所へ、それから東京府にひき継がれる。

その間、新政府は莫大な金穀を創始者楽翁公《らくおうこう》（松平定信）の意向とは異なることに消費した。

一例。旧幕府軍の最後の戦いである上野の彰義隊の戦闘のあと、近隣住民約五千四〇〇人の罹災者《りさいしゃ》に支給された米銭は町会所積金から出ている。天皇の遷都のときも同様、新政府は徳川びいきの民衆懐柔の意図があって、東京の民衆に祝い酒三五〇〇樽と酒を入れる徳利を与えた。「天盃頂戴《てんぱい》」と、人々が喜んで大騒ぎした、その大量の酒代や徳利代《とっくり》にも使われたのである。

当然本来の目的に適った使い方もされ、この間の困窮者を積金と貯穀とで救済している。新政府も東京府も、独立した財政をもっていなかったこの時期、両者にとって莫大な町会所積金は垂涎《すいぜん》の的となっていたのである。

その後。明治四年一二月、町会所は浅草向柳原から八丁堀の役所(旧姫路藩邸内)へと移されたが、翌五年五月二九日、町会所積金は廃止され、八一年の歴史に幕をおろしたのであった。

資産の保管は東京府の常務掛に一任された。同年八月一〇日、大蔵省の内諭により町会所に代わる「営繕《えいぜん》会議所」が新設されると、資産は八丁掘りの営繕会議所へと移されたのである。

営繕会議所が東京府常務掛からひき継いだ金・穀物・地所と家屋の全財産は莫大であった。

金　＝　六一万八千一九六両二分三朱
洋銀　＝　三千三八三弗一〇セント
銭　＝　六三三貫六五二文
籾　＝　三万九千五六一石三斗一升二合
玄米　＝　五七二石五斗九升九合六しゃく
町会所の地所　＝　千七五か所
深川大橋向地所　土蔵　＝　五棟二三戸前

外神田美倉橋脇　土蔵　＝　一〇棟四〇戸前
外に書物蔵　＝　一戸前
役所　＝　一か所
小菅納屋　＝　三二棟　九二戸前　（『養育院八十年史』）。

養育院設立の新風

江戸期の臨時のお救い小屋が、明治という新時代を迎えて、恒久性のある救済施設「養育院」へと生まれ変わっていくが、その創設は誰の手によって成し遂げられ、いつからはじまったのか。故意か偶然かは不明であるが、養育院の創設には、大蔵省の井上馨と右腕の栄一、富商の営繕会議所委員、そこに旧幕府時代に町会所積金を死守してきた勘定奉行、静岡で栄一に江戸行をすすめた大久保一翁《おおくぼいちおう》が東京府知事となって加わっている。

はじまりは、営繕会議所設立から三日後の八月一三日、〈大蔵省大輔井上馨〉の名前で各区の戸長に宛てた布告〈積金使途《しと》変更〉にある。この布告によって、町会所積金の使途はがらりと変わった。そこには町会所積金の使い方と営繕会議所設置の目的が記されていた。

たとえば、お堀浚《ほりさら》えと墨田川にかかる四つの橋については、大蔵省で費用を出すとし、道路・橋梁・水道の修理改築等新規の営繕事業には町会所積金を利用するというふうに、本来の町会所積金の目的である窮民救済は拡大され国家の仕事の一翼を担うことがさだめられたのである。

営繕会議所の設立の理由には〈救育所が廃止され、永続的救済施設が要望されている折柄、旧来の本務である貧困者の救済事業の方も、新たに恒久的な施設を設けるために営繕会議所を設立し〉（東京都編『七分積金』）と、目的を〈恒久的な施設を設けるため〉と謳っている。

〈永続的救済施設が要望されている折柄〉という、この〈要望〉には二つの声が考えられる。

大蔵省内部の声。栄一をはじめ、欧米の慈善事業を見聞してきた官吏の間で、常住施設の必要性が語られていたという推測が成り立つ。府民の声もある。先記の臨時救育所は財政上の問題で短命に終わった。三田救育所は同年（明治五）春に閉鎖、高輪救育所は前年に閉鎖。救護者は民間の篤志家にあずけられたが、それも同じ五年春には中止となり、幼年から高齢者まで一二四名が東京府にもどされた。府は彼等を各小区に託したものの、そこは麴町救育所などから移された人々で満杯。現場の関係者から常住施設の必要性を訴える声が高まっていたのである。

営繕《えいぜん》会議所の設立と同時に、大蔵省から一五名の東京屈指の富商が委員に任命された。頭取（代表）には三野村利左衛門《みのむらりざえもん》（三井組名代）、斎藤純蔵、行岡庄衛（小野善助名代）ほか六名、営繕掛が九名。町会所積金の管理には三井組・小野組・鹿島清兵衛が選ばれた（『東京市史稿市街篇』第五三）。富商の家業は、両替商、呉服商、酒問屋、材木商、貿易商等。そこには、維新後の新興富商もいた。実力派は江戸期から両替商（当時の金融機関）として幕府と深くつながり、時代の流れのなかで生きぬいてきた三井組・小野組・島田組の三組であった。

営繕事業は九月から始動する。先の布告により「橋梁修繕・溝渫方《みぞさらえかた》の掛」や「道路・水道修繕掛」等が各委員に割りあてられ、「水道・橋梁修繕掛」には三井組、小野組、島田組がついた。全国里程の基点で五街道のスタート地点である日本橋の営繕、つまり橋のかけ替えを単独でひきうけたのが三井組。落成は明治六年五月。新しい日本橋は平らな木造橋で真中を車と馬道が行き交い両側が人道となってその間を堅牢《じょうぶ》な欄干《らんかん》でへだてていた。西洋風の壮麗な橋に人々は驚き感激し話題となった。橋の南側の石柱には〈明治五年十一月二十七日成る、もとで会議所蓄積より出づる〉と庶民の共有金である積金を経費にしたことが刻まれていたという（『江戸名所図会事典』）。

着々と大規模な営繕工事が進行していくなか、委員たちの胸中には大蔵省のやり方について早くも納得いかないものが渦巻きはじめていた。会議所の一室で西村勝三《にしむらかつぞう》が町会所積金の設置理由や使用目的を古書でしらべていたことを、勝三の子息・劇作家の河野桐谷が語っている。〈しかるに父は会議所で古書を調査中に、この七分金なる積立金は、前記のごとくむしろ貧民救育の用に備えるのが主で、他の方面に使用すべきものでないことを発見し、これを道路、橋梁等の営繕用に全部使消し終わったら、今後、貧民救育上に非常な故障を生ずるから、ぜひとも相当の救育金を残しておかなければならぬと喧《やかま》しく主張して〉（前掲『史話明治初年』）

勝三の調べた時期が気になる。会議所委員に選出された八月か、翌九月のことか、とにかく早かったということだけは分かる。

西村勝三は、横浜軍上所から買い入れた外国靴を兵部省へ納入したのを機に、明治三年三月一五日、築地入船町にわが国初の洋靴製造所である伊勢勝造靴場を設立した。その後、革・メリヤス・靴下・洋服裁縫・帽子・耐火レンガ・ガス灯・ガラスなど近代工業の発展に貢献、皮革産業のパイオニアである。栄一とは公私とも親交が深かった。

このころ（明治五）の勝三は三七歳の男盛り、維新後の新興富商の一人であった。製靴とメリヤス工場二社を経営し、合計生産高が地域で第一位となるほどの高利益をあげていた。日々多忙。勝三も他の委員同様、仕事の合間を縫《ぬ》うようにして会議所の仕事にとりくんでいたのである。

恒久的救済施設の必要性を強く望むという新しい考え方をしていた勝三であるが、外遊体験がない代わりに、生活困窮者を理解できる貴重な体験があった。

天保七年一二月九日、勝三は佐倉（千葉県）藩主の掘田正睦《まさよし》の側用人であった父芳郁と母楽子の三男として江戸麴町の佐野藩邸で生まれた。いわゆる名門の出。兄弟は五人、八歳上の長男がのちに福沢諭吉等と一緒に『明六雑誌《めいろく》』を発行した西村茂樹である。

人生の最初の転機は二一歳（安政三）、幕府の募集する海軍兵学校の試験に落ち、脱藩したことからはじまる。大阪、横浜、江戸とわたり歩いているうちに岡田平蔵などの富商と出会い、二六歳のときにオランダ商人の小銃を転売して巨利を得、商売の面白さを知った。翌年、密売に手を出し小伝馬町《こでんまちょう》の牢獄に囚《とら》われたときが二度目の転機となるが、このときは二か月後に釈放、執行猶予なみの「親類預け」となり京橋の遠縁の家で謹慎した。だが、商売熱は抑え難い。長銃や短銃の売り買いのために東京と横浜を往復しはじめた。翌年、親類預けの禁を破ったという罪でふたたび捕えられ今度は石川島人足寄場《いしかわじまにんそくよせば》に収容された。

一年あまりの寄場暮らしで〈どんな人間でも、みんな善い人間ばかりだ。環境のせいで奈落に落ちたのだ、とさとった〉（西村翁伝記編幕会編『西村勝三の生涯』）という、この体験が勝三の人生観を変え社会事業への問題意識を強めたのである。

大蔵省のやり方に疑問をいだいたのは勝三だけではなかった。

ほかの委員も同様、各々が疑問を吐露し議論を交わすようになっていた。

「営繕会議所の営繕《えいぜん》（繕《つくろ》う・直すの意味）の名称は府の自治機関としてふさわしくない」

「町会所積金で国の仕事をするのはいかがなものか。府民の教育の振興などに使いたい」

「お上《かみ》のおしつけの人選法は時代遅れだ。今の事業を府の役人に行わせて、別に市会を作り、もっと市民の意見を反映させるべきではないのか」

それ等の意見を営繕会議所代表格の三井組・三野村利左衛門《りざえもん》が建白書として府知事に提出したのは、同（明治五）年九月二七日のことであった。

町会所積金の管理と経営において、委員たちは楽翁公から連綿と積みあげられてきた金穀の使い方に使命感と責任感を強くしていた。会議所の改革思想は最初から芽吹いたのである。

救貧三策

同じ九月。一翁府知事により「窮民や乞食等の救済方法をよく研究し、話し合って提言するように」との指示が出た。委員たちは会議を開いた。このとき常住救済施設の方向性と内容が決められていくが、この「九月」が「養育院設立動機」の重要な鍵となってくる。

営繕会議所が答申したのは次の「救貧三策」であった。

一翁府知事はこれを全面的に受容するのである。

一〈工作場を開く〉＝東京在籍の者を対象に有志をつのり彼等に会社を作らせる。

二〈日雇《ひやと》い会社〉＝仕事として、人力車をひかせる・草刈り・といった労役を用意する。

この会社の雇用者には労働のできる施設入居者と一般の困窮者とを採用して、継続した仕事につかせる。

三〈老幼廃疾窮民を救育す〉＝廃疾老幼には環境のよい所に「長屋」を建て、病者には医薬を与え、幼児には先生を用意して学習させる。（『養育院八十年史』以下同）

右記の三者は、各々が独立したものではなく関連した施策となっている。

分かりやすく述べると〈日雇い会社〉には、〈長屋〉の入居者のうち、稼働力のある者と一般府民もつとめることができる。働く者が病気になれば長屋で治療し、全快すれば以前の日雇い会社にもどす。死亡者が出たときには長屋において埋葬の世話をする、という施策である。大別すれば〈工場〉と〈日雇い会社〉の設置が失業対策、〈長屋〉の設置が救済対策となろうか。

『養育院六十年史』では「救貧三策」の説明を〈三者鼎立《ていりつ》させて窮民救所の施設としたものである〉と、三者の連携を強調している。窮民を救済する〈長屋〉が、建設後には〈養育院〉の名称となって出現する。名称の由来と名づけ親は不明。これらの説明で分かるように、養育院は救済のみを目的として単独で創設されたのではない。また(三)に〈病者には医薬を与え、幼児には先生を用意し〉と重要なことが記されており、長屋に期待するのはたんなる救済ではなく、「一人の人間を養い育てる」という大きな構想を描いていたことが理解できる。

なお序章で記した〈魯国皇子の来朝〉と〈乞食物貰い〉の〈不体裁〉をセットした〈養育院設立動機〉を否定するにいたった理由はここにある。一〇月一六日の露国皇子来朝前の、九月の時点で、右記の〈長屋〉の設置をふくむ「救貧三策」が決められていること。またこれから述べるが、養育院の設立動機が〈帝都の恥隠し〉(『養育院百年史』)というのであれば、「恥を隠したい地域」として皇子一行とかかわりの出てくる新橋や、宿泊所のある皇居周辺の地域に限定できる。一斉救護の期間も、皇子一行の帰国と同時に終了すればよいことになるが、実際には、一斉救護の対象は東京府全土、実施期間も年末までと長期にわたって実施されるのである。

露国皇子の来朝

ロシア皇子の名前をアレクセイとする。アレクサンドル二世の第三皇子でこのとき二〇歳すぎ。

三〇余名の随員とともに軍艦スーニットラ号にのって欧米の世界周航に出、最後にロシア領を巡察する途中、日本へ立ちよっている。しかし、どういうわけか各『養育院史』には東京入りした皇子一行の動向や行状についての記述が一行もない。次が本稿調べである。

九月二五日＝長崎に到着。一〇月九日＝神戸から大阪に入った。府知事や官吏が出迎えた。歓迎ムードをもりあげるためその夜と翌日の夜は家々の軒下に提灯をさげ夜空を彩る花火とで町を不夜城のように明るくした。一三日＝皇子一行は横浜港へ。翌一四日＝横浜上陸。二日後の一六日＝東京入り。（前日に市中を浮浪する貧窮民を救護し養育院創立となる）。東京での宿泊所は外国貴賓専用の浜離宮の延遼館《えんりょうかん》。二一日＝車（馬車か人力車か）で桜田練兵場に行き近衛兵飾隊の行軍を見学。皇城（皇居）で学問所を見学し、皇后と同席者の大政大臣、参議、宮内卿、小務卿、各国の公使等に対面、茶菓子で談話。皇子は喜ばれた。二二日＝九段坂招魂社（明治八年靖国神社と改称）馬場で内外人の競馬や曲馬を見学。夜九時、新富町の守田座で狂言を楽しむ。二五日＝新橋ステーションから横浜へ。二八日＝横浜を発つ。一一月三日＝函館着。八日＝函館港からウラジオストックに向けて出航した。（『新聞集成明治編年史』第一巻・他）。

これによると皇子一行の日本滞在は四五日の約一か月半、そのうち東京滞在は一〇月一六日から同月二五日までの九泊一〇日となる。

外国貴賓の出迎えといった大がかりな行事については新政府から東京府への布達があったはず

だと思い、公文書をさがしてみると、〈司法大輔《たゆう》福岡孝悌《たかちか》・司法卿江藤新平《しんぺい》〉の連名により〈正院《せいいん》（しょういんとも・内閣に相当）〉に宛てた〈司法省伺〉があった（『東京市史稿　市街篇』第五三巻）。日付は〈明治五年十月十日〉。小見出しには〈府下乞丐《きっかい》（乞食）放逐幷《ならびに》禁止遵行《じゅんこう》（したがう）之儀ニ付伺〉とある。内容は市中に増えつづける乞食物貰いにふれ〈露親王来着之処、右接待ノ御体裁《ごていさい》ニも差響可申〉とある。つまるところ、達しは〈司法省伺〉↓〈正院〉↓〈東京府〉へとくだり、〈東京府〉から乞食等を厳重に取り締まるようにと現場に指示したものと考えられる。

この公文書が「養育院設立動機」の〈乞食物貰い〉を〈不体裁〉と表現する出典元になっているように思えるが、実際のところは不明。理由は最終章で述べる。

しかし、首をかしげるのは、東京府が準備にかかったのは〈十月十三日〉（『養育院史』）となっていること。この日は皇子をのせた船が横浜港へ入港している。外国貴賓の出迎えとしては遅すぎてバタバタとことがはこばれたという観は否めない。

ところで、新政府高官が悩みの種とした〈乞食物貰い〉のいる東京市中はどんな様子であったのか。明治五年のこの時期には飛脚《ひきゃく》に代わり東京・京都・大阪間に郵便制度が設けられ新橋・桜木町間が開通。宮城の御門にガス灯がともり、銀座には煉瓦造りの建物が立ち、新聞社や写真屋なども目立った。生活面では、懐中時計と蝙蝠傘《こうもりがさ》と石鹸が大流行、アンパンと牛鍋屋《ぎゅうなべや》（すき焼屋）に人気が集まった。当時、浅草蔵前の「日の出」という元祖牛肉屋では牛肉鍋のほか牛乳《ミルク》、乾酪《チーズ》・乳油《バター》などの乳製品が売られ繁盛していたという（仮名垣魯文著『安愚楽鍋』）。

一方、西洋化していく町の周辺には下層民の粗末な裏長屋が軒をつらねていた。当時（明治五）東京の人口は約七八万人に増加しているが、市中はいまだ幕末の延長線上にあった。強風に砂塵が舞いあがり、降雨になれば地面がぬかるんだ。犬猫の死骸の放置された往来を貧しい人々が平気ではだかで歩き、道端にはシラミのたかった蓬髪垢面海布《ほうはつごめんわかめ》の乞食がうずくまる。店の前で食べ物のほどこしをまつ物貰いがいるかと思えば、汚れた南京袋《なんきんふくろ》をぶらさげて、道行く人々から食べ物や金銭を無心する乞食や物貰いの姿も珍しくなかった。外国貴賓を迎える政府・東京府にとれば襤褸《ぼろ》をまとった乞食物貰いの姿はひときわ目立ったということなのであろう。

加州邸（元加賀藩邸）に保護

右記の一〇月一三日に東京府は皇子一行を迎える準備に入っている。

当時の府は一一大区で一区内はさらに小区に分かれていた。救護にあたるのは邏卒《らそつ》（巡査）で、保護した乞食や物貰いを、救護した地域の区役所・町村役場の役人にわたして氏名・出身地などの調書をとる。そのあと邏卒が加州邸（元加賀藩邸）に送ったようである。

一斉救護の期間は、皇子到着の前日から一七日までの三日間（『養育院六十年史』では一九日に移動とある）。加州邸の全員の食事などの世話役を頼まれたのは、浅草溜《あさくさため》の車善七《くるまぜんしち》（長谷部善七）であった。

予定どおりアレクセイ皇子が東京入りする前日の一五日、一斉救護は実施され、加州邸長屋に乞食や物貰いが保護された。翌一六日、皇子一行三〇余人が東京にやってきた。一行は新政府のもてなしに感激。二五日、新橋ステーションから汽車で横浜へと向かい東京を去ったのである。関係者はもとより一翁府知事は安堵し、肩の荷をおろしたようだ。あまりに準備期間が短かすぎたため府知事として庶民に伝えるべく達しが、後手にまわったと思えるふしがある。

市中整備のために、わが国最初の軽犯罪法に相当する違式詿違条例《いしきかいいじょうれい》をさだめている。これは江戸期のお触《ふ》れそっくりの内容で「庶民の喧嘩口論・裸体や肌脱ぎの醜態をさらさず、・往来の立小便・混浴」等。風紀上の問題を取り締まっているものの、これをさだめたのが、皇子一行をのせた船が函館港を出港した一八日、つまり帰国の途についてからになっている。

また翌日の一九日には、乞食物貰いがはびこるように増加してきたことを嘆いて「乞食に対して姑息《こそく》の情（一時しのぎの情）、気の毒と思う気持ちがあれば、会議所が開設する施設へつれてくるように」と訴え、「乞食に施しを与える者には二銭の罰金を課す」と強行措置に出ている。これらのことは皇子一行が東京入りする前に、庶民に注意をうながしておくべき内容ではなかったか。

府下の一斉救済保護は、年末までつづけられた。

結果は、初日一五日に加州邸に救護した人数は〈一四〇名〉、三日間で〈二四〇名〉、一〇月一五日から「年末までの四八日間」の人数は〈三二三名〉であった（『養育院八十年史』以下同）。

年末までを四八日と数えたのは一一月に太陰暦から太陽暦に改暦されて日数が減少しているた

め。太陽暦では一二月二日が年末の三一日、翌日の一二月三日が明治六年一月一日となる。

なお、現在公刊の書籍に「養育院は非人ばかりを集めた」「養育院はハンセン病者を集めて設立された」などという、間違いの記載をみたので正確なところを述べておこう。

年末までの救護者〈三一三人〉の内訳は男＝二九五名・女＝一八名。

うち東京出身者＝一七一名、東京以外＝一四二名。武蔵・越後・越中・甲斐・信濃・尾張・三河・美濃・備前・常陸・阿波・函館等。地方出身者の彼等は地元へもどされている。

年齢は〈三一三名〉のうち〈一歳～一五歳〉までが〈九七名〉、〈一六歳～五〇歳〉の青壮年者が〈一七三名〉と最多。〈五一歳～八〇歳〉の老年者が以外に少なく〈一九名〉となっている。

データでは性別も年齢もバラバラであるが、この不統一にこそ、明治初頭の救済事業の特徴が表れている。このことを『養育院六十年史』では、特定の宗教や思想や観念論を背景にしたものではなく、この救済事業が現実の生活に即したところから生まれたものであり、わが国独自の人道的な社会事業のあり方を物語っている、と解説している。

浅草溜から上野へ

救護者は「長屋（養育院）」ができるまでの応急処置として、加州邸から浅草溜《ため》へと移された。

浅草溜とは江戸時代における軽罪囚人の重病者を対象とした救療施設のこと。身分差別が徹底していた当時、人足寄場は平民、溜《ため》は非人と分けられていた。溜《ため》は浅草と品川にあり、浅草溜の管理者は非人頭の車善七《くるまぜんしち》であった。二つの溜は明治三年に廃止されたが、同五年のこの時期に浅草溜が会議所の要請に応じられたのは、廃止時に数人の収容者をかかえていたからで、このあと廃止となる。溜の跡地は浅草の新吉原遊郭の裏手。現在地はバスが行き交う千束通りから少し奥に入る千束小学校をふくむ一部、浅草四丁目二三番地あたり。

救護者たちを溜にあずけていた間も委員たちは積極的に仕事をすすめていた。

九月に委員の提出した建白書の回答が一〇月二八日に届いた。建白内容のすべてがうけ入れられたわけではないが、「会議での多数決」が認められ「営繕会議所」から「営繕」の二文字がはずされて「東京会議所」となった。委員たちは喜びに湧いた。それから一週間ほどあとに一翁府知事から五か所の常住施設の候補地が通牒されたが、二万五千坪、八万坪と広大すぎた。

委員たちが決めたのは、上野の護国院にある五八六九坪の土地であった。

明治六年二月四日、上野の山に「養育院」が完成したのである。

四か月間すごした浅草溜から移転したのは、建物が完成した当日。

移転人数は一一四名。昨年末の二四五人から「死亡・親類縁者のひきとり・仕事の独立等」の理不由で半減し一二六名となっていたが、うち重病者一二名を残して一一四名となっている。

営繕会議所が発足した明治五年八月一〇日から約二か月後の一〇月一五日、加州邸において養育院が立ちあがり、それから約四か月後の同六年二月、上野に養育院の建物が完成した。有識者たちが模範とする海外情報もないままに頭をよせ合い、実質的な質的転換をはかってわが国独自の救済施設を生み出したのである。大蔵省にいる井上馨と栄一、富商の会議所委員、府知事の大久保一翁の三者が、同じ目標に向かい足並みをそろえて動いたからにほかならない。とりわけ注目するのは一翁の存在。長州と薩摩の出身者で占められている新政府より、旧徳川幕府の重鎮である一翁への信頼度は大きく、それが結束の原動力となっている。

さらに特記しておきたいのは、新時代にふさわしい理想的な救済施設を創ろうとしていた会議所委員たちの心意気である。それが伝わってくるものに養育院規則《きそく》がある。規則によって養育院の歴史の幕が「温かい心」で開かれたことが分かる。各『養育院史』にそういう解説はないが、現在の視点でみていくと、そこに「養育院精神」を読み解けるのである。

規則には『養育院掟書《じょうしょ》』『伍長《ごちょう》規則』『女部屋伍長規則』『看護人規則』『患者の心得』『炊事方心得』『食堂規則』『浴室規則』がある。生活はそれ等にのっとって営まれるが、いずれも条文は具体性に富んだ言葉で語られ、明確に禁止事項が示されているところに特徴がある。

一例。『浴室規則』の第一条に〈浴場の溝《みぞ》にて小便を通し、或ひは猥《みだ》りに痰唾《たんつば》を吐散《はきちら》し、あるひは高声に唱歌をうたふ間敷事《まじきこと》〉と記している。路上の人々を一か所に集めて集団生活をさせるのは容易なことではない。そうした実情をふまえて細かい禁止事項を明文化したのであろう。

委員たちの温かい心を感じられるのは、全六条ある『患者の心得』の第一条に、〈各自不幸にして家産を相傾け候上は許多の苦労も可有之候得共苦心は疾病の為に大害なれば、当院は父母の家と相心得安心して加療すへき事〉とある。分かりやすくいうと「各自不幸にして家産を傾け、いくつもの苦労をしたうえで病気になったのだから、当院を父母の家と思い、寛《くつろ》いで、安心して療養してください」とやさしさや労《いたわ》りの情をかけている。救護者とは先日まで路上で寝起きしていた元乞食や元物貰いである。その彼等を人間的にしたにおき蔑視する視線はない。同様な情愛を感じとる規則はほかにもある。

一日のすごし方をさだめている全一三条の『養育院掟書《じょうしょ》』。原文を整理して紹介する。「起床は六時。八時に食堂で朝食、食事の合図は三度とも拍子木《ひょうしき》」とあり、第九条に「休日も自分のためや世のためになるようにと心がけて無駄に日々を送らないように」と、怠惰を戒める一文がそえられている。「一二時の昼食」にも「食後は庭を歩き、気血をめぐらすこと」と、そえた一文がある。食後の健康的なすごし方まで規則にしているのは印象的である。

条文から救護者一人ひとりを尊重し大切にするという真摯な眼差しが感じられ、そこに「養育院精神」をみる。規則の内容は時間とともに変化していくが、そこにも集団生活を護る管理的な視点や具体的な罰に相当する縛りなどはいっさいない。あるのは一人ひとりを正しい生活に導くための指導法である。この「養育精神」をのちに加わる栄一がうけついでいくことになる。

養育院の始動

明治六年二月五日の移転の翌日から、入所者一一四名と職員六名の生活がはじまった。

養育院の創立を実現させた委員たちは救貧意欲に燃え、創立の翌三月には、各区から依頼された行旅病人《こうりょびょうにん》（行き倒れの病人）や棄児をうけ入れた。四月下旬からは、増加傾向にある乞食の強制救護を三日つづけて実施、二か月後の六月には、身体障がい者を虐待・見世物に使うことの禁止と彼等の救済収容を申請した。

院内は満杯。明治六年の〈年度末在院者数〉＝四九三名。同七年＝六六七名、同八年＝五七二名と、年度ごとの増減はあるにしろ、いっきに増加した。それはたちまち経費不足をまねくことになった。不足は衣食にとどまらない。様々な病人が雑居している病人室では、炎暑の時期になると伝染病が心配され別棟の部屋が求められたのである。

経費不足という問題に直面した委員たちの間から、広い敷地を求めて移転を望むという意見が出はじめ、明治七年の二月と九月に上申書を提出した。府が境内の二七六四坪あまりを払いさげてくれたおかげで、敷地は確保できたものの増築費用の不足は解消できなかった。

経費節減として食事代や外部の者に頼んでいた賄《まかな》いなどを見直してみたが、そのていどでは間に合わない。養育院掛の西村勝三の音頭で同院最初の募金活動を開始したが、寄附金は集まらなかった。結局、三野村利左衛門や斎藤純蔵ら一五名の委員の寄附で一〇二五円を用意した。当時の米が石あたり三円八〇銭という価格からおしはかっても、それは莫大な金額であった。さっそく〈婦人室〉を増築したのである。子どもの室も設置しているが、これは次章へゆずる。

移転早々の委員の悩みは医者。幸い本所の町医者村上正名が診てくれることになったが一年足らずで村上はやめた。その後は紆余曲折しながら医療体制を整えていくことになる。ここに養育院がわが国の医療の礎《いしずえ》を築くことになった理由がある。死亡者は谷中七軒町の大雄寺に墓地を定め埋葬した。初期は土葬。のちに埋葬法は変わる。

〈救貧三策〉の一環である〈工作場〉と〈日雇い会社〉は早くも浅草溜にいたころに開始されている。明治五年一一月末、労働を希望した在院者と一般の希望者とが一緒になって、道路修理などの〈日雇い会社〉の仕事についた。翌年一月には一〇〇名、次に七八名とかなりの人が参加した。当初、日雇い会社の設置希望者は二組あり、彼らにまかせたが、経営の未熟さゆえに会議所との間でトラブルが発生、そのため同七年に廃止となった。道路修理・人足仕事・谷中墓地・公園の掃除はひきつがれ名称を〈養育院力役場〉と改めている。

体力のない男女を対象とした院内労働は、本院開設の四か目から開始、西村勝三が指導者三名を派遣して泊まりこみで教えた製靴作業であった。窮民授産として多数の没落士族をかかえ伝習生として靴の製造法を指導していた勝三は、翌月、自社の造靴場へ在院者一五名を送りこんだが、皮の独特な匂いを作業員が嫌がり長くはつづかなかった。

委員たちは仕事作りに奔走した。明治九年五月から紙漉《かみす》き(三三名)、草鞋《わらじ》(一七名)、網漉《あみす》き(一〇名)を用意し、七月には西洋マッチ会社と協定を結んでマッチ箱作り。

一二月には本所と相生町に住む二人から紙漉き指導の申し出があり、院内の紙漉き小屋で作業が開始する。この紙漉きは院内工業として後のちまでつづくのである。

働いた者の労賃は、一部を自立への資金として会議所があずかり、規則どおりの金額まで貯まれば委員の了承のもとに独立させていた。これも「栄一の時代」へと踏襲されていくのであった。

近代の夜明けを象徴するかのように上野の山に創立された養育院。現在の社会福祉事業のルーツとなる東京会議所（元営繕会議所）付属機関の「東京府養育院」は、関係者の大きな期待と夢を担《にな》ってその一歩を踏み出したのである。

第6章　非凡と先見の明

栄一が東京会議所の一員に加わることは、本稿では養育院との関係を意味しているが、初めに栄一がどんな仕事の状況下で養育院と出会っているのか、そこからみていくことにしよう。

大蔵省退官後の明治六年七月、日本橋兜町《かぶとちょう》に開業した第一国立銀行の経営の全責任をおう総監《そうかん》役に就任した（明治二九年株式会社第一銀行）。同銀行は三井組と小野組が大株主となり共同で設立した株式会社であった。本店と同時に大阪・神戸・横浜と三支店が営業開始となる。

退職前後の栄一の心境はどんなものであったのか。

営繕会議所の代表をつとめ富商のなかでもトップの位置にいたのが三井組。その総理事の三野村利左衛門が栄一の能力を高く買って退職後は自分の後任と期待して勧誘していた。そのときの栄一の態度に当時の心境が映し出されている。

これには栄一の言葉もある。先に紹介する。

〈当時三野村氏は是非三井家に入つて来られるようにと懇々の言葉であつたが、他人の仕事をするよりは、自分は自分の手腕だけの仕事をもつて世に立とうという抱負があつたから、私はその

言葉に応じなかつた〉〈一人でやつてみたいからといふことを申し上げた〉（『青淵回顧録』上巻）
栄一のこの供述からは何の違和感をおぼえることなくすんなりと理解できるが、目の前で返答をまつ利左衛門のうけとり方はまるで違っていたようだ。
〈言下に断られたので三野村氏も頗《すこぶ》る意外に感じたそうである。渋沢子（子爵）の気持ちからすれば、たかが三井の大番頭位《ぐらい》がなんだ、素町人《すちょうにん》のくせに生意気な事をぬかすといふやうな気持ちがありありと見えてゐたさうだ〉（三野村清一郎著『三野村利左衛門伝』）
三井家総理事といえば、栄一などはまだ雑巾がけの存在でしかないぐらいの実業界の重鎮。その利左衛門に対して思わずみせたこの不遜な態度に、新たな世界へ踏み出そうとする三四歳の気概がよく出ている。栄一はことわりながらも三井には協力していこうと思ったという。
銀行の総監役となった栄一は、わが国最初の金融機関の業務にのぞむことになった。失敗が許されないばかりか模範的な銀行を設立して後続者に範を示していかなければならないという重責を背負っていた。大蔵省で改正掛の主任をしていたころ、銀行条例を起草し、銀行成規等の書籍も編纂していた経験上、銀行のことは大体の骨組みを理解しているという自信はあったものの、世間が業務を理解していない時期である。〈肝心の行員さえも本当の意味での銀行業務を理解する者が少なかったから、先ず行員の指導をせねばならないという有様でその苦心は実に並一通りではなかった〉（前掲『青淵回顧録』）。当初の行員は四五名。
しかし、仕事は生きもの、何がおきるか予測がつかない。銀行の頭取の一人である豪商の小野組が倒産するという経済界を揺るがす大事件がおきたのは明治七年末のことである。事前に倒産を察知した栄一の的確な判断により最大の危機はまぬがれたが、辛酸はなめた。〈其時には寧ろ政府の役人をして居ったらこんな苦しみはなかったらうと思った位であった〉(『竜門雑誌』)と告白している。こうして実業財界の仕事に追われるなかで養育院とかかわっていくのである。

大久保一翁府知事の案内で栄一(三五歳)が坂本町の東京会議所(元営繕会議所)を初めて訪れたのは、総監役就任の翌年の明治七年である。「月・日」について栄一の記憶はさだかではない。史料には〈明治七年五月十一日　渋沢栄一　会議所頭取申付けられ、同時に本院事務を管理す〉(『養育院六十年史』)とあるため、この日と考えられる。

栄一が東京会議所の一員となったのは、一翁府知事から背中を押されてのことであった。〈其《そ》の人(大久保一翁府知事)から私が共有金取り締まり方を嘱託されましたので、そこで私が始めて東京府に関係するようになったのでございます〉〈当初は養育院のために命ぜられたのではなくして、共有金の扱い方が官の物とも云へぬが、又市民の勝手にする訳にもいかぬ、且《か》つ多くは、貸付金となり又土地所有とにと種々に散って居りましたから〉(『九恵』第一四六号)

共有金の監督。これが栄一に課せられた仕事であった。

ときをおかずして社会事業の重要性に気づき、深くかかわるとは思いもよらなかったことであったろう。後年、養育院とかかわることになったときの気持ちを、栄一はこう語っている。

〈養育院の事業に対しては勿論《もちろん》経験などのあらう筈《はず》は無いが、社会政策として斯《か》くの如き事業は是非とも発達せしめなければならぬとの考へは有《あ》つて居《お》つたので、忙しい私の身体として養育院の事業に関与する事は、単に一身上から見れば不利ではあるけれども、社会の為と思うて進んで院長をお引き受けした訳である〉（『青淵回顧録』上巻）

本音である。栄一は養育院の事業を望んでいたのではなかった。むしろ実財界での日々の責務からいえば時間をとられ不利になると思った。それを胸にしまい込んで救済事業に体を向けたのは、新しい国創り社会創りには救済機関が欠かせない存在である、と頭で理解したからであった。

また後年、若き慈善事業家たちを前に、次のような謙虚な物言いもしている。

〈私が社会事業に入ったのは偶然の事からでありまして、決して高い理想や考へを以て始めたわけではないので、真にお恥ずかしいことで御座います〉（前掲『社会事業』）

こう公言するまでには長い歳月を費やすことになるが、たとえ最初のかかわりに積極性を見出せなくとも、そのことで栄一の評価がさがることはない。それどころか、栄一は最初から人間としての非凡さをみせつけていたのである。

子ども観

会議所の委員となった栄一は、さっそく上野の養育院に出向いた。

先に敷地内の建物の紹介をしておこう。史料からそのまま転記する（『養育院八十年史』）。

病室・盲人室・婦人室・狂人室・窮民・児童の勉強室・仕事場である紙漉場《かみすきば》・工業場・事務局・賄所下屋・門番所物置・□室（□は欠損文字・原文ママ）・院長属員長屋。

各室や紙漉き場などをゆっくりとみてまわった。幼児同伴の母親や病気の高齢者が身をよせ合うようにしてひと塊になっている様子を、栄一は見逃さなかった。当時は在院者に対する教育的な視点や医療の視点がなかった。幼児も大人も病人も皆一緒に寝起きするという雑居生活である。庭先で遊んでいる三、四〇名の子どもの様子が、栄一の目にとまった。どの子も発育が不十分で元気がなく、いじけて悲観しているように映った。

〈その頃養育院に収容した子供は、私の眼から見れば特に悪い様に思はれた。細民窟《さいみんくつ》の子供に比較しても発育が悪いし、挙動が活発でないし、何となく気の重い所がある〉（『青淵回顧録』上巻）

子どもたちをもっと寛《くつろ》がせてやりたい、と栄一は心底思った。

何回か足をはこんでいるうちに大事なことに気づいた。

世話をしているのは、院長の飯田直之丞と主任の神保伊成であったが、二人の対応のまずさと考え方の誤りであった。このときの院長は養育院の建設中に決められた役職で、責任者という意味、のちに栄一が就任する院長とは異なる。

栄一からみた二人の対応の仕方と考え方は、大人の論理をふりかざしているようにみえた。

幼児が面白さにつられて裸足で戸外に飛び出そうものなら「裸足で外に出てはダメ」といって罰を与える。垣根の竹をぬいて戦争ごっこをしたといっては「いけません」と禁止をし、幼児を追っかけてその竹でうつ。泣くと「男の子は泣いてはいけません」と、また厳しく怒る。

ダメ・いけないの連発、まるで罪人を監視するような態度で世話をしているのであった。

それゆえ幼児たちは二人の世話掛にちっともなつかず、もっぱら恐怖心をつのらせて顔色をうかがいオドオドするばかり。それを飯田と神保は監視の行き届いた躾《しつけ》であると勘違いをし、納得していたのである。栄一はやんわりと注意をした。

「そんなに厳しくしては、子どもの将来を考えても、決してよい影響をもたらすものではないから、もう少し親切なあつかい方に改めたら、よろしかろう」

すると二人は猛反対。

「いいえ、子どもは甘やかさず、きつくいってきかせなければ怠弱になり、まともに育ちません」

飯田はしつけの厳しい会津藩育ちの旧武士、神保は旧幕臣、二人とも文章がうまく見識もあっただけに簡単にはゆずらず、躾には厳格さが大事であることを強調したのであった。

栄一は答えた。

「普通の家に生まれた子らをみよ。父母がそれほど厳密に監視せずとも、みずから善悪の区別を知って行儀を覚えていくではないか。子どもは自分の信頼し得る人を求めてその愛情を満足させる。そこから子どもらしいわがままや人間らしい柔和さが増してくるもの。母の懐《ふところ》に泣く子は悲しいから泣くのではない。母の腕にいだかれた嬉しさに甘えて涙を流し、叫びを立てるのだ」

家庭における養育法や教育法は、親から子へと連鎖していくところがある。「普通の家に生まれた子」という「普通」は、人によって違う。とくに当時の成人に達した人々の幼少期は江戸時代の終盤にある。封建社会の価値観は家庭の在り様を支配し、子育ての仕方にも生きていた。

実親のもとで溢れるばかりの愛情をうけて、幼な子特有のわがままいっぱいに日々をすごした幼少期をもつ栄一の生い立ちと、規律を重視する厳格な武士の家に育った神保や飯田の生い立ちとは、異なる点が多々あったのである。

栄一もまたここはゆずれないと思ったのか、日が経つにつれて注意の仕方は熱をおびていった。

「君たちのように、懐にいだかれて泣きたいという、子どもの気持ちを考えもしないで、叱ってばかりいたのでは、親のない子はすねてしまうではないか。この道理が分からないとあれば、今すぐにでも職をやめてもらうより仕方がない」

世話掛《がかり》のなかで、栄一の意見に賛同したのが、書記の木下栄次郎であった。

栄一は、木下に改めて子どもに接するときの心構えとして「親心」をもつことを指導した。

「いつも親父《おやじ》の役をするように頼みます。子どもには毎日、煎餅やさつま芋などのおやつを与え、できるだけふれ合い、ときには一緒に遊ぶようにしてください」

木下は注意事項を守った。

栄一も訪問時には必ずおやつを持参した。そのため子どもたちは栄一の顔をみると駆けよってきてまとわりつくようになっていた。

「一般世間の温かい家庭に育つ子どもをみると拗《す》ねる、跳《は》ねる、甘えるという自由さがある。笑うのも泣くのも、自分の欲望を父母に訴えてこれを満たし、あるいは満たそうとする一つの楽しみから出ている。しかし、養育院の子どもにはそうした愉快がなく、楽しみがなく、また自由さもない。誰かを頼ろうとしてもその対象者がないので、自然に行動が不活発となり、幼いながらも孤独の寂しさを感ずるようになる。それがひいては子どもの発育に関係があることを知った。これ等の子どもを順調に発育させて、世のなかに出せるようにしてやらねばと考えた。それには、家庭的の親しみと楽しみをうけさせるのが、もっとも大切であると思った」

子ども側に立ったこの考え方が、栄一の終生一貫した「子ども観《かん》」である。

人間に対する洞察力が鋭敏でなければこれほど本質を衝《つ》いた柔らかく深みのある視線を「子ども」に向けることはできない。栄一の人間性のなかに潜んでいる非凡さである。七、八年前まで、まだ江戸時代であったことを考えると、子どもの見方や対応の仕方は、大人の考えを押しつける飯田や神保の方がごく普通であった。現在も飯田・神保的見方をする人はいるが、それは少数派に属し、多くは子ども側に立って栄一と同じ親心・「家庭的な愛情」をもった考え方か、それに近い見方をしている。ことに実親・養親のもとを離れて養護施設や里親制度の養い親のもとで暮らす子どもにとって「家庭的な愛情」は必要不可欠、これは現代の児童福祉法の底流に息づいている普遍性をもつ「子ども観」でもある。わが子を育てる機会が乏しかった栄一の過去に思いを馳《は》せると、その非凡さは際立つ。同時に故郷血洗島村《ちあらいじまむら》における恵まれた家庭環境と「育ち」をかえりみずにはいられない。栄一の「おやつ」持参はこのときを初めとして生涯つづくのである。

当時の子ども事情について。救護者が浅草溜に移ったころの一五歳以下の子ども数は六七名。明治八年には、会議所の三野村利左衛門らの寄附金によって就学児童用の一三・五坪の〈筆算所〉が設置された。就学児童は四〇名、教育担当は書記一名、幼童世話掛のうち二名。

また、雑居生活で子どもに悪影響がではじめ、栄一が府庁に「養育院内窮民小児の分別居為改度伺」を上申し、府知事の許可を得て〈児童室〉が設置されている。乳幼児をのぞいた子どもの居室が、大人から分離されるのは明治一一年四月のことであった。

頼りない教育観

明治八年、栄一がわが国で最初の商業学校「商法講習所」（現国立一橋大学）の設立にたずさわっていることは前記した。明治の一桁時代に商業学校を作るという考えをもつこと自体、時代を先どりする稀有な思想のもち主といえる。そのため活動を述べるには、非凡より先見の明と表現するのが適切と思われる。商法講習所設立の経緯と当時の栄一の「教育観」をみてみよう。

参考史料として『青淵《せいえん》百話』（明治四五年刊・七三歳）と『青淵回顧録』（昭和二年刊・八八歳）の二冊を用いた。前者は雑誌や新聞に掲載されていた栄一の発言を整理し、書籍にまとめる際には本人がチェックを入れている。後者は前記したように晩年の追懐談をまとめたもので、これも本人チェックが入っているが、両書を開くと設立経過の内容が違う。記憶違いも一点ある。

設立動機の部分では、『青淵百話』は〈確か明治七年であったと記憶するが〉、と、森が一翁府知事と直接会って相談したとある。それに対して『青淵回顧録』では〈丁度明治七年頃〉アメリカにいる森が一翁府知事に手紙を送ったようになっている。

手紙か面会かは重要ではなく、この年〈明治七年頃〉が間違い。森有礼が代理公使としてアメリカに滞在した期間は明治三年から二年あまり、同六年七月二三日に帰国しており、栄一のいう〈明治七年〉には、森は日本にいたのである。

また、商法講習所設立の経緯を記した公文書〈第十号〉に『商法講習所沿革』（『新修森有禮全集』第二巻）があるが、これを府庁に提出したのは、会議所委員になってからの栄一自身で、日付は〈明治九年六月一日〉となっている。『商法講習所沿革』によれば、府庁から商業学校開設に関する話が会議所にもちこまれたのが〈明治六年十月三十一日〉、この時点で学校の建設場所が〈木挽町八丁目一三番地〉と決まっている。つまり商法講習所が立案され、設立に向けて動きはじめたのは〈明治六年〉であり、この時期は、栄一が会議所に参加する前年ということになる。

商法講習所設立の端緒を拓《ひら》いたのは、旧薩摩藩出身・外務省勤務の森有礼であった。帰国時の年齢は二七歳。西洋に負けない日本を創ろうと、森は、近代社会の創設にパワーを漲《みなぎ》らせ、早々に文化団体『明六社《めいろくしゃ》』を設立した。ほぼ同時期に商業教育の奨励にのり出している。

商業学校の設立については、政府内で森の要望に耳をかたむけてくれる者はなく、森は府知事の一翁に相談した。静岡にいたころの一翁には数校の学校を設立したという実績があった。これからの社会には教育が重要であることを強く認識していた一翁は森の相談をうけ入れたが、府には予算がなく、話を会議所につないだ。教育事業に共有金を活用することを望んでいた会議所委員たちは賛同した。商法講習所は森有礼の私立学校として発足する。

商法講習所の教師には、アメリカ人の商業教育家であるホイットニーを迎えることになり、会議所とホイットニーの間で契約書が交わされた。期間は明治八年五月から同一三年六月までの満五年、一か年の給料は二五〇〇円。月割で支払う金額は毎月二〇八円三三銭三厘となった。この給料は日本人の助教の給料一人・四〇円とくらべても法外であるが、外国から教師をまねく場合、このように高額な費用を支払うのが一般的であった。

開校予定を明治八年の秋としていたところが、ホイットニーはその前の八月三日に横浜に到着した。そのため急遽九月二四日、尾張《おわり》町二丁目の鯛味噌《たいみそ》屋の二階で借開業することになった。生徒は二六名。科目は英語・簿記・銀行業務などの商業実務で、授業はすべて英語で行われた。

商業学校の嚆矢《こうし》となったこの商法講習所の現在地は、銀座通りに面した商業施設新ギンザシックス（元松坂屋跡）の場所、歩道脇に一橋大学の建設した記念碑が建つ。

当時の商業教育についても、栄一の心境は両著では異なっている。

『青淵百話』では〈森氏と深く商業教育に就いて話したこともなければ、自分も左様のものの必要であることは理論の上から知って居った位のことであった〉〈実際には、未だそれ程欠く可からざるとものとも思はなかった〉と、消極的であるのに対し、『青淵回顧録』では〈私は予《かね》て実業教育の必要性を感じて居り、何《ど》うかして秩序ある実業教育を施したいと考えて居った際なので、直ちに同意して関係者の会議を開き〉と、積極的である。信憑性のあるのは、やはり『青淵回顧録』より、その一〇数年前に刊行された記憶の新しい『青淵百話』の方と推察する。

栄一が今ひとつ消極的であったのは、このころ銀行業務に追われていたからであろう。同様な状態は以降もしばらくつづく。森が清国の特命公使に任じられ、日本を離れたのは開校一年後のこと。校長不在となり廃校の危機がせまるなか、同講習所の権限は東京会議所に譲渡され、栄一がその責任者となっているが、このときでさえ本気になれなかったという。

かといって学校設立の気持ちが希薄であるはずもない。銀行で部下に実務を教える指導者の身、高度な専門学校を望む気持ちは強かったと考えられる。

しかし、両著から当時の栄一の実際的な教育観をひき出すことができないため明治八、九年ごろは、まだ気持ちが曖昧、未成熟であったとしておこう。

養育院と商法講習所。栄一にとればこの社会事業と教育事業は、本業の実業財界をのぞいて初めて責任者として直面する異文化の世界である。しかも両者は頼まれた仕事。それゆえ、かりに世の流れに沿って責任の範囲内で無難に仕事をおさめたとしても世間から咎《とが》められることはない。が、栄一はそうした姿勢をみせなかった。月日をかさねていくうちに、両者を全面的にひきうけ、自らの生き方の奥深くにとりこんでいくのであった。

東京会議所解散

明治初期の社会は西南戦争鎮定の明治一〇年を区切りに、近代化への舵を大きくきって変貌していくが、同年を境に状況が変化していったのは養育院も同じであった。

営繕会議所発足当初から西村勝三等の委員の間でお上《かみ》に対する不満が噴出していたことは前記した。その不満が改革意識となり、会議所を府民総意の自治機関にすべきだという要求が表面化してきた。民選議員（このあたりから委員から議員となる）選出の口火をきったのは、同七年一月二七日付の上申書。翌年六月九日付の上申書において、東京府の都合で委員の意志が無視されている状況を打開し府民選出による真の権限をもつ議員で行う府会を、と以前より立憲思潮の強い改革案をうち出したのである。

「申し立てはもっともなこと、いずれその筋に申し立てをする」。改革案をうけとった一翁府知事は、四日後、西村勝三と新議員の旧幕臣・新聞記者の福地源一郎（桜痴）を呼び出して理解を示したが、この案は府から内務省に申達されたのちさしもどされた。

これを不服とした会議所は同年一二月四日付の上申書をつきつけた。そこには、会議所の職制を「業務」と「事務」に分け、現在の事務いっさいを府の行政課にまかせるとし、公選によって誕生した議員を加えて定数を増加するという改革案を入れたのであった。

府の許可は同月七日におりた。ところが約二週間後、一翁が府知事の任を解《と》かれ教部少補となって転出したのである。新府知事には楠木正隆《くすのきまさたか》が就任した。

当時の東京府は政府の出先機関の役割を果たし、東京府の出先機関が会議所という位置づけであった。府内で実力をつけていく会議所を政府は警戒し、府の許可した上申書をもにぎりつぶしていたのであった。新聞記者や文筆家なども府の官僚性の強さに憤った。背景には自由と民権を主張して政府に国会開設等を要求していた自由民権運動がある。のちに会議所議員となる旧幕臣・新聞記者の成島柳北《なるしまりゅうほく》は自著において〈会議所があるも唯、府庁の顧問とやらに属し、東京の如きは民権の「ミ」の字もなく、唯君権の「ク」の字有るを見るのみ〉（『柳北奇文』）と怒りを爆発させた。地方自治の先駆けは兵庫や神奈川にみられ東京府は遅れていたのである。

議員たちは臆せず前進した。一翁が去った三日後のことであった。

上申書の予告どおり、会議所に新旧の人々を集めて新議事法による投票選挙を実施し、会頭・副会頭・行務頭取を選出した。会頭と行務頭取の二つの役職に選任されたのが栄一で、副会頭に新規議員の福地源一郎がついた。新規議員には三井物産の益田孝《ますだたかし》、先の成島柳北もいる。

翌九年五月二六日、ついに会議所は、全業務と共有金の残金を東京府に還納したのである。全業務とは社会事業（養育院・日雇い会社）・商業教育事業（商法講習所）・街灯事業（ガス燈）・修路事業（道路橋梁修繕）・共同墓地事業であった。

出来事の順では明治九年五月中旬、栄一は府庁から「養育院の事務長」と「ガス局長」を命じられ、形式上であるが初めて東京府の一員となっている。そのあとに業務還納がくる。

明治一一年になると、社会は大きく変わった。養育院の存続と直接関係してくるのが、七月公布の三新法である。地方制度の安定をはかるためのこの三新法は、これまでの大区小区を廃して、府内を一五区六郡に整理した「郡区町村編制法」と、区郡から府議会議員を選出して東京府会を設置する「府県会規則」、それに養育院を直撃する「地方税規則」であった。

東京会議所（元営繕会議所）は解散した。

同年三月、栄一が元の会議所議員を率《ひき》いて、商工業者の初めての団体「東京商法会議所」（現東京商工会議所）を発足させたのである。発起人は栄一のほか三野村利助・益田孝・大倉喜八郎・福地源一郎・渋沢喜作（生糸米穀商、血洗島村の喜作）など。議員には西村勝三、安田善次郎、岩崎弥太郎、成島柳北がいた。会議所はその八月に大阪、一〇月に兵庫で誕生し、その後続々と各地で設立した。明治一三年に二八か所、同一四年には三四か所に達している。

養育院にも大きな変化があった。

明治一二年の一〇月一〇日、上野護国院から神田和泉町《かんだいずみちょう》の旧藤堂邸に移転したのである。

移転理由は、上野護国院の敷地に博物館を建設するという文部省の要請によるもので、打診は三年前からあった。その間、事務局長の栄一と楠本府知事との間で、代替地の用意と移転経費が約束されていたが、突然の移転勧告で、約束したことの配慮は乏しかった。神田和泉町の養育院の跡地は、現在、JR秋葉原駅から近い「社会福祉法人三井記念病院」の建つ一角になる。

移転前の明治一二年八月、府庁において職制の変更があった。養育院の「事務長」が「院長」

の呼称となり「院長渋沢栄一」が登場する。幹事は坂本源平、副幹事は飯田直之丞。

商法講習所廃止

栄一の苦労のはじまりはどこか。史料を探ると養育院の慢性的な経費不足にはつねに頭を悩ましており、とりわけ神田移転時の経費捻出には苦労の跡をみるが、それは栄一の非凡さや先見の明を語るにはいささか規模が小さい。それよりもどん底につき落とされ、生涯最大のピンチというるほどの苦悩をかかえる時期がすぐそばまで迫ってきているため話はそこから入ろう。

突然覚醒したかのように、栄一が商法講習所と正面から向き合うようになるのは、全国に先駆けて、府の自治組織となった待望の東京府会が開かれてからのことである。

三新法公布から五か月後の明治一一年一二月、東京府の府会議員選挙により、四九名の議員が選出された。当選議員のなかには京橋区選出の西村勝三、大倉喜八郎、下谷《したや》区の福地源一郎、日本橋区の安田善次郎、芝区の福沢諭吉などがいる。懇意にしている楠本府知事から選挙に出るようにと熱心にさそわれた栄一であるが、金輪際政界には足をふみ入れないと決心していたことと、将来の国会開設（明治二三）にあたり、今回の議員が国会議員に進出する予備的な意味をもつという情報を入手していたこともあって、耳を貸さなかった。

第一回通常府会が開かれたのが翌一二年三月。このとき府会では地方税負担を抑えるために予算の減額・削減・廃案が審議された。そこで商法講習所の経営資金が問題となったのである。

その前に養育院と商法講習所の経営資金について説明しておこう。

養育院の経営は、東京府へ移管したあとの明治一一年までは、共有金の利子でまかなわれていたが、同一二年になると、三新法の地方税規則により、共有金が地方税に吸収された。したがって本院の経費は地方税から支出されるようになっていた。

森有礼《ありのり》の去ったあとの商法講習所は東京会議所に移譲され、校名と教師とを残して栄一が顧問となり、所長には森有礼の推薦で駐米代理公使していた矢野二郎を迎えて、木挽町《こびき》の新校舎で順調に商業教育を行っていたのである。

府会で、地方税から支出している商法講習所の経営資金の審議がはじまった。

学校側の経営資金として、東京会議所の要求した金額は七〇〇〇円。

それに対して三五〇〇円という、半額に修正された金額が決議されたのである。

傍聴人席で議事進行を見守っていた栄一は憤りをおぼえた。予算を半減されては商法講習所の経営は難しい。存続が危ぶまれる。が、府会で決まった以上はどうすることもできなかった。

このときの心情を、激しい言葉で吐露した栄一の文章がある。

〈府会議員の知識が浅薄《あさはか》であって実業教育の何者たるかを解《かい》せざる者が多かったのと、就中《なかんずく》商業教育の何者たるかを解《かい》せざる者が多かったのと、且《か》つ一般世人も教育の必要を熟知し無《な》かった為《ため》に〉と、削減の原因を分析し、〈折角《せっかく》伸びかゝったのを双葉の中に摘《つ》み取るやうな事があってはならぬと考え、私は各方面の有志を説《と》いて寄付を集め、経費を補充して漸《やうや》く維持することが出来た。此《こ》のやうに商法講習所は非常に虐待《ぎやくたい》せられたけれども、辛《から》うじて其後《そのご》一、二年は維持することが出来た〉(『青淵回顧録』)。

〈虐待せられた〉という表現に怒りがよく出ている。

しかし、どれほど栄一が議員の浅智恵を叱責し、世間の無知に落胆したとしても、この時期、商業の意味を理解してその必要性を認識していたのは、欧米諸国の地をふんだ者かひとにぎりのインテリにすぎなかった。「商業」の言葉は維新後からあった。「今は商法第一の世界」「いや先生、今日は商法いかん」などの会話が交わされていたが、しょせんそれは文明開化の新しい言葉として珍重されていただけで、現実的に形としてみえてこない社会の在り様など、誰にも想像がつかないことであった。

教育制度のなかで商業学校が主流になく、傍系《ぼうけい》に属していたことも要因でなかったろうか。

明治五年の「学制《がくせい》」公布により国民皆教育をスローガンとしてスタートしたわが国の学校制度は、全国に小中大学校と師範学校を設置し、小学教育とその教員養成を急務とした。このとき商業学校は農工業とともに実業教育として中学校の一種に入り、翌年四月の「学制二篇追加」の「専門学校（他に工業・鉱山・外国語・獣医・理学・医学・法学・美術・音楽の諸芸など）」にふくまれた。理由には外国人教師をまねかねばならなかったこと、社会の需要がなかったこともある。商業教育の勧奨がみられ国民教育として全国的に商業学校が林立するのは、社会の産業基盤が確立してきた明治二〇年代後半から三〇年代前半にかけてのこと、農業学校よりも遅かった。

ましてやこのころは明治一〇年代の初期。商人や商売が軽視されるだけでなく、商人の間でさえ、権利や義務を口にする栄一のような新興の商業家には、山師《やまし》のようないかがわしいイメージをかさねる傾向があり、商業と教育を結びつけて考えるまでにはいたらなかったのである。


府会で資金削減の悲運にみまわれた商法講習所であるが、栄一を筆頭に、同じ意見の大倉喜八郎等会議所の仲間のおかげで、不足分の大金三五〇〇円は用意され、明治一二年と翌一三年はぶじに開校できた。財政的な欠乏のため状況が暗転したのは明治一四年になってからである。

いよいよ府会で商法講習所の廃止論が審議の対象となった。

「英語で教える学校など、わが国の子弟に、どれほどの益があるというのか」

「日本の現状をみると商業教育は必要ない。東京府が出資してまで経営するにはおよばない」

府会の外で、栄一はこうした廃止論者の議員に自説を述べた。

「元来教育は政治・法律・兵事・文学のみを必要とするものではありません。商工業教育も同時に必要としなければ一国の富を増殖させることはできない。今や世界の文明国は必ずこの教育を施しているというのに、わが国が金のために廃止するのは情けないではありませんか」

次に廃止論者は、驚くべき提案をしたのであった。

「商人を養成する学校なら、商人の各自が出資して経営するか、別の方法をとるのもよろしかろう。三菱会社がこの状態のまま、商法講習所をひきうけてもよい、といっておられるのだが」

三菱会社とは岩崎弥太郎の経営する三菱商会のこと。弥太郎もまた明治一一年三月には三菱商業学校を設立し、森下岩楠校長のもとに銀行・船舶・保険・簿記・実験の各科をおいて若者を育成していたのである。同校は明治一七年に廃校となる。

すぐさま栄一は反対意見を述べた。

「教育が一家の専有であるのはよいとは思いません。公共的性格をおびてなければならない。今これを一会社の所有に移せば三菱の一家塾となり偏《かたよ》ったものとなります。東京府に経営能力がないというのなら、むしろ国で経営するようにもっていくのが順当です」

府会では議員となった西村勝三や大倉喜八郎などが中心となって、大いに廃止案反対の所見を述べたが、賛否の決議において、わずか二票の差で廃止論者の勝利となった。

同（明治一四）年七月二七日、東京府の商法講習所は廃止と決定したのである。

栄一はあきらめなかった。

〈私が音頭取りとなって東京市内の富豪有志を説き廻って、学校の基本金寄付方を勧誘し、東京府知事も亦《また》陰に陽に寄金募集に就《つ》いて尽力されたのでその成績は意外に良好で、三万円近くの寄付金をまとめることができた〉（『回顧五十年』）

宮内省から五〇〇円の基金を下賜《かし》されると政府が動き出し、明治一七年、農商務省直轄の官立

「東京商業学校」、翌一八年には文部省管轄へと移り「東京高等商学校」。その後も栄一は帝国大学とならぶ高度な商業大学に昇格させようと第一線に立って活動していく。大正九年四月に「東京商科大学」と昇格、現在の「一橋大学」となったのは戦後の昭和二四年のことである。

このころの栄一には、今でいう東大文学部の講師時代がある。

官尊民卑の弊習からか、大学生の間で実業を蔑視する傾向があることを知った栄一が、懇意にしている東京帝国大学の加藤弘之総理に教育の在り様を注意したのがきっかけとなり、加藤総理にすすめられて、東京帝国大学の、今でいう教員となった。文学部の講師である。明治一四年九月から同一六年一二月までの約三年、月二回教壇に立ち、大蔵省時代に苦労して作成した銀行条例を中心に「日本財政論」を指導している。

学生の思い出話がある。

教壇に立つ栄一は〈大黒様のやうな顔をして居るけれども、あれで狡《ずる》いとか、喰《く》えないとかいって居りました。話はなかなか上手でありました。態度が幾らか西洋人のやうな所がありました〉と学生には映っていたようで、考えるときには、ちょっと額に手をあてるなどして所作が日本人離れしていたという（『実業之世界』第三六巻・三浦雄一郎の講演より）

第7章　苦悩のどん底

商法講習所が廃止となった翌年の明治一五年、こんどは同じく地方税で運営されていた養育院の廃案が府会でとりあげられることになるが、養育院をめぐる是非論は、前年の商法講習所廃案の議論の最中に、早くも新聞紙上でおきている。

民権派の代表的な新聞として知られている前出の成島柳北《りゅうほく》が主宰する『朝野《ちょうや》新聞』の論説に「公的貧民救助必要論」と題して「貧民を救助するのは社会の義務」とする論調の記事が七回載った（六月二五日から七月七日まで）。

直後「朝野新聞を読む、公的貧民救助必要論を駁《ばく》す（せめただす）」と題して『東京経済雑誌』（七月一六日発行第六九号）で社主の田口卯吉《たぐちうきち》が反論に出たのである。それは連載記事の六編目を飛ばして一編ずつ批判していくという念の入れよう。五編目の記事に対して「租税をもって貧民を救おうとすべきではない。現時五〇〇人を養育院に養うのに二万円の地方税を費やすも貧民の一〇分の一も養うことができない。その多くは社会の慈仁者が養っている。この事実を知れば社会に託すのはやめるべきだ」と主張し、社会に信用のある『朝野新聞』がこんなことを論ずるのかと痛烈に非難した。地方税は町民から徴収した貴重な血税であるため養育院に使用せず、在院者は地域の篤志家にまかせればよいとしたのである。

このころ卯吉の意見には人気があった。西欧諸国のように平民が中心となって構成する社会を標傍し自由主義経済学の論客として注目されていた卯吉は、この新聞論争の前年にも、浅草の井生村楼《いぶむらろう》で行われた演説会で〈西洋の開化は日本の下等社会の開化せるところなり〉(『嚶鳴雑誌』)と、平民が台頭してくる社会の必要性を演説し、会場を拍手で湧かせていた。

しかし、そのことは養育院に入るような納税不可能な者に税金を使うのは東京の発展の妨げとなるからきり捨てよということになる。それに対して納税不可能な者も同じ国民なのだから税金を遣って救済しようというのが『朝野新聞』の訴えであり、同時に、栄一の意見であった。

この時期の大幅な財政削減には不況という事情もあるが、おもに地方税の負担を増やした政府の財政策に起因していた。明治一三年には監獄費や警察費の国税を地方におしつけ、同一四年なると、北海道開拓使の官有物払いさげ事件をきっかけに激化した自由民権運動の鎮圧のため、政府は東京警視本署を廃する代わりに警視庁を設置してのり出した。警察費の膨張である。その膨張した費用が地方税にまわされ不況に苦しむ府民に重税となってのしかかってきた。府会では住民の重税を軽減しようと減額・削減・廃案に着手することになった。対象となったのが教育や慈善事業（福祉）の予算であり、商法講習所と養育院が直撃されたのである。

養育院の場合。地方税経営となった最初の明治一二年度は、定員数が六〇名を超したため要求金額が修正増額となるという温情もあったが、翌年度は予算減額となり、さらに明治一四年度には事態が深刻化し、在院者四九五名に対して四〇〇名の予算しか計上されず施療費がけずられた。入院資格の問題もおこり、少しでも働ける者は、身寄りの有無に関係なく退院させることになった。厳しい入院制限が課せられ養育院は全廃の途《みち》をすすみはじめたのである。

税金の使途が問題視されるなか、明治一五年七月二五日に開かれた府会で初めて養育院処分案がとりあげられることとなった。議員には華族・豪商・文筆家・新聞記者がそろっていた。田口卯吉も前年の半数改選の選挙で府会議員となっている。

廃止反対派のオピニオンリーダーとなったのは、またもや府会外の栄一であった。

このとき養育院には、病気の高齢者や身寄りがない人、身体に障がいのある人や子どももふくめて行き場のない人たち二九二名が残っていた。この養育院を廃止しようとしていたのである。

廃止派の議員たちは、次のような主張をした。

「社会には年々貧困者が増えてくる。それをいちいち救済していては府の富が足りるはずもない」

廃止派の思想の根底にはいまだ貧窮民を惰民《だみん》とみる傾向が強かった。貧民は仕事をしないで怠けているから貧困になるのだという「自己責任」の考え方である。幕末の無政府状態にある混乱期のなかを、天候などの様々な悪条件にみまわれながら生きぬいてきた庶民に対し、貧困となる社会の在り方を問わずして、たんに貧困を自業自得とみなしていたのである。

府会議長の沼間守一《ぬましゅいち》や議員の益田克徳等が率先して「懶怠《らんたい》の民《たみ》を作るようになる」と廃止をとなえた。理論を口にしても多くの議員は実情を知らない。そこで貧窮民の実態調査のため調査委員会を設置し、彼等は神田和泉町の養育院を視察したのであった。

栄一は調査委員を追いかけ、養育院の必要性を説いてまわった。

古い価値観にとらわれた議員は、栄一に向かって慈善心についても反対した。

「自分が怠けて貧乏になっても、社会が救ってくれるから心配ないと思って勤勉さをそこなう。他人よりも多く働く者は、他人のために働くことになるから、慈善心というのは宜《よろ》しくない」

それは一理あるとうけとめ、そのうえで栄一は反対意見を述べた。

「子どもが井戸に落ちたとき救わなくてもよいのですか。路頭にまよう窮民を救済する方法がないとなれば、彼らは凍りついた路上で一命を落としかねない。何らかの方法を考えてこれを救うのが人道です。人道を捨ててかえりみざるはこれ暴戾《ぼうれい》の政としか言いようがない」

廃止派議員たちは囁《ささや》き合った。

「路上で死ぬのも自業自得、死ぬ者は死なせておけばいいじゃないか」

そのうち栄一に対する誹謗中傷が飛びかった。

「余計なおせっかいを渋沢さんがする。だから惰民が増えるのだ」

「そのとおり、渋沢さんは惰民製造の本尊だ」

非難の声は栄一の耳にも入ってきたが、気持ちが揺れることはなくくりかえし自説を述べた。

廃止派のなかには、外国の情報を入手している者もいた。

「今、イギリスなどでも、惰民を養成するのは愚の骨頂とみているようだ」

栄一は応えた。

「養育院を廃止するとなれば、東京府はあとで必ず後悔することになります。日本の首都であるこの大都会に、これぐらいの設備をおいて窮民を救済することは絶対に必要、金がないという理由で廃止するのは納得できない。窮民を救うのに弊害がともなうのはイギリスにかぎったことではありませんが、現にヨーロッパの各国には、こうした施設はあるのです」

結果的には、栄一や反対派議員の努力が功を奏し、一五年度の府会では、反対派が廃止派を上回って養育院の廃止はまぬがれたのである。

〈一年丈《だけ》は私が反対したので、僅《わず》かの多数で継続に決しましたが〉（『九恵』大正二）

と、その結果を栄一はこう説明している。

前年の商法講習所廃止の年になるが、栄一は府知事の松田道之宛てに〈多忙の身に付《つき》〉という理由で〈養育院には毎月二回出向いて院務をとり、平常の事務は幹事に分任する〉という上申書を提出して許可されていた。上申書の日付は〈明治十四年二月二十二日〉。すでに栄一の多彩な活躍ぶりは社会の誰もが認めるところとなり、月二回の登院を府は承認したのである。

養育院廃止

養育院の全廃が決まったのは、明治一七年一〇月三一日（栄一・四五歳）のことであった。

当時の会計年度は七月一日から翌年六月末まで。正確にいえば、地方税から支出される養育院の経営資金は、同一八年六月末でうちきりとなったのである。

それは府会で突然決議されたことであった。この様子を栄一は〈調査委員等も設けずに疾風《しっぷう》迅雷的《じんらいてき》に廃止の決議をなし〉（『青淵回顧録』・以下同）と表現している。

栄一は、同一八年二月一〇日付で、芳川顕正《よしかわあきまさ》府知事宛に本院存続の必要性を訴えた建白書を提出し、さらに同府知事を訪ねて率直に気持ちを吐露した。

「東京府会はじつに無情である。先には商法講習所の廃校を決議し、今また養育院を廃止するというのは、あまりに惨酷な処置ではないか。府会がそれほどまでに無情であるならば、やむを得ないから、今後は養育院を独立させて、経営するという策を練らなければならぬ」

栄一の胸中には情けなさと怒りの感情がうずまいていたのである。

というのも、府会では明治一四、一五年とつづけて養育院の在院者を減らすという非情な措置手段に出ながら、同一六年一月四日には、府知事の指示により〈行旅病人《こうりょびょうにん》〉の救療を開始させた。

地方税全廃が決まった三か月後の九月一六日には、府知事から満四歳以上の〈棄児《きじ》（捨子）〉の養育をという通告もうけていた。「東京府会はじつに無情である」。この言葉は養育院を必要としている社会の実情を直視しない府知事や府会への激しい抗議とみなすことができる。

全廃が決まったとき、栄一は府会議員たちに向かって敢然と言いはなった。

「養育院を東京府からきり離して、私設として継続していきます」

養育院の役員をしていた友人の大倉喜八郎はじめ、他の実財界の仲間は栄一の意見に賛成して後押しをしてくれた。が、院外の有識者には容易にうけ入れてもらえなかった。

そのためであろう、府会で養育院を私設として継続させる意志を伝えたとき、栄一は本音とは別の、かなり譲歩した物言いをしている。「残っていた鰥寡《かんか》孤独《こどく》・老衰廃疾《ろうすいはいしつ》のいわば無告《むこく》の窮民をひきとって彼等がまったくいなくなった年限に全廃します」と。本音のことは後述する。

養育院の継続は府会で承認された。

〈それで現在の財産と涙金を呉《く》れよと云ふことを東京府へ請求致しました〉〈和泉橋（神田和泉町）の地所は政府の物でありましたけれども、これを売却して東京府に貰ふと二〇万円以上の金になる〉ということで、そこから四万円ほどを養育院にもらっている（『月報』第一四六号）。

府会で養育院の建つ土地と建物をもらいうけると、栄一は、神田和泉町のそれらを売りはらい、地価の安い本所長岡町の土地を購入した。移転後には、元の和泉町の用地の一部を東京大学医学部に貸渡し、他の一部も勧工場への貸与《たいよ》を決めたのであった。

私営の経営資金は、共有金の残金、貸与金、売却した金に宮内省賜金などを加えて基本財産（原資）とし、それで公債証書を購入して、その利子と寄附金を運営費にあてることになった。

国や東京府を相手に土地や建物の交渉をするのは一般の施設創業者には思いもつかないことであるし、思ったとしてもできないこと。栄一（四六歳）は、社会事業家としての能力と本業の実財界人として実務能力とを縦横無尽に駆使して、養育院の継続に尽力していたのである。

養育院が私営事業となるのは、新年度の明治一八年七月一日からである。

私営といっても独立した個人や東京商法会議所の所有ではなかった。委員たちは、府の経営でないため、従来の名称から「府」をのぞいて「東京養育院」の名称をと交渉したが、拒否され、公的施設を示す「東京府養育院」となった。組織形態は府知事のしたに特任として「養育院委員会」が設置された。委員会の決議によって経営を維持していくという委任《いにん》制度がとられたのである。

この時期を〈委任経営《いにんけいえい》時代〉（『養育院史』）と呼ぶ。後年の栄一は「私設」と呼んで、自身を「私設養育院の院長となりました」と語っている。

委任経営時代の話に入る前に、栄一の家族のことをまとめておこう。

〈家族〉

明治元年（二九歳）＝五月二三日、栄一が血洗島村を発ったあと、渋沢家には妻千代の弟の平九郎が養子に入った。平九郎は、栄一が西欧歴訪から帰国する前、渋沢喜作を隊長とする振武軍《しんぶぐん》の一員となって戦死した。享年二〇。

明治四年（三二歳）＝一一月二三日、病気であった父市郎右衛門が血洗島村で死去。享年六三。「晩香院藍田青於居士」。晩年の市郎右衛門は「たとえわが子でも、自身の才覚で政府高官になったのだから軽々に名前など呼べない」と言い栄一を「殿《との》」と呼んだ。栄一が実家に帰るたび貴人を迎えるように玄関先へもり砂をしたという。

明治七年（三五歳）＝一月七日、母栄が病気で死去。享年六三。「梅光院盛冬妙室大姉」。わが子に愛情をそそぎ、最後まで贅沢をさけ、つつしみ深い生き方をとおしている。

明治一五年(四三歳)＝七月一四日、妻千代がコレラで死去　享年四二。「宝光院貞容妙珠大姉」。美術品などの眼識高く内助の功に徹した気品あるすぐれた女性であった。栄一との子は五人。成長したのは一男二女の三人。長女の歌子、次女の琴子、長男の篤二。千代死去の三か月前には、長女歌子が穂積陳重に嫁ぎ、夫妻は深川の渋沢邸内に住む。次女琴子は阪谷芳郎と結婚（明治二二）。

明治一六年（四四歳）＝一月一八日、栄一は豪商伊藤八兵衛の五女兼子《かねこ》と再婚。夫妻の間で成長した子どもは三男一女の四人。うえから武之助、正雄、愛子（夫は明石照男）、秀雄。妻兼子は邸宅と家庭を護り、栄一と養育院をかげで生涯支えていくのである。

私営で復活

事業存続のための委任経営。いわば自給自足経済となった養育院が、神田和泉町から本所長岡町四三番地へ移転したのは、院舎完成の翌日、明治一八年一二月一日であった。

本所長岡町には清水誠の洋傘製造会社や徳川慶勝の旧邸等もあったが、全体的には低地の寂しい場所であった。現在地は、墨田区石原町四丁目一五〜一八と一〇・一一。同地は蔵前橋通りの錦糸中学入り口の交差点の近くのとおりに面した場所である。

養育院の建坪は五五三坪。事業縮小により一五〇名の小規模な収容施設となった。

神田和泉町から移築した建物は浴室・第四男病室・第三病室・炊事場・葬堂。新築は表門・第一男室・婦人室・同病室・幼童室・筆算室・盲人室・男病室・失禁病室・避病室・工業場・浴室・薬湯室・炭団場、土蔵・事務所・物置・米倉・葬室・各室に厠（トイレ）等。

養育院の門をくぐった救護者は、最初に、医局で健康診断をうける。病者は病室で治療をし、老衰者はその状態に適った生活指導をうけた。夫妻の同室は禁止。乳児は母子同室を許されているが、三、四歳児になると断乳して分居となった。死亡者は区役所に届けられる。親戚縁者のいない場合は、本院の谷中墓地に埋葬された。（『養育院六十年史』）。

本院の経営は常設委員会委員一〇名の意見で決まることになった。

委員の顔ぶれは、栄一を筆頭に浮沈の苦しさをともに味わってきた三井三郎助・伊達宗城・青地四郎左衛門・大倉喜八郎・福地源一郎・川村伝兵衛・橋本綱常（陸軍々医総監）、新たに楽翁公末裔の元桑名藩主・二七歳の子爵松平定教《さだのり》が参画、前出の田口卯吉の仲間で、府会議長をつとめ養育院を廃止においやった首領の沼間守一《ぬましゅいち》も入った。選挙で栄一が院長、橋本綱常が医長に就任。委員は以前同様、無料奉仕であった。

院の規則は大改正された。「入院資格」に注目する。

入院資格は〈府下の鰥寡孤独《かんかこどく》〉〈貧しい病人〉〈恤救規則《じゅつきゅう》の対象者〉〈一五歳以下の遺児〉〈殴打創傷を受けた者〉等は従来どおり。そこに全廃したときの内容を新たに復活させて「親兄弟がいても、それらの者が病気、身体的に障がいがある、収入が少ない職業などの理由で満足に食べられない状態にある者」と、特別の事情がある貧窮民をも対象としている。全体的に、もともとの救済施設としての養育院にもどしたのであった。首都東京に楽翁公の精神を継承した救済事業の再興を果たそうとしていた栄一の覚悟が伝わってくる。ここに栄一の本音をみる。

本所長岡町時代は一一年間、うち約五、六年が委任経営時代。財政的にはどん底状態にあったが、委員の意見を反映していちだんと組織化がはかられ、本格的な救護施設へと発展する基礎が形作られていくのである。各『養育院史』には当時の解説は少ないが、本所長岡町の時代こそ養育院の飛躍をにぎる重要なターニングポイントとなっている。本章では、栄一が地をはうようにして努力をかさねながら苦難をのりこえていく様子に焦点をあてていくことにする。

栄一をはじめ委員たちが現実の厳しい風をまともにうけるのは移転直後からであった。

明治一八年度の〈年度末人数〉＝一八九名。定員一五〇名であるにもかかわらず、三九名の超過となり、最初から院舎の環境の劣悪さを露呈することとなった。

翌一九年三月一六日には、府知事の三たびの指令で〈棄児・迷児〉の救育が開始となる。そのため子ども総数は、一八年度＝二九名、一九年度＝一〇三人と約三倍にふくらんだ。前記した府知事の指令で行旅病人もうけ入れているため、同年の全体数は＝四八四名と急増したのである。

この仕事を円滑にすすめようとするには、やはり資金が必要となる。

救育費は大人一日一〇銭、小児は七銭二厘という少額であった。

経営の基本を分かりやすく説明しておこう。府の指令による行旅病者・棄児・迷児の経費については、彼らを救済した場所の区や村町から「委託費」が支払われた。それ以外、乞食や物貰いであった元窮民の経費は府からおりなかった。つまり税金が投入されないため、元窮民の経費は基本財産の利子と寄附金があてられた。人数が三〇〇人から四〇〇人と増大すると莫大な金額になるが、この経費を栄一が生涯にわたって懸命に捻出していくのである。

一人にかかる経費は食費・衣類・薬代のほかに、生活を維持するための多種多様の必要経費が発生してくる。人数が多くなるごとに家屋の修理や増築などの臨時費用もかかる。在院者のなかから、比較的健康で文字の読み書きができる女性を選んで幼児や老人の介護をさせていたが、たとえ安い雇用料だとしても、経費として支出するときには嵩《かさ》んでくるのであった。

経費については、数字をあげるより、栄一述の『回顧五十年』のなかに、院の使命を理解できる内容があるためこれを紹介する。転載の活字は簡潔にまとめている。

養育院収容者の種類は、赤子、少年少女、壮年、老爺、老婆、病人、怪我人、妊婦、農民、商人、不良少年、知的障がい者、放蕩のすえに家産をつぶした者、内地人、台湾人、朝鮮人、外国人、素性の善きもあれば悪しきもあって、まるで人類標本のような観がある。

したがって、妊婦が入院して分娩すれば、出生届の世話を、その子が学齢に達すれば、ただちに就学させねばならない。これがある種の少年であれば特別な強制教育をほどこさねばならない。少しでも労働に堪えられる者には作業を与え、作業で得た賃金は貯蓄の世話をしてやらねばならない。死ねば火葬に付して、ひきとり人に白骨を交付し、ひきとり人のいない場合は、院の墓所に埋葬してやらねばならない。その他、収容者の喧嘩や口論、所有権侵害などの仲裁、裁判、懲役等の労もある。精神修養および慰安の施設もあり、その他、感化、衛生および風紀に関する取り締まりのようなことにも、片時も目を離すことができない仕事である。

これによって、改めて日々の仕事の難しさを理解する一方、動きの一つひとつに金銭がともなうことは想像できることである。

移転直後から委員会は資金確保に追われた。

寄附金を募《つの》ることも考えたが、それは想像以上に難しい。救済に熱意を示せば示すほど救育費や建設費の捻出に苦慮したという、初期の本院委員たちの例がある。東京を代表する豪商といえば、日本を代表する経営者といってもさしつかえないが、彼等でさえ限界があった。

ところが、栄一は迷路にはまり土壇場に追いこまれるほど、集中力の深度が増すかのように知恵をしぼり、大胆にその難局をのりこえていくのである。

養育院婦人慈善会

ある日のこと、栄一は院の基本財産を増殖するために〈養育院婦人慈善会〉の設置を思いついた。四七歳（明治一九）のひらめきである。

それにはきっかけがあった。

養育院婦人慈善会を立ちあげるにあたって、栄一が、府知事の高崎五六《たかさきごろく》に宛てた明治一九年七月三日付の〈養育院慈善会規程草案〉がある。そのなかに〈本会は東京府養育院の資本を増進して、府内無告《むこく》の窮民《きゅうみん》を収養救育するが為《ため》に、婦人慈善会に倣《なら》ひ創立するところなり〉と、会の設置目的が記されている。

この〈婦人慈善会に倣ひ〉がひらめきのもとであった。

婦人慈善会とは、参議陸軍卿大山巌《いわお》の妻である米国帰りの大山捨松《すてまつ》がリーダーとなって、内務卿・大蔵卿・参議等の妻や栄一の娘の歌子や琴子といった上流婦人を集めて立ちあげた慈善会である。捨松は婦人慈善会主催として、明治一七年六月の三日間、舞踏会で話題になっていた鹿鳴館《ろくめいかん》で慈善バザーを開き、手製の人形・足袋・半襟・帽子・菓子などを販売した。目的は医師高木兼寛《たかぎかねひろ》と有志らが二年前に設立した貧病院「有志共立東京病院」（現東京慈恵医会科大学附属病院の嚆矢）に看護婦養成所を設置するためで、利益の全額八〇〇〇円を病院に寄附したのである。

会場の設営作業などは男任せであったが、物売りを卑しいとされていた時代に、大勢の上流婦人が販売活動をするというこの慈善バザーは、前代未聞の出来事として話題となり衆目を集めた。同時期の栄一は、ちょうど養育院の全廃がとり沙汰され、また実業界の仕事にもおわれ多忙をきわめていたころで、この慈善バザーには関与していない。

栄一のひらめきは、それから二年後のことになる。

捨松ら婦人慈善会のバザーが発想のひき金になったとはいえ、もともと栄一の意識の根底には二八歳（慶応三）のときの欧州旅行、とりわけフランスで体験した慈善会や慈善バザーがやきついている。その記憶が二〇年近くたった今一瞬のひらめきとなり、それが確固とした意思に変わって、〈養育院婦人慈善会〉の設立と結びついたといっても過言ではない。

府会できり捨てられた養育院の再建にあたろうというのだから、養育院婦人慈善会が捨松らの婦人慈善会とは、また別の意味で話題を呼んだことは容易に推察できる。が、このあたりの心情を語った史料がないところをみると、栄一はこの善策が人々の慈善心を助長し、たがいに助け合うことで厳しい現実をのりこえられると信じて、真正面から啓発運動にうって出たようである。

栄一の提出した〈養育院慈善会規定草案〉は、慈善会設置の目的と会の規定を記《しる》した会員募集のアピール文の草稿にほかならないが、意味は十分汲みとれる。対象者を上流婦人に設定したのは捨松らの婦人慈善会と変わりなかったが、当然目的は違った。養育院婦人慈善会（以下養育院慈善会）は本院の基本財産を増やすため、すなわち〈院資増殖《いんしぞうしょく》〉を目的にしていたのである。

草案には「明治六年の開創以来、窮民を収養すること四六三五人の多きにいたり、その費用は累計して一六万五〇〇〇余円の巨額にのぼり」と、数字をあげて養育院の実績にふれ、「東京九〇万人の人口のなかで富貴なるものは少なくして、貧賤なる者が多い」とし、粗衣粗食ならびに飢餓に苦しみ寒さに耐えている窮民を救済することが養育院のつとめである、と論理的に切々と訴えている。注目するのは、この時点で院資増殖の目的の一つに「貧民・貧院・幼稚院等を分設し」と、病人や幼児の生活環境の改善のために分院を作ろうとしていたことである。

後部に印象的な文言がある。

〈看よ富家一餐《ふかいっさん》の食《しょく》は貧児数十口の饑《き》を救ふへく〉〈貴家一襲《きかいっしゅう》の衣《い》は窮民数十人の寒《かん》を防《ふせ》ぐに足《た》るを〉。金持ちの贅沢な一回の食事で多くの飢えた子どもを救うことができ、あなたの着ている素晴らしい洋服で、飢えて寒さに凍えているたくさんの窮民を救うことができるという意味。もてる者がもてない者へと上流婦人たちに呼びかける真剣さが簡潔な名文でまとめられている。

高崎府知事の許可は三、四日しておりている。

養育院慈善会の会員募集にのり出したのは、翌二〇年一月二一日から。四月には三〇〇名以上が集まった。同月二六日、午後三時より厚生館で会議を開いた。会員は全体の五分の一、七六名しか集まらなかったが、仮会頭の栄一が会員に向かって先の〈慈善会規定草案〉と同じ内容の演説をし、そのあと仮指定した二〇名の議定員を発表した。

議定員には伊藤博文夫人・現府知事の高崎五六夫人・元府知事の芳川顕正夫人・元府知事の渡

辺洪基夫人・政治家の三島通庸夫人などが選ばれ、ほかに委員会の沼間守一の妻・大倉喜八郎の妻・伊達宗城の妻・松平定教の妻、東京商法会議所の仲間の岩崎弥之助夫人・安田善次郎夫人などが選出された。会長に高崎五六府知事の妻鷹子《たかこ》、副会長に栄一の妻兼子《かねこ》が就任している。

捨松《すてまつ》らの婦人慈善会と養育院慈善会とでは、目的以外に大きく異なる点があった。夫の職業である。新聞記者など東京の著名人を会員にもつのは両者同じであるが、政治家の夫が多い捨松らの会に対して、養育院慈善会で主流を占めていたのは、おもに東京商法会議所（以下会議所）に所属する実業家と財界人であった。このことが養育院の存続に大きな意味をもつことになる。

念願の養育院慈善会主催による第一回慈善市が、明治二二年五月二〇日から二二日までの三日間、鹿鳴館で開かれた。館内の右の階段をあがると、盆栽が飾られ、高級感のある清々しい空気がただよっていた。部屋は七つ。第一と第二室に衣服地や付属品、第三室から第六室までが和洋細物・編み物・玩具物・諸名家の揮毫した扇子などを陳列。第七室が休息所となった。

動員状況は、初日の二〇日はあいにくの雨で人出は四七一名と少数、次の二一日は好天気で来客は多く四六八三人。最終日は晴天のうえに日曜であったことも関係して、朝から開館をまつ人でこみ合った。開館後も入り口がこんで前にすすめないほど、館内から「暑い」「息苦しい」の声が聞こえてきた。午後四時までの入場時間であったが、来客数は五三一四人と多かった。

慈善市は大成功をおさめた。

純利益は六五六一円五八銭五厘。これは養育院がうける二〇年度の寄附金八四〇〇円の約七六パーセントに相当し、院の決算額に匹敵するほどの高額であった。

裏話がある。陳列品の八割方が売れた。人気商品は大丸のハンカチと播磨屋の小物類であったという。物品を買うにあたって栄一が五〇〇円あまりもの大金を出し、大倉喜八郎や伊達宗城なども寄附の意味をこめてたくさんの物品を買った。残りの品は仕入れ先の商店が元価でひきとっている。いざとなれば出費をいとわない議定員の夫がそろっていることは心強いことであった。

以降、毎年一回開催される慈善市のおかげで養育院の基本財産は増殖しはじめる。

明治一八年度に三万五三一円七四銭であった基本財産が、五年後の同二三年度には一一万八一〇四円五五銭三厘となり、基本利子や歳出決算額も大きく増額した。さらに初回時の養育院の慈善活動が宮内省に届き、皇后陛下の思召しをもって、毎年二千円の御下賜金《ごかし》がおりるという旨が達せられた。御下賜金は市営時代いっぱいつづくことになる。

栄一は養育院慈善会を大切に育てた。三回目の慈善市が開かれる数日前の明治二三年五月には、多忙のなか、自ら出向いて会員を集めていた芝公園の弥生社へ行き、出品物の売り方や入場切符のとりあつかい方、また福引きの抽選と景品のことなどを指導した。代理のきくことでも人任せにせず、目標を同じくする人々と一緒に考え行動をともにしたのである。

慈善市は各団体にも波及して一種のブームになっていく。それにともない養育院の知名度は自然にあがり同院の経済的基盤を整えていくことになる。

「養育院は慈善で作られた」

「養育院は博愛済衆の主義からできている」

栄一はつねに養育院の在り様をこう語った。これを江戸期の育ちや論語の影響とする見方もあるが、養育院が東京府の公的機関でありながら実際には府税（市税）が使われず、栄一自らが陣頭指揮をとって集めた寄附金が経営資金の重要な位置を占めていたことと無関係ではない。

翌明治二三年、東京市の誕生を機に委任経営時代は終焉する。

委任経営時代の栄一の年齢は四五歳から五一歳。人生でもっとも自信に満ち社会的評価も高くなっている年代を迎えているが、この栄一にして、委任経営の事業は名状し難い苦労の連続であったようで「この点については私どもも大いに苦心した」と、諸紙面でうち明けている。

とりわけ『回顧五十年』の委任経営時代の結びの言葉は読む者の胸に響いてくる。

〈廃止論が勃発《ぼっぱつ》してより私営の事業となり更《さら》に明治二十三年東京市営に切換へらるゝに至るまで、足掛六・七年間の余等同志の苦心と云ふものは、自ら申しては憚《はばか》りあれど蓋《けだ》し一通《とお》りのものではなかった〉と。

Ⅳ 社会事業家への途 編

第8章　憲忠と二人三脚

明治二二年二月一一日、大日本帝国憲法が発布された。その一か月前に内務省より「公共財産管理方」の通達があった。翌二三年一月一日、養育院は市の所管に移ったのである。

養育院が市の事業となって永続することに栄一は安堵した。仲間とともに喜んだのが内務省の達し。これにより使用目的を指定した寄附金は市の通常会計と分けられ、特別会計として管理されることになり、今後は市会の独断で廃止されることがないことを意味していたからであった。

新しい入院規則では〈極貧にして廃疾不具又は疾病の為産業を営む能はさる者。七十年以上にして老衰し〉と、入院資格を限定しているのは以前と変わりなかった。経営についても委任時代と変わらず基本財産の利息があてられた。このとき「救済」が「救助」の言葉に規定されている。

特例により東京・大阪・京都の三市は市長の職務を府知事が執行することとなった。府知事のもとに「市参事会」が発足し、そのしたに養育院の最高諮問機関として「委員会」に代わる「常設委員会」が新設されたのである。常設員会の役員は、市参事会から一名＝安田善次郎、市会から二名＝松田秀雄・富田鉄之助、市公民中選挙権を有する者から三名＝西村虎四郎・松平定教・

伊達宗城。委員長に栄一が任命されている。任期は四年。事務は以前の内容を踏襲していた。第一回市参事会が高崎府知事のもとで開かれ、委員七名が出席したのは明治二三年一月。このときの書記が新聞記者の経験をかわれ知事官房詰めとなっていた安達憲忠《あだちけんちゅう》であった。

栄一が安達憲忠《けんちゅう》と出会う。この出会いによって「社会事業家　渋沢栄一」が誕生する。栄一は部下となる憲忠から影響をうけて研鑽を積んでいく。もちろん憲忠が栄一の眼鏡《めがね》に適《かな》う優秀な人物であったのはたしかであるが、一般的に知名度の高い人々が希求してやまない金銭欲や名誉欲を排して、自らの人生を変えるほど部下を信じ、愛して、ともに行動していくところに栄一の非凡さをみる。近代社会事業の堅い扉は二人の絆と情熱によって確実に開かれていくのである。

市参事会において、栄一と憲忠の間に行き来はなかった。二人のかかわりの発端は、養育院の幹事である小島信民が退職するにあたり、栄一が次の幹事をさがしていたことにある。

そのときの経緯《いきさつ》を憲忠がこう語っている。

〈当時、参事会員の松田秀雄さん、此《こ》の方は第一の東京市長に就任せられた方です。此の人が私に今養育院の幹事に欠員があるが、君、行く気はないかと問われました。私は、それは是非お願いしたいと申すと、やがて渋沢院長に話されたと見えます〉（『社会と救済』第三巻）

憲忠は養育院へ行く日を心まちにするようになっていた。

その日、市参事会に出席した栄一は、書記席にいる憲忠に近づいて口を開いた。

「今日少し話があります。会の終わったあと、このまま、まっていてください」

それが面接の約束であることを憲忠は直観したのであった（口絵写真参照）。

憲忠の足跡

安達憲忠の生家跡は、現在、岡山駅からＪＲの山陽本線で二七分、熊山駅で下車し、吉井川にかかる長い橋をわたって西方に約三キロすすんだ山裾にある。住所は岡山県赤磐市熊山町佐古。

憲忠は安政四年の八月、当時は赤磐郡小田村で生まれている。日は、「四日」（社会局『社会事業功労者事蹟』昭和四刊）と「三日」（内藤二郎著『自由民権より社会福祉　安達憲忠伝』昭和六〇刊）がありいずれが正しいのか断定できない。なお、今、生家跡は雑草におおわれて跡形もない。

この村で農家として安達家を拓《ひら》いたのは、憲忠の一二代前、藩主池田光正時代の宗延《そうえん》である。もとの安達家の開祖は源頼朝家臣の藤九郎。のちにこの藤九郎と憲忠の二人の事績が、現在の東京都武蔵野市の井之頭公園において結びつくという不思議な縁がある。これは後述する。

憲忠の祖父は、楽翁公（松平定信）の寛政の改革期に壮年期を迎えていた弥平《やへい》。無欲で正義感が強く義侠心にとみ強直《ごうちょく》さも人一倍、憲忠は弥平の性質をうけついだと伝えられている。弥平の実子は四人、末の熊郎が憲忠の父親である。無一物で分家した熊四郎は勉強家で知識も豊富、一〇年で村の上位の資産家となって、経済的に困難な人々を助けた。妻は勢力村《せいりき》（現山陽本線熊山駅付近）で代々庄屋をつとめる格式の高い本家・寺見の娘与志《よし》。二人の間に四人の子どもが生まれた。三番目の次男が憲忠、幼名は林吉《りんきち》。幼いころからもの分かりがよく我慢強い子であった。幼少期に小田村の安達理登次に読書と習字、儒者真野真一郎のもとで経学を学んでいる。

突然の不幸が一家を襲ったのは慶応二年四月八日のこと。お釈迦様の降誕祭のこの日、兄弟たちが一〇数町先にある菩提寺の小川山常念寺へ行って甘茶を楽しんでいたとき、母与志が自宅で転倒して死亡した。死因には腸捻転もある。遺された父熊四郎は四〇歳、長女小春は一四歳、長男富三郎は一二歳、次男林吉は九歳、三男幸次郎は七歳であった。

父熊四郎は与志の亡くなった翌五月に、学問好きな林吉を、磐梨郡《いわなしぐん》瀉瀬村の人里離れたところにある中津山願興寺《がんこうじ》（天台宗・現岡山市瀬戸町肩背）にあずけた。備前四八か寺の一つに数えられる由緒あるこの寺は、母与志の実家の菩提寺で、叔父の憲性《けんしょう》と師となる住職の葉上憲然《けんねん》がいたのである。林吉《りんきち》は寺に入って髪を剃り、僧衣をまとい名前を「葉上憲忠《ようじょうけんちゅう》」と改めた。

憲忠を可愛がる憲然であったが、教えは厳しかった。寝小便をすると石畳のうえで坐禅をさせる。居眠りをすると寒中でも放り出す。冬でも足袋を許さない。春の彼岸がすぎてもその小さな足は血で染まり憲忠は日々の厳しい修行に泣いた。生家への思いがつのる。亡き母を慕い、父や兄弟に会いたさで涙した。彼岸だ母の忌日だといっては生家へ帰らせてもらうが、夢中で兄弟と遊んでいるうちに帰る時間を忘れてしまう。日がとっぷりと暮れた闇の峠を越して行く。狐や狸の鳴き声におびえ石につまずき谷に転げ落ちながら、ようやく寺に着くと、いつも憲然に叱られた。そのたび二度と生家にはもどるまいと幼い心で自戒するのであった。

数年後、餓鬼大将に成長した憲忠は、周囲の子どもたちに「願興寺の小坊主どこへ行く、どこへ行く」とからかわれ、いじめられたりすると反論し拳骨《げんこつ》をふるっておいかえすようになった。後年陸軍大臣となった宇垣一成も小僧の憲忠に追いかけられ、泣いて逃げまどった悪餓鬼の一人だという。二人は成人してから出会い談笑している。

憲忠が一二歳となった明治元年、師尚の憲然が、岡山市金山の中腹にある金山寺の事務を兼任することになったのを機に、憲忠も入山し、二年間、宗務をおさめ護摩を焚いて修業に励んだ。願興寺にもどった憲忠は、昼間は漢学塾へかよい、夜は師尚から仏典を学んだのである。

高齢の叔父憲性が死去した明治九年春、一九歳の憲忠は岡山の遺芳館《いほうかん》での勉学を憲然に懇願して許された。池田藩校の後身である遺芳館は、元岡山藩士の西毅一《きいち》等が中心となって設立した私立学校で、洋学を主として漢学・算数を教えていた。願興寺から岡山の遺芳館までは片道約四里(約一六キロ)もあったが、憲忠は憲然と約束したとおり、朝夕の仏前のつとめを果たしたあと、往復三二キロの道を下駄ばきで一日も休むことなく三年間通学。新知識は若い憲忠の心身に湯水のごとくしみ入り、国内外の情報に敏感になっていったのであった。

卒業後の明治一二年、二二歳の憲忠は還俗し、民権家小松原英太郎のいる山陽新報社(現山陽新聞社)に入社した。ときは自由民権運動のさなか、憲忠は「葉上憲忠」の名で論説を担当した。記者生活は約四年。その間、自由党に入って民権家左派として記事を書き、大勢の聴衆の前で演説をくりかえした。集会条例による政府の弾圧により警察に二度つかまり、そのつど裁判にかけられて罰金一〇円を払った。たびかさなる弾圧と民権運動の敗北に加えて収入源を見失ったこともあり、二六歳の憲忠は明治一六年一二月、岡山をあとにして東京を目指したのである。

東京では牛込の万昌院に下宿して浪人生活を送る一方、仏教界の傑物山室反古斎《やまむろはんこさい》や原担山《げんたんざん》に師事して仏教研究に没頭した。人間性を深め社会への見識を広げていくなかで一念発起し明治一八年一一月、新生活を拓《ひら》こうと北海道へと向かった。途中、福島の宿で福島新聞を読んだ憲忠は、そこに記者となった岡山の友人吉田文三の名前をみつけ、それがきっかけとなって、主筆記者の菅原道明の了承のもと福島新聞の客員記者となった。記者生活は約三年、同二〇年に再度上京しているが、理由は不明である。東京で憲忠は岡山時代の学友、法然上人出生の美作久米郡誕生寺で生まれた浜野理介の下宿に落ちついた。二人は知人に紹介してもらった近隣の書家林豊旗に看板揮毫を頼んで漢学塾を開校したが、三か月経っても塾生は一人もこず閉鎖、失敗に終わった。

それでも二人は林家に足繁くかよった。林家には一八、九歳と一六、七歳の二人の娘がいた。しっかり者の姉徽音《よしね》に魅かれたのが憲忠、容姿端麗の妹明石《あかし》に夢中になったのが浜野。やがて二人は林家へ出向き、結婚の意思を伝えると快諾された。二組のカップルは同年（明治二〇）、同じ会場でそろって簡素な婚礼をあげた。憲忠が三〇歳、徽音《よしね》は二〇歳であった。

しかし、結婚しても憲忠には仕事がない。途方に暮れていたとき、岡山の山陽新報社時代、警察の大元締めであった県令高崎五六《ごろく》が、東京府知事となって活躍していることを知った。四月のある日、憲忠は思いきって高崎を訪ねた。快く面会に応じてくれた高崎に、今は民権運動と遠ざかっていることや現状を語り「仕事が欲しい」と率直に申し出た。高崎の対応は早かった。明治二〇年四月二七日付で憲忠を府庁の役人として迎え入れたのである。

新婚早々、妻の徽音《よしね》は日本赤十字社の第一回看護学海外研究生に選ばれ、三年間のイギリス留学に発った。新妻の旅立ちに理解を示し、見送った憲忠は府庁の仕事に専念した。

配属先は官林事務をとりあつかう農商課。憲忠はたびたび出張を命じられた。その先が武蔵国の井之頭（現井之頭恩賜公園）であった。先に安達家の遠祖のところで後述すると記したのは、この井之頭と安達家のことである。憲忠によれば、武蔵の国造《くにのみやつこ》であった初代安達藤九郎盛長は石橋山に兵をあげる源頼朝に呼応して武蔵の同志を集め、この井之頭に仮屯所をかまえて、武蔵と相模の兵一〇万騎をもって鎌倉入りを敢行、そのあと源氏の重臣として幕政にたずさわったという。憲忠は井之頭の池周辺の山原を整備して、毎年、北側の池尻まで杉の苗木を植えた。緑だけは殺風景と思い桜の苗木も植えつけた。植えた苗木は全部で数千本になった。のちにそれがみごとな山林となり皇室の御料林に指定されるのである。

新幹事安達憲忠

市参事会のあと、栄一は養育院の幹事候補として面接をまつ憲忠のもとに向かった。

ときは明治二四年の新春。栄一（五二歳）と憲忠（三五歳）は向かい合って椅子にすわった。

憲忠にすれば、栄一は実財界の大御所であるだけでなく慈善事業界の第一人者という雲上人。緊張感で背筋は伸びてはいたものの内心『本当に多忙な渋沢さんが養育院の仕事に専従しているのか』と、疑問がよぎるほど冷静でいられたのは、中年期に達した歳のせいかもしれない。

憲忠を前に、栄一は単刀直入こうきり出した。

「松田さんから聞けば、あなたは養育院の幹事になりたいということですが、私はいろいろな実業界の仕事に関係しているので、それをふみ台にして、立身出世しようとか、金儲けをしようとか、そういう考えをもっているのではありませんか」

驚いた憲忠は、すぐさま返答した。

「いいえ、私が渋沢院長を踏み台にするなど、そんな気持ちはもっておりません。その証拠に、もし私を採用してくださっても、私が個人的なことで何かをお願いすることなどいっさいありません。それが何よりたしかな証拠となると思います」

栄一は、尊王攘夷の熱病に浮かされ高崎城をのっとろうというほど血気さかんだった若き日のことをすっかり忘れてしまったのか、自身のことを棚にあげて、先の質問の釈明をしている。

「そうですか。高崎知事から聞けば、あなたは政党に入って奔走されたことがあるそうですが、そのような人が養育院へ入って働こうというのはよほどへんだと思うたから、聞いてみました」

正直に憲忠は胸中を語った。

「いっとき私にはそうしたこともありましたが、今日では政治の方面は断念して、何か一つの仕事に一生懸命に尽くそうと考えています。使っていただけるなら終身従事する決心であります」

それを聞いた栄一は、養育院の沿革から現状の問題、将来への希望も語った。三時間あまりが経っていた。憲忠は貴重な時間を費やしてくれていることに感激し恐縮もした。

最後に栄一がたずねた。

「あなたは、養育院をご覧になりましたか」

このとき憲忠はまいったという気持ちになってぐっと喉を詰まらせた。口ほどのない奴だと思われるのではないかと不安になったが、本当のことをいうしかなかった。

「じつは、いっぺんもみたことはありません」

すると栄一がいった。

「何ごとも誠意誠心で従事すればできる。子どもを育てることは決して易《やさ》しいことではなく、むしろ難しいことであるが、ともかく子どもは愛する至誠《しせい》（真心）があってこそ育っていくのです」

つづけて、養育院の子どもの様子を熱っぽく語った。

「養育院の子が不活発で発育が十分でないのは、最初は食べ物が悪いせいかと思うたが、そうでないことに気づいた。普通の裏店の子どもとて結構なものは食べていない。衣服や寝起きにしても、そんな子どもと大して変わりないが、親のいる子は、親に叱られても伸びのびと育っている。違いは、養育院の子には保護者の愛情が足りないことである。かねがね善良な保母を迎えたいと考えてきたもののそれがけっこう難しい。よい保母が真の愛情をそそいでやれば、子どもは自然と活発に発育するのだが、そうでないときには不活発となって発育が不十分になる。この点について子どもの養育には十分に注意をして、前垂れ掛け《まえだれか》けで奉公してください」
奉仕の精神がこめられているこの「前垂れ掛け」を、栄一は職員の指導に必ず使っていた。憲忠はこの意味を「官僚気質を発揮して杓子定規《しゃくしじょうぎ》にあたっては養育院の事業が化石化する。何ごとも柔軟に考えて事業をしていかなければならない」と、うけとっている。
〈男爵（栄一）は普通の名誉職ではない事を深く感じました。私は自己を飾る事の出来ぬ愚仏《ぐぶつ》であるから、院長の意見を基礎としてどしどし遣《や》っていく。誰が何と言っても少しも頓着《とんちゃく》しない。又自分に意見があれば如何《いか》なる上位の人にでも、少しも遠慮会釈なく懸命に申し述べて、少しも遅疑しないと方針を決めました〉（前掲『社会と救済』）
栄一の人間性の大きさと情愛の豊かさに圧倒された憲忠は、これからは自らの身上を院長に委《ゆだ》ねて自分は自分らしく誠実に、思いきってすすんで行けばよいのだと覚悟をしたのであった。

明治二〇年代初頭は「子ども」に焦点があたりはじめ全国的に慈善事業にたずさわる二〇代三〇代の若者がキラ星のごとく登場してきた時期である。代表的施設には宮崎県出身・二三歳の岡山の医学生・石井十次《じゅうじ》が勉学を捨てて親のない子のために創設した岡山孤児院がある。同二四年一〇月二八日、岐阜・名古屋一帯に濃尾《のうび》地震が発生した。その直後、二四歳の石井亮二《りょうじ》が被災地の孤児をひきとり東京で孤女会《こじょかい》を設立、のちに滝乃川学園と改称し、わが国初の精神遅滞児の教育施設となった。明治の社会事業は児童保護のなかの育児事業から立ちあがっている。社会で「子ども」が注目されはじめたとはいえ、養育院に向ける世間の目は冷たかった。就職が決まった憲忠はさっそくそれを味わっている。友人に「乞食の親分になるそうだな」と冷やかされた。「物好きな男だ。貧乏人の世話役になど成りさがらなくてもよかろうに」「何かやる男だと思っていたのに養育院行きか、君は意気地なしだ」。嫌悪する態度で嘲笑する知人までいた。新規事業である慈善事業が世間的に前途不毛の事業と映ったとしてもやむを得ないこと、それだけ栄一と憲忠が先駆的な存在といえる。憲忠がこれらのことを栄一に話すと、栄一の答弁はふるっていた。「乞食の親方とは結構なことじゃないですか。せいぜい権威と財力をもった車善七《くるまぜんしち》（第四章で記述の浅草溜の責任者）の跡目が継げるかどうか、やってみてください」

東京市の職員である憲忠の肩書は「幹事事務取扱《かんじじむとりあつかい》」。養育院の全面的な事務と養育院慈善会の事務を兼任した現場の総責任者である。憲忠にはすべてがやりがいのある仕事となり生きる支えとなっていく。なかでも精神的支柱となるのは栄一への信頼と尊敬の念であった。渋沢院長の足をひっぱることをしないよう心がけよう。お名前を汚してはならない。渋沢院長と在院者のために自分が裏方にまわり「縁のしたの力もち」となって働こう、この当初の決意を憲忠は最後までもちつづける。貧民救済は仕事のなかの「聖業」であるという信念を憲忠はいだいたのである。

初出勤は明治二四年二月二一日。正式な辞令はそのあとの四月一日におりている。

憲忠は胸躍らせて本所長岡町の養育院の門をくぐった。

意表をつかれたのは、職員に年寄りの多かったこと。仕事には覇気がないし、職場の雰囲気も暗い。幹事という役職にあっても憲忠の指示を率先して聞いてくれる人はいない。こまった。

常設委員の須藤時一郎が、憲忠に注意をうながしたのはそんなときであった。

「あなたは若いからいっておきますが、渋沢院長はみだりに人を進退させることを大変嫌うお方ですから、あなたも職員を安易に退職させないよう、心がけておかねばなりませんぞ」

憲忠は忠告を素直に聞き入れた。なるほど人はこちらから相手方を信じていかなければ、向こうでもこちらを信じてはくれない、こちらが誠意を示せば先方でも誠意を尽くすのだ、と。

院内の〈男健康室〉〈女健康室〉〈幼童室〉の様子を知るため、憲忠は巡回しはじめた。

〈幼童室〉は三室。第一室には満七歳以上の男子、第二室には七歳より五歳までの男女幼児、第三室には五歳以下の幼児と一〇歳以上の女の子がいた。この時期、院内にいないのは一〇〇名前後いた乳児から二歳児で、乳幼児は農家や子どものいない親たちに委託されていた。当時の言葉で〈里預《さとあず》け〉、今でいう里親にあずけられていたのである。

明治二四年の〈年度末人員〉＝七六四名。うち〈児童〉＝一七八名。このなかには在院者の子である〈携帯児《けいたいじ》〉も入っているが、棄児《きじ》＝九九名、遺児《いじ》＝三二名、迷児《めいじ》＝四七名であった。

子どもの多さには社会情勢が反映されていた。前年の明治二三年は、わが国最初の資本主義恐慌といわれた年にあたる。前年の上半期まで一石が四円か五円台であった米価が、下半期から高騰して六月には一〇円台となった。同二二年の本院の職員給料は、幹事が三〇円、幹事補が一五円、書記掛八円、教場掛六円というところからみても、米価の高騰は庶民の生活を逼迫した。それが子どもの身上に悲劇となってふりかかっていたのである。

〈棄児《きじ》〉とは「捨てられた子・捨てられた歩行の難しい子」。幼い子は救護場所のある区役所か町村役場において記録された。姓名不明の場合はそこでつけられ、不明な年齢は推測で記された。同地が子どもの本籍地となる。名前にはこんな後日談が遺されている。神田佐吉、八丁堀久助、巣鴨重兵衛というふうに、一般的に名前には救護の場所名を入れることが多かった。そのなかに公衆電話のもとに棄てられた幼児を憲兵が発見して区役所にひきわたしたという経緯から、捨伝《すてでん》憲兵《けんぺい》の名をもつ男児がいた。この名前を知った憲忠が烈火の如く怒った。本籍地に記載された名前の修正は難しいが、憲忠はかまわず送致した区役所に怒鳴りこみの電話を入れ、名前は一生本人についてまわる大事なものだと言いはって、即時訂正を命じて聞き入れさせたという。

〈遺児《いじ》〉とは「両親の死亡や他の原因によってとり残された子」。種類は様々。両親が逃亡や犯罪で監獄に送られたときに、親戚などのひきとり人のいない子も〈遺児〉として送院された。

〈迷児《めいじ》〉とは「歩行のできる棄てられた子」。三〇日を経過して親・保護者がみつからないときは家出同然のとりあつかいとなった。親からはぐれた迷い児であれば、養育院に入っても数日のうちに身元が判明するが、三〇日経っても分からなければ、その子は〈棄児〉に入る。迷児となる理由には、親の生活苦で捨てられた子、地方から上京してきた子、誘拐された子もいる。

二日、三日と経つうちに、憲忠には全体的な状況がみえてきた。大人の様子にもいくつか改善の余地ありと思ったが、それ以上に一七〇余名の子どものことが気になった。

〈私は初めて同院の状況を見て驚いたが、最も悲惨の感を懐《いだ》いたのは、将来を有する児童の怯《いじ》けた有様であった。子供らしい活気がない。年始の用意に十二月末頃貼った障子《しょうじ》の紙が、少しも破れていない。キチンと座った者もあり、立ったのもあるが、笑顔をしたものは殆《ほとん》ど一人もゐない。余りにも温和《おと》なしい〉（憲忠著『寿詞に代えて「瓜生岩子の事」』以下『寿詞』と略）

子どもたちが元気になる方法はないか、憲忠は一日のなかでいくどとなく考えた。注意深く観察したのは保母のあつかいぶりであった。在院者から文字の読める女性を選んで保母の代役をさせていたが、身内のような親密さやきめ細かな愛情が欠落しているように思えた。

〈遣《や》り方に依《よ》ったら、いかに親のない児童でも、もう少し快活になりさうなものである。是《これ》は院長の言はるる通り、保母の優れた人を得ることが大切である〉と考えた。

九歳で実母の死に遭い、寺の小僧となった憲忠には、実親から離された子どもの気持ちは痛いほど分かる。もとより憲忠は根っからの子煩悩。実子には恵まれなかったが、憲忠が子ども好きであったことの証言は枚挙にいとまがない。このとき何かよい方法はないものかと真剣に考えた。あせればあせるほど良案は浮かばなかった。

そんなとき福島新聞の上司であった菅原道明のことが脳裏をよぎった。菅原は妻と一緒に福島から上京していた。その際、麴町区山本町に住んでいた憲忠の家で旅装をとき、そのあと銀座の外国輸入商の刺賀商会につとめる関係で銀座二丁目の煉瓦屋に移っている。芝の素人下宿屋に住んでいた憲忠は、本所長岡の養育院へかよう道のり四キロの途中に銀座の菅原邸があることから、邸に立ちよって養育に職を得た報告をし、院の事情を語って菅原に相談したのである。

「保母長か、保母に向いている婦人はいないだろうか」

「適任者がいる。会津若松から六里半の熱塩温泉という片田舎に住む瓜生岩子《うりゅういわこ》という、健康で物事の道理のよく分かった婦人が適任だ。今は六三、四歳になると思う」

瓜生岩子を推薦した菅原ではあるが、これまで本人とは会ったことがないという。

菅原の話は岩子を知った経緯《いきさつ》からはじまった。摩耶《まや》郡選出の衆議院議員である友人の三浦真六から話を聞いたのがきっかけとなり、話に多少の修飾をそえて「慈愛の結晶なような女」として『瓜生岩子の生伝』と題した記事を新聞に連載した。それが評判を呼んで、後日、東京の婦人雑誌『都の花』から転載を頼まれて承諾、そこからさらに雑誌『貴女の友』にも載り、それらがもとで岩子は、一般婦人社会で相当に名高い老婦人になったということであった。

岩子の活動についても、菅原は長々と喋った。要点を述べると会津落城後、喜多方町に移った岩子は幼学所と名づけた士族児童の学校を建てて教育を施した。ほかにも数々の社会貢献を実践し、知事が岩子を表彰したことも聞かされたのである。

憲忠は飛びあがらんばかりに喜んだ。何としても岩子を招聘したい。

菅原に招聘する手紙を書き送って欲しいと頼むと快諾してくれた。

帰宅後も憲忠の興奮はおさまらなかった。

〈私は、その夜就寝しても心うれしくて眠られぬままに、再びはね起きて、岩子宛の書面を認めた。それは菅原君と私の交友関係から、養育院の現状を叙《じょ》し、菅原君の手紙を見たら、必ず上京就任して、多くの児童の為《ため》に努力して貰ひたいという意味を懇切に書いた可《か》なりの長文であった。私はそれを其の夜の内にポストに投じて、やっと落ち着いた気分になり、再び床に入って寝に就いた。後に聞けば其書面は菅原君のより先に就いたさうである――　私はそれ程《ほど》までに、熱望と期待とを以て岩子を招いたものである〉（『寿詞』以下同）

翌日も菅原家に立ちよった。前夜の自分の気持ちと手紙を出したことを話すと、まだ書面にしていなかった菅原は、その場で手紙を書きその日のうちに投函してくれた。

数日後、憲忠と菅原のもとへ、岩子の快諾の手紙が届いたのであった。

岩子の養育

手紙を出してから約一か月後の明治二四年三月二九日、六三歳の瓜生岩子が上京した。

憲忠は六〇余人の子どもをつれて上野駅で岩子を出迎えている。

翌日の三月三〇日、岩子は保母長の立場となる「幼童世話掛長」となった。

この日から岩子は幼童室へ入って養育にあたったのである。

憲忠の目には、子どもと接する岩子の姿が次のように映っている。

〈同女は朝から晩まで一分間でも休止することなく働いて居る。第一に衣服の襤褸《ぼろ》を引きずり出して、之を細かく割いて縄《なわ》をなうて、草履《ぞうり》を作るのである。それを自分でせっせ、せっせとやって、子どもを周囲に輪を作らせて、子どもに見せて、小さいのには襤褸《ぼろ》を割《さ》かせる、大きなのには縄をなわせると云ふ風で、斯る仕事をしながら、なにか頻《しき》りと面白さうに話をして居らるる〉

二か月ほど経つと、子どもたちは大人と話をするようになった。笑顔が出はじめ顔色もよくなり快活さが表れてきた。憲忠は〈誠実くらい偉い力のあるものはないと思った〉と岩子の養育を讃えた。麻裏草履を作る作業は、後々まで、学習と労働の一環として継承されている。

恒例の養育院慈善会が開催されたのはこのころである。

慈善市は明治二〇年代半ばになると、慈善《バザー》と演劇が結びついて慈善演劇会が催されるようになり、新富座、歌舞伎座、明治座、友楽館、浅草柳盛座の劇場がにぎわった。

明治二四年度の養育院慈善会も、慈善演劇会として歌舞伎座で開催している。

歌舞伎座では一階が劇場、二、三階が販売場や休憩所に設定。期間は五月二日から三日間。三七八九枚の切符は、販売初日から売れ行き上々、上等席も中等席も早くになくなった。

岩子は慈善会員と同じように、会場で物品を販売する立場で参加した。

当日は、皇后陛下の思召《おぼしめ》しにより宮内省から数人が臨席して多数の物品を買いあげるのが通例となっており、今年も四、五人の女官がおこしになった。そのなかに元会津藩の山川浩の妹山川《やまかわ》操《みさお》がいた。会津を故郷とする者の懐かしさや親しみがあったようで、山川は案内にあたった責任者の憲忠に岩子の紹介をたのんだ。

数日後、岩子は宮中の税所敦子刀自より招かれ、山川たちと談笑し、数々の品物を賜って喜んで帰ってきた。この出来事が会津に聞こえ、七月になると岩子のもとへ郷里の有志から「地元の救済事業にあたって欲しい」という声が届くようになった。八月に岩子はふたたび宮中に招かれてお菓子や料理の饗をうけ、帰りに縮緬《ちりめん》一疋《ぴき》、紬《つむぎ》一疋を賜った。

一〇月初旬、岩子は退職し、福島の郷里へもどったのである。

養育院の勤務はわずか七か月であった。

予想外の退職の仕方であったが、宮中がからんでいたからであろう、特にトラブルらしいことは発生していない。憲忠は退職にからむ事情を次のように記している。

〈院に於《おい》ては、岩子を迎へる前後から、京都同志社に交渉し、同社の看護婦学校卒業生中に、養育院に適当なる者二名を迎える事となって居たが、恰《あたか》も岩子が辞任を申し出た時分に、それが来院したので、本人の意思に任せ、その申し出を容《い》れることにした。翌九月初め（『養育院史』では一〇月）彼女は院を去って帰郷したのであった〉

京都同志社の看護学校の卒業生二名を養育者に迎え入れたというのは、『養育院史』に記載がなく右記の文章で初めて知る話である。憲忠を面接したときに「よい保母が欲しい」と語った栄一も保母の確保にのり出していたようだ。現場の養育の問題は、養育者二名が岩子と入れ代わるようにしてきたことで、ひとまず解決したということか、岩子のやめ方と京都からきた二人の保母とは別のことと思われるが、これ以上のことは分からない。

ただ岩子の退職に納得がいかなかったのが憲忠。〈終身の仕事として来て呉《く》れたと思って居たのに、私の推測と希望とは皆外れた〉と、憤懣やるかたない気持ちを述べている。

栄一が保母探しをはじめたとき、幹事となって三、四日しか経っていない憲忠が、懸命な努力をして保母長として瓜生岩子を迎える手はずをとってくれた。たとえそれが残念な結果に終わったとはいえ、自らの子どもに向ける心配事を憲忠がまっすぐにうけとめ理解してくれたことは嬉しかったに違いない。岩子の招聘は、栄一が憲忠を信頼する最初の出来事となっている。

浮浪少年の調査

憲忠の身辺に公私とも変化があったのは明治二五年のことである。

私生活では看護婦研究のためイギリスへ旅立っていた妻の徽音《よしね》が三年間の留学を終えて帰国した。徽音はキリスト教信仰者となっていた。憲忠は仏教徒。二人は争うことなく、毎朝そろって自身の信じる教えを口にして心を清めた。帰国後の徽音は、窮民医療施設の慈恵会につとめ、若い看護婦にイギリスで学んできた看護学や看護婦の心得などの指導に多忙な日々を送るようになっていた。過労が祟《たた》ったのか、床につくようになった。仕事の疲れもみせず献身的に看病した憲忠であるが、同年二月二八日、徽音は二六年の生涯を閉じた。その秋、憲忠は菅原道明の紹介で福井県大野藩の典医である田村俊富の三女わきと再婚した。わきの兄の肇は築地で田村病院を開業していた。憲忠三六歳、わき二一歳。わきは健康で明るい女性であったと伝えられている。

仕事場では、私生活の様子を微塵もみせず、憲忠は水を得た魚のように動きはじめた。五感にふれてくるのは、やはり大人より子どもたちのことであった。

ある日のこと、道端に倒れていたという八、九歳の男の子が「行旅病人」の名目で養育院に送られてきた。どうしてこんな幼い子が一人で道端に倒れていたのか、親や親族はどうしたのか、首をひねった憲忠は調べてみようと外に出た。

町では乞食となった幼い子がこちらで五人、あちらで八人とつれ立って歩いていた。浅草周辺まで足をのばしてみると浅草公園、誓願寺、本願寺の境内には、必ず仲間のような数人の幼年の乞食がいた。日本橋の魚河岸では、汚れた襤褸《ぼろ》の服を着て魚腸《はらわた》を拾う一五人から二〇人の子どもが目に飛びこんできた。この子たちはどうしてこんなことをしているのか、新たな疑問が生じた。そこで養育院に送られてくる子どもの救助法を思い出してみた。棄児・遺児・迷児でも幼い子が路傍や家の軒先で泣いていれば、気づいた者がその場で声をかけ、最寄りの役所に連絡して救助をする。だが、同じ棄児でも、外をぶらぶら歩いている子や、どうにか衣食を自分で調達できるようになった八、九歳の子には、誰もが知らん顔して手をさしのべようとはしない。そう考えていくうちに、こうした幼年の乞食は「救助から漏れた子どもたち」ではないかと気づいた。この子たちの将来はどうなるのか、次から次へと疑問が湧きおこってきたのであった。

調査をつづけるうちに驚くべく子どもの実態を知った憲忠は、栄一に詳しく報告した。かつて誰もが知り得なかった新鮮な現場報告に、耳を傾けた栄一は、次のように返答した。

「夫《それ》は捨ておけぬことである。何とか方法を設《もう》けて之《これ》を収容し、悪化せしめぬ様《よう》にして、相当な職業に就《つ》けて遣《や》りたいものである。斯《しか》る方法を設くることは、人道の上からは勿論《もちろん》の事であり、経済上から見ても之を捨置《すてお》くは国家の不利益であるから、先ず十分に其事情をとり調べて、収容すべき方案を立ててみよ」と、命じたのであった。

ここから栄一と憲忠の二人三脚がはじまるが、二人三脚の話は次章にゆずることにして、その前に、養育院にとって重大な移転拡張の件をとりあげておかなければならない。

移転準備

栄一が移転拡張を意識しはじめたのは、先の本院慈善演劇会が開催された明治二四年の五月ごろと察せられる。また、その前後から、憲忠や職員の奮闘ぶりとは裏腹に、養育院のあり方に対して外部から大小の批判をあびるようになっている。

先に移転理由。明治二四年の〈年度末人員〉を〈七六四名〉と前記したように定員一五〇名収容の本院は狭小過密状態にあった。敷地内の空き地に次々と家屋を建設したが、在院者から散歩や運動をする空間がないと苦情が出るしまつ。家屋の老朽破損も目立ち、雨が降ると下水が氾濫した。汚水のまじった臭気が鼻をつき、不衛生であることも以前から問題視されていたのである。

次に養育院への批判に移るが、この批判には、時代の進展にともない養育院が当然のりこえていかねばならない重要な課題があった。「在院者に適した暮らしの場とは何か」。実質的なことが問われはじめたのである。

明治二〇年代になって全国的に子どもの救済施設が建ちはじめると、首都東京の公営施設である養育院をひと目みようと、地方から施設長や関係者の見学者が増えるようになった。そのなかには鋭い批判をする施設長もいたのである。代表格が岡山孤児院の創設者石井十次《じゅうじ》であった。

石井は明治二〇年に上京した際、養育院を訪問し、同二五年にも視察にきていたことが、『石井十次日誌』に載っている。明治二五《ママ》年八月二六《ママ》日付には〈東京市養育院を訪ひ大塚、西村姉にあい院内を巡視し安達氏に面会〉と短く記され、三日後の八月二九日付にも〈又養育院の子供を貰ひ之を養育せんと思ふが故に諸児乞ふために祈りせよ〉とある。

本院の実態を目のあたりにした石井は大きな失望をしたが、自身ではそれを書かず、懇意にしている社会事業家の留岡幸助《とめおかこうすけ》（「家庭学校」創設者）に口頭で説明したようで、留岡が書いている。

〈明治二十五年八月二十六日、（石井が）東京に出て、東京市養育院を訪《おとな》ひ、数百の貧民が或《あるい》は臥《ふ》し、或は起き、何の為することもなくして院内に養われ、食事の鐘鳴るや、先を争ふて台所に駆けつけ、各々碗を出して食物を貰ふ様、殆《ほとん》ど人間とは思はれざりき、斯《か》くの如くは寧《むし》ろ養はざるに如《し》かずとの所感骨髄《こつずい》にせしときなりき〉（『留岡幸助著作全集』第二巻・以下同）。

留岡の文章から察すると、石井は、在院者が寝て起きて、とくにすることもなく養われ、鐘の音を聞いて急いで食事の部屋に行って碗をさし出している姿をみて、到底人間とは思われない、これだと養わない方がマシだというようなことを留岡に語り、留岡は〈是《これ》は尤《もっと》もなる感じである〉と賛同した。このあと留岡の文章は〈多少の教育思想を有せる者が慈善事業を経営したならば、必ず此《こ》の問題に接触するであらふ〉と、つづくのである。

つまり、養育院の経営者がもう少し教育的思想をもっていればそれに気づくはずだが、それがないばかりに在院者に人間らしさがないという意見であり、その非難の矛先が憲忠ではなく、院長の栄一に向けられていることは容易に推察できる。

二〇代後半の新進気鋭の二人の忌憚《きたん》のない意見を、養育院の実情を無視した暴言と一瞥するのはたやすい。が、養育院のかかえる問題をずばり教育と指摘したことは、在院者をもっと人間的に大切にせよという在院者側に立った貴重な進言である。そこには救済事業を「惰民の養成」としてきた旧思想をうち砕くほどの威力と次代を予感させるものがある。のちに二人は栄一と憲忠に尊敬の気持ちをもって接するが、史料上では、それは明治三二年ごろまでまたねばならない。

石井と留岡の批判は、栄一の耳に届いていたのではないだろうか。

在院者の生活向上については第7章でとりあげた〈養育院慈善会規定草案〉のなかに「貧民・貧院・幼稚院等を分離し」という文言が入っていることは紹介ずみ。草案の日付は明治一九年七月である。さらにその前、栄一は元の東京会議所に参画してきたときから、その工夫を考えていたということもできる。それが意のままに実行できないのは資金の問題があった。つねに目の前には必要をせまられた用件が山積し、それに着手するのが精一杯、在院者の生活向上まで、手がまわらなかったというのが実際のところであろう。今回も移転が先と栄一は考えたのである。

ときは明治二六年へとすすむ。同年には神奈川県の一部であった西多摩・南多摩・北多摩の三郡が東京府に編入され、翌年には、三郡から行旅病人や棄児が送致されはじめた。本院では室内の過剰人員のため、入居を断わらざるを得ないという最悪の状況に陥っていた。

移転拡張は急がれたが、莫大な移転資金がかかることを思えば、栄一は慎重にならざるを得なかった。市会の反応は予想がつくし、社会はいまだ不況のまっただなか、現実を直視すればするほど寄附金集めをするのは難しいと考えた。が、栄一はふたたび苦労のどん底を味わう覚悟をして、衛生的で高燥な土地へ、本院の移転拡張を決断したのである。

こんどの移転については、始動時を、本院常設委員会で承認を得た明治二四年五月とみたとき、実現までに足かけ五年、実質的には四年、うち資金集めには丸三年かかっている。

最初に移転先として大塚辻町に一万五千坪余りの敷地をみつけた。栄一の語りがある。

〈（この土地は）蒲義質という者がもっておりましたので、そこで段々話をしましてこの地所を買うことにしました。此《こ》の人はかつて私が使ったことがあります〉（前掲『九恵』第一四六号）。

土地と建物と移転費用を見積ると、総計四万円あまりとなった。

二年後の明治二六年三月、市参事会に移転先の土地や移転にかかる費用をはかったあと、本院の基本財産から支出して土地を購入した。その後、市会から建築補助金が出ることになったが、それは八〇〇〇円でしかなかった。

これではまったく不十分。そこで同年一二月、府知事をとおして皇后陛下に移転費の哀願書を提出したところ、翌二七年一月、宮内省から移転財源として二〇〇〇円が下賜《かし》された。それを機に栄一は慈恵金を一般公開して寄附金集めに走ったのである。

第八回慈善演劇会が開催される数日前、帝国ホテルで開いた総会で「本年は養育院新築移転のため寄附勧誘の挙あり」と、会員に応募を呼びかけ、各会員へ通知することを決議した。本院婦人慈善会の協力は大きかった。個人の寄附者が二八九二名、会員以外の会社が二〇社。不足分は努力して作り、合計四万三二七円一七銭七厘を集めることができた。

財源の確保とともに建設に着手。施設が落成したのは明治二八年六月のことであった。

東京市の公設施設でありながら、市会の支出金額が全体の五分の一の八〇〇〇円でしかないということは、いかに市会が養育院に対して消極的であったかをあきらかにしている。

第9章　感化事業の起動

現在、池袋駅から東京メトロ・丸の内線にのって三分、新大塚駅で下車して地上の出入り口に立つと右前方に都立大塚病院がみえ、右奥には文京区立大塚公園の鬱蒼とした森をとらえられる。令和三年の今から一二〇余年前、この一帯に養育院が建っていたのである。

当時の住所は小石川区大塚辻町一八、一九番。東京北部の人里離れた寂しい同地に、本所長岡町から六〇〇名あまりの在院者が移転してきたのは、明治二九年三月三一日のことであった。

養育院の南隣には松平家の別邸があり、本院も楽翁公の六園館《ろくおんかん》という屋敷の一部であったという。楽翁公が植えたと伝わる公孫樹《いちょう》が門前にしげり、秋には庭一面に熟した黄金色の実が落ちて子どもたちを楽しませた。周囲には水田が広がり、遠くにみえる旧宇和島藩伊達家の大きな森から院庭にサギやキジが飛んでくることもたびたび、樹々のうえでは、ウグイスやメジロの声が響くという、辺境の地らしいのどかな話が遺されている。

養育院の敷地約一万五千九〇坪、建坪約三千五六〇坪（『養育院八十年史』）。収容人員八〇〇名。新築の建物には衛生面や教育面など細部にわたって配慮されていた。堅牢な建物の中央部には各室を管理する事務所・医局・薬局を配置し、これらをかこむように在院者の室と病室等がならんだ。各室は空気の流れのよい光の射しこむ南向きに作られていた。他の施設や家屋は次に。

離隔室、避病室、教場、工業場、幼童工場、炊事場、洗濯場、喪堂、物置、土蔵、浴室等、職員用の市公舎等。

「大塚時代」とは移転時から大正一二年の関東大震災直後までの約二八年間をさす。養育院が新規拡張していく輝かしい時代、また、社会で「慈善事業家 渋沢栄一」が認知される時期でもある。貧窮民を惰民《だみん》とする見方は変わり、社会問題の言葉が用いられるようになる。

移転後から院長としての栄一の使命は増々大きくなっていた。在院者の〈年度末〉の推移をみても、明治三〇年＝五四六名、同三五年＝八八二名と増加の一途をたどっている。

憲忠や職員が一丸となって院長を支えていくものの栄一の前途には相変わらずのりこえなければならない大きな壁がいくつも立ちはだかっていた。移転後四か月目にして早くも壁に直面する。

その説明には、栄一が憲忠に〈それは捨てておけぬ〉と命じた、移転前の長岡町時代に時間をもどして話をすすめることにする。

窮児悪化の状況

明治二五年の秋。栄一の命をうけて、市内を浮浪する幼少年の実態調査にのり出した憲忠は、夕飯を終えると、毎夜、日課のようにして本所長岡町から徒歩で八キロあまり先の浅草へ行くようになった。浅草では窮児たちが根城にしている屋敷裏の掘立小屋を訪れて主《あるじ》と話をし、公園のベンチに集まってくる浮浪少年からも日々の実情を聞き出した。こうして悪化の途《みち》をたどろうとしている浮浪少年の実態を詳細に調べあげたのである。

それをまとめて『窮児悪化《きゅうじあっか》の状況《じょうきょう》』として栄一に提出したのが翌二六年末のこと。ところがこの原稿内容は、ときおり会議や集会で活用され、新聞に載ることがあっても、冊子となって正式に世に出るのは五年先、明治三一年三月までまたねばならなかった。

発行時の冊子名は『窮児悪化の状況』、全七二ページ、「渋沢栄一編」となり、短い〈序〉を栄一が書いている。発行目的には「本院委員会において、窮児救養の事実を市参事会に開陳するにあたり、その経過の情状を調査してまとめ、その収容方法・経費予算等を立案して一緒に提出した」とある。内容は三本柱で構成。冒頭から三分の二のスペースを憲忠筆の浮浪幼年・少年の実態調査が占め、そのあと追加原稿内容となる三好退蔵の研究データ〈犯罪増加に付き窮児の観察〉と栄一の視点で書かれたと思われる提案原稿〈窮児救養法及養育概算〉がくる。

『窮児悪化の状況』の原稿が、わが国最初の「子どもの社会問題」のルポルタージュ作品であろう。のちにこの原稿は、浮浪少年少女を対象にした感化法制定のきっかけとなるなど大きな役割を果すことになる。当時の「窮児」の様子は、今から想像もつかないため、憲忠の原稿からポイント箇所を抄録し、文章の所どころを現代流に直して紹介しておこう。

〈窮児の種類〉　貧民窟では一〇歳以下の子女は憐れみを乞いやすいのでこの子らをひきと

って乞食に仕立てる者が多い。彼女らがだんだんと成長し人から憐れみをうけなくなったときには追放する。追放されても乞食になれている彼女らは苦もなく乞食の群れに身を投じていく。乞食の子は乞食になるが、棄児や遺児でも乞食になることがある。下谷万年町の貧民窟を調査しているとき、三、四歳の同年齢の幼児が六人もいる家があり、おかしいと思ってたずねてみると、その男は幼児の損料屋《そんりょうや》であった。この生業《なりわい》は多くの棄子遺児を養いそれらの幼児を乞食に貸し出して損料を徴収する。幼児を借りた四〇、五〇歳ぐらいの壮年の男は懐中に幼い子をだき、手に五、六歳の子をつれて「このたび妻に死なれて家業にも出られない」といって泣き泣き店頭に立てば、誰かが一縷の涙を流して施《ほどこ》しをくれる。損料屋が幼児を貸し出すのは縁日が多い。損料は、肥満児より痩せ衰えている幼児の方が高く、その値段は一〇銭から二三銭まで。そのため幼児を太らせないようにしている。損料屋がいうには、幼児が損料貸しの対象にならない年齢に達したときには、女の子なら三味線や住吉踊りを教えて乞食をさせるか、男の子であれば角兵衛獅子に売りわたすか追放するか。追放された子どもはたちまち乞食の群れに入る。なかには棄児や遺児であっても、損料屋に収容されない子どもも多くいる。

〈窮児の変化〉乞食になった幼児はのちにスリ、窃盗《せっとう》、強盗《ごうとう》、行旅病者《こうりょびょうしゃ》となるが、年齢によって状況は変化する。人の家の軒に立って哀れを乞うのは五、六歳から一二歳以下が多い。紙屑拾《かみくずひろ》いの格好をして種々の小盗をなすのは一〇歳から一四歳以下。それ以上の年齢になるとスリや立ちん坊となる。彼らはおもに浅草公園、東西本願寺、その他の墓所を徘徊して人の袖にすがり哀れを乞う。五、六歳より一一、二歳以内の幼い子は自分の意思で乞食になるのではない、多くはかげで老人や壮年者が子どもたちを使役《しえき》している。

〈窮児進んで「ポタハジキ」及「カッパライ」となる〉前記の経験をすると一四歳から一六歳に成長したときにはスリや窃盗らに変化していく。「ポタハジキ」とはスリの雛《ひな》（卵）をさし、「カッパライ」とは窃盗者の雛のこと。傾向としては、スリのポタハジキの方が窃盗のカッパライよりも利発。ポタハジキは縁日や群衆をあてこんで金品を盗《と》る。敏腕な者が親方となって本物のスリとなっていく。カッパライの多くは紙屑籠を背負い、手に小さな籠《かご》をもつ。姿形は紙屑拾いだけれども、彼らは小路や裏屋に入りこんで紙屑や襤褸などを拾いながら他人のすきをうかがい履物や衣類を手あたりしだいに盗《と》る。また神社仏閣の賽銭箱のなかに鳥モチをつけた棒をさしこんで賽銭を釣りあげたりもする。成長しているため、乞食となって人々の哀れを誘うこともできず、三人五人と群れて多忙な店頭に立つ。忙しい商店は襤褸を身にまとった彼らを迷惑に思い数銭を投じて立ち去らせる。

〈スリの状況〉スリには一一、二歳の幼い子もいるが一五、六歳から一八、九歳までが最多。彼らは親方に属して日々スリの教えをうけて使役される。田舎者をたぶらかせて金銭をうばうなどの大仕事はスリの親方の仕事で、こうなるのが子どもの立身出世であった。スリ盗る方法は巧妙で五人から八人が一組となる。姿も小僧、若旦那、消防夫、大工の風体をする。

最初にスル相手を選定し、自然にその人をかこむようにして右に左にと押している瞬間に懐中のものをぬき盗る。一八、九歳になるといちどは監獄に投じられた者も少なくない。スリには警察でも仲間のことや現場犯罪以外のことはいっさい白状しないという厳密な規則があった。自分のしている悪行に嫌気がさしてまともに生きたいと思っても、獄中の盗賊や詐欺師から数々の悪事を聞くうちに悪念が増長して、出獄後ふたたび悪事の道にもどる。

〈窮児立ちん坊となる〉　窮児のなかには乞食やスリに向かない無知で敏捷でない子もいる。彼らは魚河岸で魚類の頭腸部を拾って肥料として売却し、山の手の坂道や橋詰めなどに立って車の後押しなどをして生活費をかせぐ。これを「立ちん坊」という。宿無しの彼らは病気になると警察に保護される。

しかし、なぜ栄一は憲忠の原稿を五年いや丸四年も寝かせていたのか。

これには、養育院の救助の対象に「浮浪児・浮浪少年」の名目がなかったこと、社会全体に「子ども」に対する意識が乏しいため、救済の発想が希薄であったことが考えられる。

それでも、栄一は以前から高瀬真卿《たかせしんけい》が経営する感化事業には協力していたのである。

戯作小説家であり自由民権運動の演説家としても活躍していた高瀬真卿は、新聞記者となって二度の筆禍《ひっか》で獄中生活を体験して以来、監獄《かんごく》制度に関心を抱き、東京集治監《しゅうじかん》や市が谷懲治監《ちょうじかん》等の教誨《きょうかい》を委託された。その関係から元幼年囚を自宅に住まわせことで同様の少年が自宅に増え、明治一七年、湯島両門町の称仰寺を借りて「私立予備感化院」の門標をかかげた。同一九年、「東京感化院《かんかいん》」と名称を変更。同二二年に、東京感化院慈善会を組織して義援金募集にのり出したとき、栄一が会計監督に就任している（同三七年一〇月に辞退）。長年の高瀬の経済的困窮をみてきた栄一は、感化事業経営の難しさも感じていたのではないだろうか。

とにかく、栄一には、自ら感化事業を立ちあげる気持ちはなかった。

それが大きく変わり本格的な慈善（社会）事業家への道をつきすすんでいくのである。

感化事業への挑戦

日清戦争で勝利したわが国は、清国から戦費を上回る高額な賠償金を得た。各社の新聞に、その一部の数百万円を投じて東都に戦勝記念の一大記念塔の建設を望む声がある、との記事が載った。このとき憲忠は「孤児は国家の害毒なり国家の汚辱なり」という信念のもと、国内の数か所に凱旋院《がいせんいん》（子どもと老人の救済施設）を興そうと運動を試みたが、情熱は霧消した。理由には「遼東還附のことによりて挫折せり」と、栄一の発言「それはあまりにも地味すぎて、他の賛成を得られぬであろうと申して、私は賛成致しかねました」とがある。

栄一の「地味すぎて」の背景には、自身が東京商業会議所会頭ならびに世論の代表として、早くも活動していたからであろう。陸海軍の軍備拡張を目論んでいた政府に向かって、優先すべきは鉄道その他の交通機関の整備と各産業の振興であり、財政・税制を整理して、国力の回復と充実をはかることが先決であるという反対意見を主張している（『東京商工会議所百年史』）。

市の職員である憲忠は栄一の許可なくして動けない立場にある。が、このままひきさがる気にもなれず、凱旋院設立が駄目ならせめて浮浪少年の救済施設を作りたい、と栄一に嘆願した。スリやカッパライの浮浪少年が増えても、彼等を取り締まる法律はなく、放置のままか、少年犯を入れる懲治監《ちょうじかん》（幼年の監獄・明治五・一二に設置）に送るのが関の山、憲忠はやりきれなかった。

そのときの憲忠の様子を、栄一は次のように語っている。

〈何とかして不良少年をして棄児を世話すると同時に世話して感化改良して見たいと、安達幹事が泣かぬばかりに希望して申されました〉（『竜門雑誌』）

憲忠の浮浪少年救済の熱望が、栄一の心を動かしはじめた。

わが国の公的機関で未曾有の感化事業を興すことになる栄一の動機について、火事をおこすとに異常な喜びをおぼえる花村という問題少年を契機としている説があるが、本稿はこれを全面否定、栄一はもっと大局的立場に立った視点でとらえていたと考えている。

徐々に浮浪少年の送致が増えるようになった。その経路は、保護した警察・区役所・村町役場からの送致と、本院が独自で保護するケースがあった。当時の名目はすべて〈棄児〉である。

受容した浮浪少年の生活する場所は、他の子どもと同様、幼童室であったが、移転後間もなく問題がおきた。浮浪児の影響をうけて普通児の態度の悪化が目立つようになったのである。

感化事業の必要性を栄一が心底思い知らされたのは、こうした問題がおこって、養育院の現場で複数の浮浪少年を目のあたりにしたときであろう。浮浪少年については、憲忠の詳細な報告で知っていたつもりでも、じかに会ってみると思いは違ってくる。

ことに院長には、子どもたちに安全で衛生的で安定した生活環境を用意し、自活できる大人に成長させなければならないという重責が課せられている。対面する子どもたちをよい大人に育てたいという気持ちが自然に湧いてくると同時に、矯正の機会を与えず放置しておけば、犯罪者を作るだけで、国の将来が危ぶまれるという危機意識も生じてきたのである。

なお、「感化教育・感化事業」は犯罪少年ではなく、帰る場所を失った浮浪の子どもの救済であることを念押ししておく。彼等を保護して、健康的な生活習慣のなかで歪《ゆが》んだ心を矯正し、勉強と生活の実務とを身につけさせるという教育的保護が目的。それによって「自活する国民を作る」ことが「国益」に適うとした。これが当時の社会全体の見方。現在の「人権」の尊重ではなく「国益」の言葉に「子どもの社会問題」が立ちあがった明治期の児童保護における特徴がある。

普通児が悪影響をうけていく様子を知った栄一と憲忠は、頭をつき合わせて考えた。結果、普通児と浮浪少年の同居は間違いであるとし、解決策として、住居を分けるしかないという考えにいたった。それには本院敷地内に浮浪少年専用の施設を作ろう、ということになり、建築費と維持費を合わせて約七万九〇〇〇円あまりが算出されたのである。

感化部を創設することに、栄一の気持ちは固まった。

移転して四か月後の七月、市参事会が開かれた。栄一は本院の敷地内に感化部を設立する旨を上申した。このとき提出した参考史料が、前記の浮浪少年の実態を報告した『窮児悪化の状況』と保護した子どもから職員が聞きとり調査をしてまとめた『窮児問答書集』であった。栄一は救助にもれた満一三歳以下の浮浪少年の保護が急務であることを力説したのである。

しかし、市参事会では、栄一の主張を理解できず、不採用とした。懲治監もあるし、むりに資金作りをしてまで養育院に別部門を作る必要はないという意見であった。

反対意見を聞くにおよんで、栄一の情熱は燃えあがった。

翌同三〇年一月。英照皇太后の崩御で大赦《たいしゃ》があり、帝室より全国の府県に四〇万円の恩賜金《おんしきん》が下賜《かし》されるという情報が入った。東京府への配当は二万五千円、うち東京市へは一万六九八五円がおりるという。その恩賜金を本院の基本財産に入れてもらい感化部設置の資金にしようと考えた。もしこれを市参事会が認めない場合は、自らの財産を投じてでも感化部を完成させなければならないと覚悟をし、まず養育院に三〇〇〇円の寄附をしたのであった。

その意気ごみを激励したのが新聞である（『報知新聞』明三〇年二月一〇日付）。

〈渋沢氏已に三千円を投寄したるが、万一其の寄附金予定額に達せざる時は、氏一手にて其不足額を引きうくる決心なりと。市の為に此《こ》れほど有益なる計画は少し、せめて其成功を祈るなり〉

と。栄一の悲壮なまでの決心が伝わってくる。

新聞記事から三か月経った五月二〇日、栄一は自らの思いを建議書にしたためて、ふたたび市参事会へ提出したのである。

このころ、栄一の心には二つの世界があった。

感化部設置の実現に向けて一途に邁進する強固な意思の世界と、感化教育・感化事業のことをもっと深く知らなければという、新知識を渇望する心の世界である。

前々から感化教育や感化事業の新知識を得たいという気持ちはいだいていた。その意欲が強まったのは先の市会で別置案が蹴られたことと関係しているのではないか。憲忠の報告書だけでは議員や世間の人々を納得させるには不十分だと認識したのである。誰もが納得する論理性のある内容にしなければならないという、その思いから『窮児悪化の状況』の後半部に三好と栄一自身の意見を加えた、と考えていくと、丸四年という、原稿を寝かせたわけが分かる気がしてくる。

先の高瀬真卿の東京感化院のように、個人立施設での感化教育はすでに実施されていたが、わが国の公共機関において初めての提唱となるだけに、栄一はつねにアンテナを高くはって、そこに知識をもつ人がいれば、誰にでも教えを請いたい、という願望をいだいていたのである。

当然、書籍には注意を払う。

明治三〇年の初夏といえば、先の三〇〇〇円の寄附が新聞に載った年になるが、次の話は、そのあとに提出した、恩賜金を切望する建議書の返答が届くまでのわずかな期間の出来事になる。

栄一はのちに深く関係してくる重要人物と出合う。田中太郎である。

出会いのきっかけは、田中太郎の翻述著『犯罪救治論』にあった。

翻訳内容をベースに自身の考えを述べた本書はB5判、全二〇一ページ。目次は第一篇が「犯罪の原因」、第二篇が「犯罪の救治」で、各々章立てした内容となっている。

田中太郎は、明治二七年から内閣統計局に勤務する一方、東京統計協会の機関雑誌『統計集誌』の編集主任を兼任していた。自宅で翻訳した『晩婚論』と『犯罪救治論』の二冊を同雑誌に数か月間載せたところ、銀座の出版社・教文館が『犯罪救治論』に目をとめ、定価二〇銭で同書を出版したのが昨年三月のこと、太郎は一五円の原稿料をもらった。新聞広告が読者を拡大させたこともあって売れ行きは上々。多数の知人に自著を寄贈した。そのなかに内閣属の龍居頼三がいて、真面目に読んだ龍居が大審院長の三好退蔵に書籍を贈呈し、これは有益と判断した三好が、感化事業のことで懇意にしていた栄一に贈ったという経緯《いきさつ》がある。

同書を面白く読んだ栄一は、ぜひ著者に会ってみたい、と三好に頼んだ。

それを三好から聞いた太郎は、青年らしく反発した。

〈渋沢さんが富豪であると云うことが少しく気に入らず、呼びつけられて行くのはイヤだと云ふて反対した〉（田中清編『田中太郎』以下同）

結局、三好に説得されて、太郎は兜町の邸を訪れた。栄一は五八歳。太郎は二八歳。

〈いくらか不平で御訪《おたず》ねした私ではあったが、会見して見て私は実にビックリして仕舞《しま》った、粗野な一青年を遇《ぐう》する渋沢子爵（栄一）の態度なり言動なり誠に丁寧懇切であって、恰《あたか》も春風に吹かれるやふな感があったのを今でもハッキリ記憶している。富豪などゝ云ふ連中は兎角傲慢無礼《とかくごうまんぶれい》な人間であらうとばかり想像して居たその想像がスッカリ裏切られ、少なからず驚いてしまったのである〉。驚いたのはそれだけではなかった。著者の太郎をまねきながら栄一は書籍にはふれず父、家族、今の職業と地位、学校、将来の希望など〈まるで国税調査の項目のやうなことを〉ていねいにたずねた。熱心に話を聞いた栄一は太郎にいった。

「私自身も実業家であるが、慈善事業にも努力を尽くしたいと思い、現に養育院という事業を経営している。いわば君と私とは同志の士で、年齢の関係からいえば忘年の友というわけであろう。ついては、今日の会見を縁に、こんごはときどき宅へきてもらいたい。手助けをお頼みしたり、原稿をお願いすることもあろうから」

太郎は〈春風に吹かれて陶然としたなかでハイと返事をした〉。帰ろうとしたとき三度目のビックリを味わった。栄一が玄関まで送りに出た。その間に秘書の八十島《やそじま》親徳を呼んで「用事のあるときはこの者に」と名刺を交換させた。太郎は〈本当にエライ人だと感服し、茲《ここ》でも更《さら》に別の春風に吹かれて仕舞った〉と、感激した気持ちを明かしている。田中太郎については後述する。

太郎と会ったこの日以外、市参事会から建議書の返答がくるまでの間、栄一は内務省や東京府へ出向いて「基金を養育院へ下付していただきたい」「院内に感化部を設けて不良少年を改良する必要があります」と、熱心に感化部設置の運動をしていた。

努力は実った。七月下旬、府知事より、市へおりた恩賜金一万六九八五円を養育院の基本財産に入れてくれるという知らせをうけたのである。

そのあと一一月下旬、市会で五名の調査員が選出されて調査にのり出し、その報告が翌一二月二五日にもたらされた。このとき調査委員から反対意見が出ている。

「普通児教育も十分でない今日、感化部を新設して貧民子弟の悪化を防ごうとするのは、やるべきことが逆ではないか」「職業学校を建設するのがよい。感化事業案の廃案を望む」と。採決すると賛成者が多数を占めて原案は可決され、本院感化部設置は認められたのである。

以降、栄一は寄附金集めにのり出し、一気呵成に感化事業を推しすすめていくことになる。前述した『窮児悪化の状況』が〈明治三一年三月〉に刊行されたというのはこの時期である。

ここで冊子の後部の二項の追加内容を紹介する。前者は大審院（裁判所院長）を退職した三好退蔵の提案情報。このとき三好は感化部の本部顧問に就任していた。後者が栄一の意向を反映した情報である。両者とも全国向けの発信を意識したグローバルな情報内容となっている。

〈犯罪者増加に就き窮児の観察〉内容は〈東京地方裁判所管内未成年者犯罪調〉など全国的に急増している未成年犯罪に関するデータを五つ出して説明している。後部でイギリスでは感化院設立の法律を公布したおかげで年々未成年の犯罪者・懲役に処せられた者・禁固処刑者が減少していると報告。最後に、浮浪少年の犯罪の芽を早くに刈りとるため、東京市が率先して浮浪幼年収容の事業を創立しなければならないと訴えている。

〈窮児救養法及救養費概算〉全体の趣旨は「不良少年を早くに感化教育すれば、国費を使う犯罪者を減らすことになり一挙両得の策」「東京のみならず全国に感化教育を実施できる施設が必要である」と述べている。「今全国の窮児が悪化して囚人となる数を概算する」として窮児の数を東京に五〇〇人、大阪が四〇〇人、京都に二〇〇人、各県に一〇〇人ずついるとすれば全国に五八〇〇人。この半分が悪化して囚人とすると年々二九〇〇人の囚人を出すと計算し、その人格と一日の費用を算出して、一年間に国庫より下付されるべく恤救米代を計算、不足分を地方税の負担として東京・大阪・京都・各県に割りあてた。数字をあげてたたみこむように理論を構築していくあたり、実業界の栄一の実務能力を想像させるところがある。これは先の三好同様、新しい主張であった。

冊子『窮児悪化の状況』が「市参事会の配布用」として使われ、しだいに一般の人々の手にわたっていくことになるが、肝心の市参事会が明治三一年三月のいつ開かれたのかは『養育院史』では判然としないのでこのまま話をすすめていく。

同三月八日、栄一は帝国ホテルに、府知事、書記官、東京市を代表する各区議長、各区長、各主席書記、各新聞社記者等を招き、大々的に感化部設立の講演会を開いた。

壇上では、まず栄一が、養育院の沿革から浮浪少年のための感化部設置の必要性を説明し、六万円の寄附をつのった。次に岡部長職府知事が立ち、感化部顧問の三好退蔵も挨拶した。話を聞いた参加者は、理解と助力を承諾してくれたかにみえたが、後日（三月二九日）、事務員が一般の篤志家に向けて勧誘に出かけ、書面を配布しても寄附は思うように集まらなかった。

実情を知った栄一は、最初から一〇〇人収容の施設を建設するより実験的に五〇名収容の施設を建設してみようと考えなおし、一二月の市会で、予定人員五〇名の施設建設と建築費を記した建議書を提出した。市会から返答が届いたのは半年後の翌三二年の六月。たしかに許可はおりたが、支給される建築費予算は六一五〇円しかなかった。しかも「二か所ある井戸を一か所に減らせよ」と、建築費の減額が指示されていたのである。

栄一が設計士に井戸を一つ減らす指示を出して、五〇名収容の木造瓦葺施設の新築工事にふみきったのは、その年（明治三二）の一〇月三日のことであった。


「東京市の養育院か、渋沢さんの養育院か」。まるで自分の所有物のように養育院を大事にし、多忙な時間をさいて寄附金集めに奔走する栄一に対して一般市民が好意的な噂話をするようになったのはこのころからであろう。私財を投じる熱意にも人々は胸をうたれた。以前から寄附集めの際には人目にふれなくとも必ず前もってみずから寄附をしていたが、今回は三〇〇〇円という巨額な金額を新聞が大々的に書き立てたことが影響したのか、実業界の大御所でありながら慈善事業界の大御所でもあると、世間一般に「慈善事業家 渋沢栄一」が知られるようになったのである。

旺盛な研究心

しかし、栄一の胸中はといえば、以前とあまり変わりなかった。知りたいことが山ほどある。「どういう教育法がふさわしいのか。教育をもって、どこまで子どもを感化できるのか」思考の論点が感化教育の内容と同教育のもたらす効果へと深くなっていた。

おりから（明治三二）、神田青年会の幹事丹羽清次郎の渡米を知り、栄一は丹羽に依頼した。「アメリカの感化事業、孤児救育、貧民救助事業のことを調べてきてくださることはできまいか」。同じく七月七日に、欧米に旅立つ穂積陳重博士（娘歌子の夫・夫妻で旅行）にも頼んだ。

帰国後の丹羽幹事からは、アメリカでは慈善事業が活性化して、同盟会が発足し、委員を派遣して貧民の居住を調べ、仕事のない人には仕事を与えてこれを救い、病気人には医薬を与え、孤児は孤児院に入れて救済する、という現状を知らされた。穂積博士はイギリスから手紙で知らせてきた。同地では富豪の寄附による私立の事業がさかんであるとの詳細が記されていた。栄一は二人から海外の慈善事業がいかに進歩し発達しているかという報告をうけたのであった。

この栄一の研究姿勢は特記しておきたい。実財界人としての栄一は、仕事の仕方を「町人式」と「役人式」とに大別し、自らを「役人式」と説明している（『雨夜譚会』）。大蔵省勤務時代、不明な点が出たときには伊藤博文が欧米に飛んで現状を視察し、情報をもち帰り、それを参考に条例や文書作成をしていたのが栄一である。「役人式」の仕事の仕方は社会事業においてもみられた。疑問や不明なことに遭遇したときには決して曖昧にせず、独断に陥ることなく、学びとれるところから学ぼうと海外に目を転じたのである。しかも欧米の模倣ではない。あくまでも日本の土壌に合ったものに仕上げていくというやり方、栄一はどこまでも慎重であった。

このころの栄一の姿を内務省の参事官であった窪田静太郎が書き遺している。

窪田によれば、栄一と出会ったのは〈明治三二年〉だという（『窪田静太郎論集』以下同）。

前年の同三一年四月、スペイン（マドリッド）で開催された万国衛生会議に参加した窪田は、そのあと欧州諸国をめぐって衛生施設や社会的施設の調査研究をして帰国。翌年『社会的制度一班』を出版した。〈社会制度とは、社会の弱者を特に保護する公私の諸制度を云ひ、社会的制度を行ひ〉ではじまる本書は、欧州の労働者や貧民に対するおもだった社会制度にふれ、さらに〈幼児預所〉〈出獄人保護制度〉〈幼年犯罪者感化制度〉にも言及している。

声をかけたのは栄一。面会場所は冨士見軒。当日は感化部顧問の三好退蔵を同行していた。

窪田は栄一の熱心な姿をとらえている。

〈感化部を設けなければならぬと云ふことを感ぜられて、其の感化の方法設備は如何にすべきかと云ふことをご研究であった〉。海外で見聞してきたことをていねいに話すと、〈先生は三好氏と共に熱心に御聞き取りくだされた。此《こ》の如く先生は感化事業に付いて熱心に研究された〉

数々の質問を栄一がしていたことは想像がつく。

瞠目するのはこのときの二人の年齢である。栄一は六〇歳、窪田は三一歳。希求する新知識に対して、栄一は年齢を問わず、謙虚かつ誠実な態度でのぞんでいたのである。

翌三三年七月二二日、運動場の一隅に木造家屋の感化部が完成し、満八歳から満一六歳までの少年が入った。同日の開会式には大臣、府知事、他府市の名誉職、新聞、通信記者等一二〇名あまりが出席し、まさしく東京市民をあげての式典となったのであった。

感化部が完成した年の明治三三年三月九日、感化法が公布された。この法律では「北海道及び府県には感化院を設置すること」「管理者が地方長官であること」「感化院に関する費用は北海道及び沖縄県を除く外府県の負担とする」、対象者は「満八歳以上一六歳未満の者」。「感化院長は在院社及仮退院者に対して親権をもつ」などが決められている。

法律制定の経緯を窪田は語っている。〈小河君（小河滋次郎・監獄課長）と自分等と協議研究した結果、小河氏が主として感化の方法等に関する要綱を立案し、自分が之を地方制度や行政法規に照らして法文に仕上げた。斯《か》くて出来たのが、我邦《わがくに》最初の感化法で明治三十三年に発布せられた〉

感化法の制定については有識者の間でその機運が高まっていたことがある。内務省の若き官吏や警務官の意見はもとより、東京感化院設立者の高瀬真卿《しんけい》の活動やアメリカ帰りで巣鴨に感化院「家庭学校」を設立していた留岡幸助《とめおかこうすけ》の啓発運動など、現場に従事する人々の声があったことは見逃せないが、直接の功績は、栄一と憲忠をはじめとする東京市の職員や関係者の長年の努力であった。それは法律を作った窪田が〈養育院が、不良少年感化の実験所、研究所として我邦《わがくに》感化制度を生み出すに至ったことは事実上明らかである〉と、その筆に載せていることでも分かる。

功労者として安達憲忠の名前をあげるのは間違いではない。発想源は憲忠であるが、資金を用意して国を動かすとなれば憲忠では適《かな》わない。やはり栄一である。憲忠の実態調査開始の同二五年から同三三年の感化法公布までが足かけ九年。同二九年七月の市参事会で栄一の上申が蹴られたときから数えると、法律制定までが四年。このわずかな年月のなかで、人々に新知識を受容させて意識の向上をはかり社会を変えていったのは、日々の活動を積みあげ、またそのうえに積みあげて「子ども」のための警鐘を鳴らし、「救助」を提唱しつづけた栄一の至誠《しせい》の賜物である。感化法は「渋沢栄一」によって作られたといっても過言ではない。この明治三三年の五月九日、栄一は華族に列する「男爵」の爵位をうけている。数え年の六一歳であった。

感化部失敗

「養育院の感化部設置は失敗でした」

栄一がこう公言したのは感化部始動から一年あまりしか経っていない明治三四年のことである。同年一月三一日の時点で生徒は四四名。翌年の一月末には六三名と増加する。

教師と世話掛の保母は、浮浪少年の性質を改善したいという一心で研究をかさね、授業にも生活にも工夫をこらした。カリキュラムは修身・倫理・文学・数学等。農業より工業に向いている子どものために大工やメリヤスの編み方などの工業教育も用意。感情の教育（当時の表現・現在の情操教育か）には音楽がよいとして唱歌や軍歌の習唱をはじめ笛や太鼓の楽器を用いた奏楽を奨励、欧米の感化教育では精神と身体の修練に軍的体操を採用している、という情報が入れば、陸軍大尉《たいい》に指導を依頼した。感化部の門前の狭い庭地に畑を作って、野菜の苗を植え豆や花の種もまいた。逃走の心配のない子どもを対象に、教員と職員たちが引率して野外に出、遠足もしている。

しかし、精魂かたむけて感化教育にあたっても、教師たちの思いがまっすぐ届くことはなかった。小学生といっても数日前か昨日まで市内を彷徨し、カッパライやスリの手先となって働き、橋の下や空き家で起臥《きが》していた少年たちである。一二、三歳でも平仮名やカタカナが書けない、読めない子もいれば、落ちつきがなく野獣と言いたくなるほどの無規律な子も珍しくはない。教師たちは苦心惨憺、現実の厳しさを知るのであった。

食事や法話を聞くときなどは、感化生もふくめ全員が本院に集まる。この環境が失敗をもたらせた。「失敗」理由として、栄一があげているのは次の二つ。

食べ物に賞罰をつけ、言いつけた仕事を気持ちよく成し遂げたときには、その子だけに何か特別に美味しいものをやり、悪いことをしたときには食物の分量を減らした。普通児の幼い子や低学年の子らの視線がチラチラと特典のついた元浮浪児の食事へとのびる。そのうち普通児のなかから、美味しいものをもらった浮浪少年を羨《うら》やむようになった。罰をうけて減量されても、その意味を理解できない幼い浮浪児が、自分のものを恨んだりするようになり、不平不満がふき出した。つまりはアメとムチの論理を単純に理解して実践したのが大失敗のもとになっている。

おいうちをかけるようにして教師たちに衝撃を与えたことがある。

おとなしい普通児と浮浪少年たちが一日に、なんども顔を合わせることに教師側は無頓着、何ら危機意識をもっていなかった。一三、四歳の少年と思っても、実際の年齢が一六、七歳の少年もいる。養育院で成長する女の子のなかには可愛い子が少なくない。少年たちの気持ちがどうしても可愛い女の子の方へと向いてしまうのであった。

実情を知った栄一と憲忠はまたもや頭をかかえた。敷地内に感化部をおいたことが間違いであることに気づき、感化部を市外の適当な場所へ移そうという結論に達したのである。

ふたたび建築費が必要となった。こんどは資金的にも東京市の保護をうけることになる。熟慮の結果、栄一はふり出しにもどることを覚悟して感化院の移転を宣言したのである。

移転の件が市会で認められたのは、明治三五年二月二五日のことであった。

井之頭学校の設立

栄一が「失敗」と公言した時点で、憲忠が移転先の調査に動き出している。

移転先の候補地がどの史料にも載っていないところをみると、最初から憲忠には心に期した場所があったようだ。それは前の農商課勤務時代、池の周辺の土地を整備してせっせと杉の苗や桜の苗木を植えた神田上水の水源地、武蔵野村の井之頭であった。あれから一五年が経つ。杉も桜も成長した。憲忠は深い因縁を感じながら愛着をもって同地を選んだのであろう。

移転場所については、これまで感化教育を研究したかいがあって、栄一と憲忠には共通認識があった。イギリスの最古で最大の「レッドヒル感化院」とフランスの伝統ある「メトレー感化院」の教育法から「家族制度」と「農業教育」の重大さを学んでいた。それらを実践するためにも、次の移転先には、豊かな自然のある相当な広さの土地が望ましいと期待をしていた。

そこには感化部創設以来、浮浪少年たちを観察してきた二人の思いがある。

少年たちには共通した短所があった。我の強さである。自己中心で公共性がない。栄一の説明によると「親切心（おもいやり）がない」となるが、そうなった原因を少年のせいにはしていない。父母や保護者のいない少年たちは、与えられるべきものも忘れられていると杞憂するところがあるため、知らないうちに権利を主張し、我が強くなるのだというように、少年たちの育ちの環境の劣悪さに原因があるとみていた。彼等の虚偽《きょぎ》、残忍さ、盗癖などの悪性を矯正していくには、親や保護者と同様の情愛をもって接していく家族形態が重要であり、大空のもとで汗水たらして働いて、植物の収穫を感謝できる農業教育が必要である、と考えていたのである。

移転先の候補となった井之頭とは、現在のＪＲ中央線・吉祥寺駅近くの井之頭恩賜公園のことである。当時の最寄り駅は甲武鉄道の吉祥寺駅となる。

『栄一日記』によると、明治三五年一月二六日の寒い日に、栄一は憲忠と職員の山本を同行して初めて現地視察に訪れている。風致絶景。水を湛《たた》えた静かな池と青々とした森林のコントラストが美しい。栄一は移転先には同地がよいと判断し、ここは大勢の人々がくつろぐ市の公園にふさわしいと思った。「公園の整備をするのは、公共観念が希薄なうちの生徒にぴったりの労役ではないか」と、提案する栄一に、憲忠も「それは実物教育（当時の表現）になりますね」と賛成した。ということは、現在の井之頭恩賜公園は「渋沢栄一」の提唱した公園となるのであろうか。

井之頭は宮内庁の御料地であった。

八九〇〇坪を借りるにあたって、宮内庁と九年間の拝借契約をかわすことになっていた。契約の直前、明治天皇陛下の思召《おぼしめし》により「感化のため公衆のために東京市へ下付《かふ》すべし」との御沙汰《ごさた》がくだった。御料地が東京市へ恩賜《おんし》されることになったのである。現在の「東京市（都）井之頭恩賜公園」の誕生にはこんな秘話が隠されている。

明治三八年三月二日、竣工。資金不足のためフランスやイギリスの感化院のような家族制が活かせる建物とはならなかったが、二階建て寄宿舎制の建物と役宅が完成した。

「東京市養育院感化部」から、新たに「東京市養育院感化部井之頭学校」が誕生したのである。

この学校は、通常「井之頭学校」と呼称されることに決まった。

そこにはこんな小さなエピソードが遺されている。開校をひかえた一週間ほど前に市会が開かれた。多忙のため上申書の下書きを作成していなかった憲忠は、会の直前、急いで書いた下案を栄一にみせた。あわてて黙読した栄一はこれを口頭で堂々と上申した。

「校名に感化《かんか》や懲治《ちょうじ》等の言葉を使えば、世間が、子どもたちを不良であると認めます。門標、および院内では、井之頭学校と呼ぶようにしたいと考えています」。全員一致の賛同。尾崎市長の許可も六日後におりた。以前、感化部設置に反対していた議員たちもここにおいて子どもを信頼し、その身上に明るい未来の到来を期待するようになっていたのである。当時としては画期的な出来事、社会が「子ども」をうけ入れ理解していく過程《プロセス》がみえてくる。

諸般の準備が整った半年後の明治三八年九月二二日、本院感化部から二六名の生徒が新築校舎に移ったのである。そのあと、同月の二九日が開校式となった。

午前一一時の開会式に向けて吉祥寺停車場に下車した来賓者は、林間の新道路を経て井之頭学校の門をくぐった。遠州流生け花（寄附）が飾られた道を歩き、式場である階上の講堂に入ると、卓上に松竹梅の挿《さ》し花、柱上には大時計（寄附）がかけられていた。式典終了後の来賓社は、白布をかけた卓上の中央に挿し花をおいた各教室で中華料理の折詰め弁当を食べ、室内と林間とに一か所ずつ設置された模擬店のビールを自由に飲んでくつろいだ。食後には校舎の各部所を巡回して帰途についたのである。

午後三時になると、校舎は村人に公開された。

来観者数は一〇〇名。いっときは門前に市をなすほど老若男女がおしよせた。

平時の静寂が井之頭の林野にもどったのは夕日が落ちてからであったという。

〈養育院は博愛済衆の主義から出来たものであるが、其の本来の使命は啻《ただ》にそれ計りではなく社会の上から云ふと他を愛するのみならず、自らを愛する為に是非ともやらねばならぬものである。

即ち感化事業は慈善事業の中でも最も重要なものと私は思ふのである〉（『青淵回顧録』上巻）
養育院において、慈善事業の一部門である「感化事業」を拓《ひら》いた栄一の活動が、その後、わが国の土壌にしっかりと根をはり数知れない不良少年・少女を救助することになる。

感化事業は発展した。井之頭学校が、明治三九年四月一日から東京府の代用感化院に指定されて「府立井之頭学校」となった。大正八年には、教護の困難な少年を全国からうけ入れる国立の施設「武蔵野学院」が開院されている。

やがて周辺に茶屋や料理屋が立ちならぶようになると教育環境が問題視されはじめ昭和一四年四月二五日、「井之頭学校」は北多摩郡東村山村に移転し「東京市萩山実務学校」と改称された。現在、同地で児童自立支援施設となって存続、「東京都立萩山実務学校」が名称である。

なお、明治三三年公布の「感化法」は、大正時代に一部改正をみて昭和八年五月五日の「少年教護法」の公布により廃止。「感化院」は「少年教護院」と改称されている。

第10章　若い事業家を育成

〈明治三十年から三五、六年の頃の翁《おきな》（栄一）は、真に飛ぶ鳥を落とす勢《いきお》ひで、実業関係のみならず、他の社会事業、当時は慈善事業と云ったものも、一つとして渋沢男爵に援助を受けないでは出来ないと云ふ有様《ありさま》でありました〉（『竜門雑誌』）

これは、栄一の逝去に際して免囚《めんしゅう》保護活動家の原胤昭《はらたねあき》がよせた〈特に『翁』と申し上げて青淵先生を偲ぶ〉と題する追悼文の一節である。当時は刑を終えた人に対する社会復帰の支援活動を免囚保護・出獄人《しゅつごくじん》保護といった。現在これらの言葉はない。

この〈明治三十年から三五、六年〉とは前章でスポットをあてた時期になるが、本章では同時期のもう一つの状況、栄一が慈善事業家として後続者にうけ入れられていく様子をおってみる。

〈飛ぶ鳥を落とす勢い〉

〈一つとして渋沢男爵に援助を受けないでは出来ないという有様〉

という印象をたいたのは、原だけではなかったようだ。

『栄一日記』の〈明治三十二年〉（六〇歳）のページを開いてみると、栄一をのぞいて、現代の社会事業史・教育史に「社会の開拓者」として記《しる》されている名前が頻繁に出てくる。

石井十次（三五歳・宮崎県生・以下同）、留岡幸助（三六歳・岡山県）のほか、原胤昭（四七歳・東京日本橋）、憲忠（四三歳・岡山県）等。大隈重信の紹介による教育家の成瀬仁蔵（四二歳・山口県）の名前は同年も別年にも多い。それは明治三四年四月に、成瀬が小石川区目白に日本女子大学を創立するにあたって、栄一が建築委員会兼教務委員をひきうけ、大学創立後には会計監督となっているため。成瀬との関係から日本女子大学には力を入れた。明治四一年の大学創立第七回記念式典時には「晩香寮」を寄贈するなど、二七年間にわたって多額の経済的支援をつづけた。大正八年に初代校長の成瀬が死去し、二代目校長も去ったあと、三代目校長に栄一（九二歳）が就任している。それは、死亡年（昭和六）の四月ことであった。また別年には、廃娼運動や結核療養所の設立等に功績を遺した救世軍の山室軍平《やまむろぐんぺい》（二〇代半ばすぎ・岡山県）の名前もよくみられる。

尊敬の眼差し

若い慈善事業家や教育者の多くは、依頼事のために栄一のもとを訪れた。依頼内容を理解したときの栄一は多忙を理由にことわらなかった。その代わり、時間や場所の設定には栄一の事情が最優先されたのである。若い人たちとの交流の一例を、冒頭の原との関係でみてみよう。

原胤昭《たねあき》は憲忠や高瀬真卿と同様、社会批判が原因で青年期に投獄された体験をもつ。キリスト教の博愛精神を心の支えに教誨師《きょうかいし》となった。英照皇太后の崩御に際して東京市に恩賜金がおりる際、栄一がそれを養育院の基本財産にと動いたことは先記した。同時期、『東京毎日新聞』の事務の仕事についていた原は、崩御の特赦で何万人という囚人が監獄から出てくるなかに、自分を頼ってくる者があることを予想した。一人の男が訪ねてきたのを機に、明治一六年から出獄者に家庭を開放。彼等を保護しなければふたたび犯罪を起こすかもしれない、と心を痛めて保護活動にのり出した。同三一年一月、急遽神田南神保町に「東京出獄人保護所」を設置したのである。

栄一と原との出会いは、〈私が犯罪行為をなす出獄人保護に当たって居《い》たので、翁としては不良少年の感化事業の研究に頭を悩まして居られた際であり〉とあるから、前記の田中太郎や窪田静太郎と同じ。感化事業を研究していた栄一が、原に声をかけて飛鳥山邸に呼んでいる。

初対面の原に、突然、栄一はこうきり出した。

「私はあなたの事業に金を出しておりましたか」

否定的な原の返答に、栄一は「それはすまんことでした」といって、その場で秘書の八十島《やそじま》を呼んで金の支出を命じ、それから毎月若干の支援金を送るようになったという。

支援金については、別の機会に、栄一はこんなこともいっている。

「原さん、あなたの事業は誠に困難な事業だ。ご心労を察します。あなたのような方に事業で苦労をさせ、資金に不自由をおかけしてはすみません。金が必要なときは仰有《おつしや》ってください。私は大した金持ちではないが、友達には金持ちもおりますから、相談してご援護いたしましょう」

原の筆には、このときの栄一の表情が〈熱誠《ねつせい》をこめて云ってくださった〉とある。

富豪の友人の財布もねらって、大真面目に「私は大した金持ちではないが、友達には金持ちもあります」という、栄一の正直さ生真面目さに思わず笑ってしまったが、各分野で台頭してくる若い慈善事業家たちに期待をよせながら、寄附金集めは自分の役割、若い者に資金の苦労をさせては申しわけないと考えていたようである。

原には、来客のいない飛鳥山邸で椅子を近づけて、栄一と存分に語り合ったという経験がある。そのとき、原は「私は出獄人保護を天職と心得ています」と述べたあと、栄一に「慈善事業の動機」を質問している。栄一は〈大喜びの様子で、いつもの優しいお顔を一層優しくされて〉、よく聞いてくださったといって話はじめた。

「人の道を正しくふむため、私は生きるも死ぬるも、ただ人のために心を尽くしていきたいと思っています。碁や将棋、酒食は楽しみとはなりません。私の楽しみは人のためにすることです」と説き、孔子の教えや教訓を詳細に語ったという。

栄一の語る「私の楽しみ」は、序章で記したように、晩年は「社会事業はみずからの道楽」と整理された言葉で語られるが、すでに六〇代前半から、同じ意味合いの言葉を公言しているのは興味深い。感化事業の研究に懸命であったころの栄一の内面が充実していたことを告げている。それに、原の〈いつもの優しいお顔を一層優しくされて〉は、前記の田中太郎の〈春風〉の印象と同じ。いつでも、誰にも、栄一が表情を柔らかくして対座していたことを知るのである。

『栄一日記』の明治三三年六月二日付に、栄一が、原の経営する神田南神保町の出獄人保護所を訪問し、強盗・窃盗・殺人・放火・賭博・浮浪・売春・その他の、前科ある五〇名の大人の様子を一時間ほど見学したことが記されている。このとき、これまで四、〇〇人以上保護したという原の話を聞いて、栄一は、その生き方への理解を深めたようである。

憲忠が原に「渋沢院長が貴方の噂をされましたよ」と、耳打ちしたことがあった。

「(栄一がいうには)私は今軍人になれといわれるなら、軍人となって、一方の将校として働きましょう。商工業ならどんなことでもその先頭に立ってやる自信はある。政治家でも教育家でも人間社会のことであれば、みな相当にやれると思う。だが、ただ一つ、やってみようと思わないのは、原君のやっている出獄人保護の事業である」

この言葉を聞いた原が、感激したのはいうまでもない。しかし、この話を額面どおりにうけとることはできない。憲忠の筆によるものだから栄一はこのとおり語っていると思うが、勘繰りたくなるのは「やって見ようと思わない」という言葉である。出獄人保護事業は栄一にとって、それほど難しい仕事であったのか、それともしたくなかったのか、そんな疑問が湧く。

というのも、養育院の出獄保護所の設置は明治一六年一〇月のこと、同二二年一一月には、刑期中の重病人と治療中に満期釈放となった病者をひきうけ、病気が治るまで入院させ、回復後は行き先の世話をして送り出している。事業は継続中。明治一〇年代から出獄人保護所に関する建議書をいくども提出してきた栄一にその救済意識が乏しいはずはない。栄一は仕事にうちこむ原の姿に魅《ひ》かれ讃《たた》えたのではないか。褒《ほ》めることは励まし勇気づけることである。本院の出獄保護開設と原の出獄人保護開設が同じ一六年であることも、栄一を嬉しがらせたようである。

原も栄一に好感をだき信頼を深めた。栄一からうけた恩として、原は〈一つは私の仕事に対する奨励、今一つは限りない大きな援護であります〉と、精神面の応援を二つあげている。

養育院の院長となって、栄一の身上に二四、五年の歳月が流れた。

若い慈善事業家たちは最初、栄一が養育院のために真剣に働いていることを素直にうけとってはいない。憲忠が面接時に「多忙な渋沢さんが本当に養育院の仕事をしているのか」と訝《いぶか》しがり、田中太郎が「渋沢さんが富豪であると云うことが少し気に入らず」と敬遠したように、後続者たちは、実財界と慈善事業という一見相反する両世界で活躍する栄一を容易に理解できなかった。

だが、ひとたび栄一に接すれば、誰もが、人格の高邁さ、柔軟な思考力、人間的スケールの大きさに驚き尊敬の念を強くした。それに、栄一は他をよせつけないほどのキャリアをもつようになっていた。実績においても比する慈善事業家はいない。その栄一が若い彼等に柔和な表情で応対し耳をかたむけ激励して援助する。若い彼等には、実財界と慈善事業界を牽引《けんいん》し、ひときわ聳《そび》え立つ存在にある栄一の姿はまぶしく、偉人というより巨人にみえたのではないだろうか。

栄一にしても、本所長岡町時代までの仲間といえば、実財界や政界の人々がおもだっただけに、今日のように若い人たちと膝を交えれば、新知識を得られて勉強になるし、たがいに心がかよい合うところもあり、新しい力が湧いてくる張り合いのある時間となっていたことが想像される。

〈明治三二年〉は、若い慈善事業家や教育者たちとの交流がさかんになると同時に、彼等が栄一を慈善事業のリーダーとしてうけとめ、ともに歩みはじめた年、別の言い方をするならば、栄一が若い事業家たちを育てはじめた年ということもできる。

ただ〈真に飛ぶ鳥を落とす勢い〉という、この原の印象は、感化事業に傾倒する栄一の姿だけをさしているのではない。大塚辻町時代の前半、ことに明治三〇年代には、数多くの新規事業に着手していることから、これ等を総合した栄一の活動が彼等にはそう映っていたのである。

「渋沢栄一」の活動と他の慈善事業家の活動とは大きく異なるところがある。公営施設か個人立施設かの点である。それゆえ栄一の活動には結果となる表側の出来事のみならず、目の届かないところ、すなわち市参事会・市会との地道なかかわり方がきわめて重要な意味をもってくる。両議会においてまっこう勝負さながらどれほど議論をかさねてきたことか。仕事の大小を問わず提出する上申書の承認によって一つひとつの行動が可能になるという、この社会のルールに則《のっと》った活動の仕方は晩年（大正の後半）までつづく。栄一の言動を市参事会・市会が受容することは即庶民の生活文化の向上に影響をもたらすことになり、両議会でかわされる議論そのものに「時代の開拓者」としての真骨頂という一面が隠れている。この部分が活動から欠落すると、栄一の努力行為の理解度が浅くなるのは否めないが、以降はそれらの多くを割愛していくことになる。

次に本所長岡長時代の初期の新規とりくみ事業をポイントのみ、略式で紹介しておく。

明治二九年（五七歳）＝　五月、六名の児童が東京盲唖学校に通学。看護婦養成開始。

明治三二年（六〇歳）＝一二月、看護法講習会が実施され一八歳から三〇歳までの入学合格者の女性が講習生となる。同時に保母養成と女子職員講習会が開始。

明治三三年（六一歳）＝　七月二二日院内に感化部設置。八月五日、安房勝山《あわかつやま》に虚弱児の海浜療養所設立。

明治三四年（六二歳）＝院内に盲唖児の教室を設置し教育を開始。

＊院内に幼稚園を開設。男児二六名・女児二四名。午前九時から一一時、午後一時から二時までの三時間。知育・手工の修練を開始。

＊院内にハンセン病者専用の回春病室を建設。

＊『東京市養育院月報』を発行。

＊無料宿泊所を本所若宮に創設。

若者に道を拓く

若い慈善事業家たちを感動させた事業は色々あると思われるが、『東京市養育院月報』（以後『月報』と略す）を紹介する。本稿で再三利用している『月報』は、明治三四年三月に養育院が創刊した月刊の機関紙である。創刊目的には、本院の活動実態を世間に知らせることのほか慈善事業界の指針を示す啓発運動の役割も担っていたようである。機関誌の制作には資金と人手がいるため、当時としては珍しい、貴重な慈善事業界の専門情報誌ということもできる。

栄一（六二歳）が『月報』主筆に抜擢したのは以前、自邸にまねいたことのある田中太郎であった。肩書は「養育院月報編纂事務嘱託」。太郎は勤め先の内務省統計局と兼任している。

先に『月報』についてふれておこう。刊行期間は三七年間におよぶ。その間、編集責任者や編集方針が変り、題も『養育院月報』『九恵』『養育院月報』『養育院時報』『救護事業』と変わっていく。創刊から栄一逝去の昭和六年までの紙面をみていくと、研究論文や海外情報が多い。院内情報も詳記され、全体的に記事内容は豊富。題の変更があるように雑誌の形態も変化している。

ここでは『月報』第一号を使い、当ページの「寄附欄」のみとりあげて説明していくことにする。形は四六判、紙面構成は一段が一八文字×二八行の三段組、全体は二五ページ。目次は〈論説・雑録・家庭・院報・広告〉とあり、後部の八ページが〈寄附欄〉で、そこは〈本院資本寄附・本院寄附物品・感化部寄附金〉と三つに分けられている。

〈本院資本寄附〉欄に記載されている寄附者を数えると四八八名。公爵徳川家達、伯爵大隈重信、財界人の安田善次郎、三野村家、岩崎家など著名人や富豪の氏名が目立つ。

機関誌全体から「寄附金額と回数」をみていくと、やはり栄一がずばぬけて多い。三〇〇〇円、二五〇〇円、五〇〇〇円と大口の金額が本院基本財産の安定してくる大正一四年までつづく。寄附金の全額は見当もつかないが、巨額となるのは明確で改めて養育院に対する栄一の思いの深さを知らされる。毎月、六円、一八円、一五円という少額の寄附金もある。これは土産とした子ども用の菓子代の金額で、それは死亡した翌月分まで払いこまれている。

次いで「寄附者」に目を凝らして、長期間の協力者をみていくと、富商のなかでも、初代にかぎらず後のちまで養育院を支持する三井と岩崎（三菱）と大倉は別として、大概の著名人はいつの間にか寄附金を終了させている。寄附する頻度としては、〈寄附物品〉を届ける市井の人々が多い。たとえば〈船形町　山口惣吉　南京豆〉〈館山　生稲芳太郎　湯屋／保母幼童の入浴を無料にて寄附〉〈館山　葛保太郎　幼童の理髪を寄附〉など、安房勝山や船形を中心とした周辺の人々の名前が後のちまでくりかえし載っている。このことから、いかに養育院が地域の人々に支えられ、栄一の活動が社会の隅々まで浸透していたのかが分かる。

ときおり外国人の名前があるのは栄一の交友関係からである。

執筆人の話に移ろう。執筆の中心は英語力にひいでて海外文献に詳しい太郎で、元新聞記者の憲忠も本院内部の情報を担当、二人は複数のペンネームを使い分けて記事や研究論文の多くを執筆、数年後から、院内の教員や医者、慈善事業に造詣の深い関係者も参加してくる。栄一による児童向けの訓話や講演内容が、毎号紙面の冒頭を飾るのは、大正の終わりごろからである。

栄一が太郎を主筆に選んだのは、当然『月報』の充実をはかるためであった。統計学の視点から社会の実相をつかんで問題提議をして解決にのぞもうとする太郎の内に秘めた能力を見抜いていたからである。優秀と見込んだ若者を栄一は積極的に応援した。太郎は主筆となった翌三五年四月に、イギリスの感化院の職員の論文を翻述した『開明諸国に於ける感化事業』を出版しているが、その序文を栄一が書き、翌三六年七月出版の私家版（自費出版）・翻述書『窮民救助法論』の序文にも〈本書を刊行できたのは渋沢青淵先生の厚意《ママ》によるもの〉とある。明治三七年六月には、東京商法会議所の統計事務顧問の嘱託に世話をし、明治四一年五月には慈善事業・感化事業の視察目的の欧米巡回をあとおしした。社会事業の学者として太郎が活躍するのは、一年半の欧米旅行から帰国してからであるが、そこには帰国後、各大臣と有力な富商とマスコミを集めて太郎に帰国報告をさせるなど、表舞台にひき立てた栄一がいる。

若者に人生を拓くチャンスを与えるのは、栄一の喜びであったようである。

日常の素顔

慈善事業や青年に対してだけでなく、栄一が「人」を大切にしたことは、これまでにたびたび述べてきた。日常生活のごく私的な時間でそれを象徴しているのが「朝の面談」である。

起床後は入浴、散歩、和服で机の前に端座して鉛筆で日記をつけ、朝食をとり、そのあと仕事に出かけるまでのひとときを人々との面談に費やしている。

栄一と面会するには、紹介者も紹介状も不要、会いたいと願う人であれば誰がきてもよかった。面会の希望者には、事業や商売の意見を請う人、身のうえ相談の人も多かった。なかにはいきなり「私をあなたの書生にしてください。今すぐでも私の方はなれます。そのつもりで荷物を詰めた行李《こうり》をもってきましたから」というひとり合点の学生、「ボクに一万円貸してください。それが日本国家のためです」というおかしな男、モジモジして何をたずねても用件をきり出さず、あとにつかえている面会者を気遣って栄一をハラハラさせる男もいたのである。

当時の実業家や政治家は自宅で面会者を迎えていた。なかには面会人を品定めして面談の是否を決める政治家もいた。しかし、自宅に見知らぬ人をあげるのは危険ではないのか。初代文部大臣の森有礼は自宅で凶刃に倒れた。享年四三（憲法発布の日・明治二二年二月一一日）。養育院に協力を惜しまなかった銀行家の安田善次郎も大磯の別荘で暴漢に刺殺された。享年八四（大正一〇年九月二八日）。ほかにも自宅で暴漢に襲われ絶命した人々がいることを思うと、栄一の自由な面談はいささか無防備すぎるのではと危惧するところもあるが、とくに危険な目には合っていない。多くの面会者は礼儀正しかったそうだ。栄一は哀れな寡婦の身の上話や不孝を背負った貧しい学生の話に耳をかたむけ、誠実に助言をしていくうちに面会の時間をこえてしまい、約束していた銀行集会場や商法会議所から、矢の催促の電話がかかってくることもあったという。

多彩な女性関係

「人」を大切にするという点では、憲忠との間柄については、述べておきたいことの一つである。職員の目には、栄一と憲忠が似た者同士と映っていた。

二人には共通点があった。反骨精神をつらぬいた過激な過去、時局を読む的確さ、行動力と粘り強さ、背の低いずんぐり体形、丸顔で太い眉毛など容貌も似ていた。いつの間にか職員の間では、栄一を「金持ちの渋沢さん」、憲忠を「貧乏な渋沢さん」と呼ぶようになっていた。似ているという点では、色々な人が色々なことを口にした。

前記したが、栄一と憲忠の齢の差は一七、当時の親子にみられる年の差である。

栄一の関係する会合で、ある会員が憲忠の顔をジロジロとみながらこうたずねた。

「安達さん、あなたと渋沢さんとは、本当の親子ではないのですか」

一瞬、呆気にとられた憲忠は、そのあと、お腹が痛くなるほど笑い転げた。憲忠は嬉しかったのかもしれない。大笑いが否定の回答だと知ったその会員が事情を明かしてくれた。

「仲間うちでは、あまりに安達さんと渋沢さんが似ているものだから、あの親密さからいっても、ただの関係ではなさそうだ、きっと二人は親子に違いないと、もっぱらの噂ですよ」

噂の主たちは、幕臣時代の栄一が憲忠の故郷である岡山へ仕事で行ったことをひき合いに出し、「多分、そのときの落とし胤《たね》が安達さんではあるまいかと」と、帳尻を合わせていたのである。

そうかもしれない、とこうした邪推が周囲に肯定されるほど二人の息は合っていた。

憲忠は職場に私事をもちこまなかった。養育院の面接時に、私事はいっさいもちこまないと栄一に約束したことを厳守してのことであったが、一回だけ破ったことがある。養子の市正《いちまさ》が大学を卒業するとき、渋沢系の会社へ入れて欲しいと願い出た。これまでの憲忠の誠実さを褒めた栄一は、快諾して市正の世話をしたのであった。

けじめをつけた関係を保っていた二人であるが、憲忠の私事の相談が一回であるのに対し、栄一の方はたびたびあった。次の話は、栄一が還暦の六〇歳（明三二）、窪田静太郎や原胤昭に会って感化教育・感化事業の研究をしていた多忙なさなかの出来事である。

ある日、幼い子どもの手をひいた美しい女性が憲忠の家を訪ねてきた。

「渋沢さんに会わせて頂きたいと存じましてまいりました。じつは昔、私は渋沢さんのお世話になっていた者です。この子がそのときの渋沢さんの子です。これまで養育院にお勤めの方で心あたりのあるお宅を訪問して相談しましたところ、皆さん、そういう話は苦手だ、僕では無理無理、安達さんならきっとお力になってくれるでしょうから相談してみてください、といわれるものですから、厚かましさを承知でうかがいました。どうか渋沢さんにおとり継ぎくださいませ」

またか、と憲忠は思った。用心もした。花柳界には産んだ子どもを背負って、あちこちと有名人の家の玄関先に立ってお金を要求する者、追い払われることが分かっていながら嫌がらせにくる者もいたのである。女の話を聞き終えると、憲忠は高踏的で冷たい物言いをした。

「このお子さんですか。どうみても渋沢さんに似ていないようですが。親子の名乗りをさせるのはいかがなものでしょう、どうも具合が悪いように思いますが」

必死で栄一との関係を説明する女性に、憲忠はいった。

「つまり、いくらかでも、お世話になったご縁で、援助をしてもらいたいということでしょう」

「さようでございます。今さらご無理をお願いするのも心苦しいのですが」

憲忠には女性の話がまんざら嘘でもなさそうだし、別段、魂胆があるようにもみえなかった。

「分かりました。近いうちに渋沢さんにお会いしますので一応話してみましょう。何といわれるか分かりませんが、その結果をお伝えしますので○○時に○○の場所へきてまっていてください」

女性が帰ったあと、憲忠は、エネルギッシュな栄一の性情を思って驚き、感心するのであった。何しろ「栄一の子ども」と名乗って憲忠を訪ねてきた女性はこれで六人目であったからである。

憲忠も心得たもの、何事もないかのように、平常心を装って栄一に報告した。

「また、こんな女性が訪ねてきて、妙なことを、いっていましたよ」

「誠にお恥ずかしい話ですが、その女性のことは身におぼえがあります。が、今さら会う必要もなかろう。その子が私の子か、そうでないかを調べたところでせんないこと。今女性が困っているのなら私の気持ち分をしてやりましょう。たびたびお世話をかけますが、よろしく頼みます」

憲忠は栄一から金一封を預かり、女性にとり継いでいつものように始末をつけたのであった。

妾《めかけ》の件にかぎっても、栄一は六回を数えるほど憲忠にお世話になっていたのである。

当時の政治家や富豪の商業家には艶福家が多かった。派手な色事でよくひき合いに出されるのが伊藤博文、井上馨、栄一、大倉喜八郎など、ほかにもわんさといる。それぞれ堂々と自身の女性関係をあかしていた。後年の栄一が、ある会合でのインタビューに答えて〈近藤氏とは、私が柳橋のお鯉《こい》と云ふ女に出来た子供を、明治八年に此人《このひと》が貰《もら》ったのでそれから知り合いになった〉(『雨夜譚会』)と、とくに恥じらう様子もなくさらりといってのけるところに一例をみる。

栄一とお鯉との恋物語を調べてみた。当時の花柳界に「お鯉」という名前の名妓はいた。日露戦争のころ首相桂太郎に莫大な金額で落籍された愛妾《あいしょう》もお鯉。お鯉の回想筆録に『お鯉物語』（安藤照著）があるが、それによるとお鯉は桂の子を産み、桂がその女児に露子と命名している。栄一の名前は出てこない。桂の子を産んだお鯉と栄一の子を産んだお鯉とが、同一人物であるような、ないような、判断できない。別の史料には、一四歳で新橋から芸者に出た東京生まれの安藤照は、目千両といわれる美人で新橋の売れっ子となる、とある。この安藤照さんがお鯉であろう。ここでは目千両といわれるほど美しかったことしか分からない（下川耿史編『近代子ども史年表』）。男が妾《めかけ》（愛人）をもつことは江戸時代から公認されていた。非公認となったのは明治三一年である。西洋文化の摂取にやっ気になっていたわが国にしては遅い。栄一にも法律の効果はなかった。

前掲の渋沢秀雄著にも、父栄一の女性関係のことは出てくる。

〈以前、私は父の明治四十二年（栄一・七〇歳）の日記を見ていたところが、夜の宴会に出たあとなどに、ときたま「帰途一友人を問ヒ、十一時半帰宿ス」と書いてあるので、思わず失笑したことがある。（略）父の「一友人」は、二号さん（妾・愛人）なのである〉〈日記にわざわざ「一友人ヲ問ヒ」などとつける克明さがおもしろい〉（『父渋沢栄一』下巻）

学生であった秀雄と兄の正雄は、栄一の「一友人」宅、つまり妾宅が本郷真砂町周辺にあったことを知っていたらしい。この妾宅の説明が別書にある。

〈偶然だが、私は渋沢翁の「一友人」の家を知っている。本郷は本郷でも春木町にあった。私の一友人（これはほんとうの友人である）が買いとって住んでいたのだが、堂々たる門構えの我々の本宅よりもりっぱな家で、ことに風呂場と便所はよく出来て居り、風呂場は何のためか知らぬが中から鍵がかかるようになっているとのことだった〉（『吉田精一著作集』別巻一『随想』）

栄一の女性関係は世間では相当有名な話であったようだ。

秀雄はこんなことも書いている。栄一の一友人は芸者だけではなかった。家で使っている女中もいたという妻妾同居を記し、さらには〈現に「一友人」の子の一人は一高のとき私と同級生になり、現在もなお半分他人のような、半分兄弟のような交際をつづけている〉と。

クラスに栄一を父にもついわば異母兄弟がいて、今も交際しているというのである。

そんな秀雄にも複雑な気持ちをかかえていた時期がある。

〈中学の二、三年ごろは私も父の一友人に憤慨した〉と、正直に述べている。

派手な女性遍歴のある父をもつ大金持ちの子どもの気持ちとはどんなものであろう、と考えているときに、大倉喜八郎の子息雄二の告白に出遭った（大倉雄二著『逆光家族──父・大倉喜八郎と私──』以下同）。二七歳のゆうが、八二歳の喜八郎の子を産んだのは大正七年一二月、誕生した子が雄二である。ゆうと雄二は、向島の大倉別荘で暮らすことになるが、ここをとりしきるお歯黒のお照さんという、品のよい老女も昔は喜八郎の女であったという。

〈私の父は大倉喜八郎である。余りに年の違いすぎる父に、私は血の通う「お父さん」とは思い難く、決してお祖父さんでもない、──実を云えばお祖父さんどころではない、年の開きから云って曾祖父か、間違って御先祖様に対面してしまったような気がしないでもなく、私はいつも奇

妙な江戸時代と現代との短絡に困惑を感じている〉

両親の齢の差があまりに大きいため、雄二は喜八郎を「父」とは思えず「御先祖様」にみえたということか。聞いてみなければ想像すらつかない大金持ちの子息・雄二の内面である。

大倉喜八郎も栄一同様、教育に力を入れていたが、両者とも艶聞が多い。

とくに栄一は社会の人々に道徳と経済の合一を説く「論語と算盤《ソロバン》」の思想を公言し、「論語を実践して生きる人」として人格者の評判が高かった。それだけではなく、西洋文化およびマナーや学問を修得する女子の学校を作る目的で設立された「女子教育奨励会」に関与し、永田町に東京女学館を創設（明治二二）して以来、日本女子大学をはじめ数多くの女学校設立にたずさわってきた。女子教育の奨励のために、成瀬仁蔵等とたびたび地方講演にも出かけていたのである。

世のなかで、栄一に直接注意する人などいないなか、成瀬だけは違った。

「婦人も国民ではありませんか。渋沢さん、あなたは婦人を人とは思わない。あなたの欠点はそこにある。あなたは外《ほか》には申し分のない人ですが、どうもこの点だけは同意しかねます」

耳の痛い忠告である。多彩な女性関係をもつことになった栄一の言い分がある。

〈維新前後、社会が最も混乱して居た時代に遭遇《そうぐう》したこととて、今日死ぬか明日死ぬか、殆《ほとん》ど生命さえも安心の出来ぬ有り様であつたから、行状なぞも時には放逸《ほういつ》に失《しっ》し〉（『青淵百話』）

と、生と死のはざまで生きぬいてきた若かりしころの時代性を語り、自身でもその点だけが唯一の短所、悪癖であると認めていたのであった。

女性関係の旺盛さから思うことは、社会（福祉）事業における栄一の言動からは、当時も現在も未来までも、というように時代をこえた〝真理〟をみつけることができるが、こうした素顔からは、あきらかに栄一が「近代の人」であることを再認識させられるだけである。

しかし、どんなに父親が偉くとも、金持ちであろうとも、子ども時代に父の愛妾を知る子の内面は穏やかではない。子どもの純真なエネルギーが向かわなくともよい方向へと向かい、子どもの心に不釣り合いな悲しみや苦しみが生まれるからである。

ただ栄一と数多い妾《めかけ》との間にトラブルはなかった。家族間の諍《いさか》いの話も遺されていない。

母兼子のこんな言葉を、秀雄は書き遺している。

〈論語には性道徳の教訓がほとんどないので、晩年の母は私たちによくこういった。「大人《たいじん》も論語とはうまいものを見つけなさったよ。あれが聖書だったら、てんで守れっこないものね」〉

寄附金と社会還元

素顔という点から、ここでは家族しか知らない金銭についての栄一の姿を紹介しながら、寄附金にも言及しておこう。

ちょうど兄の武之助と正雄と秀雄の兄弟三人がいたとき、栄一はこういったという。

〈私がもし一身一家の富むことばかりを考えたら、三井や岩崎（三菱）にも負けなかったろうよ――ここで微笑を見せながら――これは負けおしみではないぞ〉といった。それに対して秀雄はいる。子どもたちに実業家としての自信のほどを語っておきたかったのであろうか。

これをもう少し詳しくした話が、自著（『青淵回顧録』以下同）のなかにある。

〈私なども若《も》し物質の成功者たらんことを希望したならば、或《あるい》は或《あ》る程度までの富豪になれたかも知れぬ〉。このあと富豪にならなかった理由を、〈自己の利害などを考えるひまはなかったのである〉と語る。

寄附についての話に移ろう。寄附金集めの際には、自身が先に出資し、それから寄附金用のカバンやガマ口をもって富豪をまわるのがつねであった。

しかし、その行いは、はたでみるより厳しい。

「私はずいぶん社会事業のために奔走し、養育院、理化学研究所、あるいはまた欧州交戦国への見舞金など寄附金集めをやっているが、決してラクなものではない」と述べる一方、「他人が出そうという気になっていないのに、お金を出させようというのだから、不快な顔をする富豪もいないわけではないが、それは苦にならなかった。事業に尽くすことを楽しみにしていたからで、義理でしたり名誉を求める気持ちがあればとてもできるものでない」と。

栄一の寄附集めは、会社や団体から一定の資金提供を望む、というのではなかった。あくまでも個々人の「思いやり」に頼ったため、奔走することになる。それは若いころの苦い体験から学んだことではないだろうか。時間を巻きもどして明治一一年の出来事を紹介する。

清国の北中部で三年も降雨のないことがあった。そのため住民が飢餓に瀕していることを知った栄一（三九歳）は、三井物産社長の益田孝《ますだたかし》、郵便汽船三菱会社社長の岩崎弥太郎、広業商社主長の笠野熊吉に呼びかけた。四人で「清国飢饉救済」を立ちあげ、新聞三社に告知と義援金募集の記事を掲載した。集まったお金は三万一〇〇〇円あまり。それを資金に米・麦旧銅貨等を用意して、三菱の岩崎弥太郎の風帆船敦賀丸で、大阪から上海を経由して天津に送った。ところがこの義援金の集め方に不平の声が出、それが『東京曙新聞』（三月一一日付）に載ったのである。

紙面で〈渋沢君は〉と名指しされ、他の三人は〈若干名〉となっている。記事によると、栄一は大臣参議より金一〇〇〇円、勅任官は二〇〇円、二〇円給は一円、四〇円給は二円、六〇円給は三円と出金を割りあてた。それが〈諸官省中内々苦情なきしにもあらず〉と批判をうけた。よかれと思ってしたことが、今でいうバッシングの的となったのである。以降、史料には会社や人から強制的に金額を決めて徴収している記録がないところから、栄一はこの経験から寄附の在り様を学習し、各自の自発的な行為を尊重したのではないかと思われる。そうなると海外の救済義援金の始祖、すなわち「事始めの人」もまた、栄一ということになろうか。

世間からみれば栄一も富豪の一人になるが、金銭に対してどんな考え方をしていたのか。

秘書の白石喜太郎の自著（前掲『渋沢翁の面影』）に次の記述がある。

〈実業界に在って、彼の花々しい活動をせられたときにも、報酬はできるだけ辞退された。四〇余年頭取の任に在った第一銀行の例に見ても、頭取が報酬を少なくなされるので、自然全体に報酬・俸給が少なかった如きはその例である。あれほどの因縁とあれほどの経歴ある第一銀行頭取としても左様であった〉と、重要な事実を述べたあとで、〈この姿勢を「謙遜」と言うと意識的になって適当でない。少ない報酬を取ったのはそれが適当であると信じたからである〉と結んでいる。栄一は第一銀行の報酬も多くはとらなかったという。

自分で働いて得た金銭は誰もが大切に使う。

栄一によれば、日本を代表する富豪は岩崎弥太郎で、そのふる舞いも豪奢であったとし、大倉喜八郎のふるまいも同様に豪奢としているが、両者は締まるところはよく締まったと現実的な一面をさし、当然のことだと肯定している。

〈およそ自分が辛苦艱難《しんくかんなん》し、汗水を流して貯《たくわ》え、厘毛から算盤《そろばん》を弾《はじ》き、汗油で産を成した人は、いかに贅沢に流れ豪華を競うように、人目には映じても、筒抜け底抜けの驕奢《きょうしゃ》はとてもできるものではない。どこかに引き締まった倹約な処があり、天物を暴殄《ぼうてん》せぬようにと心掛ける所がある。一向に前後を分別せず、思うがままに贅を尽くし、馬鹿な底抜けの驕奢を競うのは、親譲りの資産を持った富豪に限るものである。汗油で積み上げた財産だとなると、その貴きことをよく知っておるから、湯水を使うようには使えぬものである〉(『論語講義』三)

労働で得たお金を寄附に使うときの気持ちについては、次のように述べている。

「自分の斯《か》く分限者《ぶげんしゃ》になれたのも、一つは社会の恩だといふことを自覚し、社会の救済だとか、公共事業とかいふものに対し、常に率先して尽くすようにすれば、社会は益々《ますます》健全になる」

社会があってこその仕事と考え、懸命に働いたお金を「恩」として社会に還元していく。本来なら国あるいは東京市のなすべき事業を、先見性をもつがゆえに栄一が肩代わりして、寄附によって作り出した資金で、次々と公共性のある社会文化系事業を創設していった。まるで自らの理想をその寄附金に託すかのようにして、栄一は「お国のために」尽くしていたのである。

第11章　ハンセン病と隔離

明治六年ノルウェーの医師アルマウエル・ハンセンがらい菌を発見したことで命名された。ハンセン病は、らい菌という細菌によって、おもに皮膚と末梢神経がおかされる慢性感染症である。近年、ハンセン病は、一般常識として「伝染しにくい・治りやすい・外来治療ができる」ことが周知されている。が、この病気には、患者の人間性をふみにじり彼等の未来を奪ってきた「強制隔離」という、国とハンセン病医師の犯してきたおぞましい人権侵害の歴史が刻まれている。「隔離」のはじまりは養育院にある。本章では強制隔離にいたる前段階、約一〇年前後の在院者の生活に焦点をあて「栄一とハンセン病」と、ポイントのみになるが「栄一とらい病協会」に言及していこうとしている。ハンセン病の歴史は旧い。かつては「癩病《らいびょう》」と呼ばれた。現在「癩」を「らい」と平仮名で書いたとしても、この言葉自体が、差別と偏見の象徴となっていることから、史料からの転記はママに、文中はハンセン病で統一。病気のとらえ方は現在と当時とでは大きく異なる。そのため最小限にとどめるが、現在のとらえ方を記していくことにする。

昔からハンセン病は、感染力の強いチフスやコレラなどとは別にみられ、感染力は強くはなく、遺伝病あるいは血統病と思われてきた（現代医学では遺伝病・血統病ではない・迷信）。

養育院では、創立当初から三人から五人ぐらいの病者がいた。専門病院が乏しい時代ゆえ、秘本院が警視庁所管の仮収容所となっていたことから、同病者が集中している。

通常ハンセン病者は院内の医務室で診療をうけた。病状の進行が確認されると、神田猿楽町の専門病院〈起廃園《きはいえん》〉へ送られた。栄一が「本院事務局長」のころの建議書の初見、〈明治十年十二月二十二日〉に、同園に（棄児）を頼んだことが確認できる。（『養育院六十年史』）。

起廃園の開祖は岐阜県出身の後藤昌文。当時同病治療の権威者といわれていた後藤は「らい菌の感染力は弱い。完治する病気」であることを強調し、おもに外来の通院治療で患者を治した。大風子《だいふうし》の丸薬《がんやく》を内服させる治療法で、大風子実のしぼり糟の薬湯や栃皮《とちがわ》を煎じて飲ませている。

そうした対応が日常的に行われ、何ら問題のなかった養育院において、突如としてハンセン病が「うつらない病気」から「うつる病気」へと大転換したのである。

それは東大病院から三名が派遣されてきたなかの、一人の若い医師、光田健輔《みつだけんすけ》と関係がある。

光田健輔は明治九年一月一二日、山口県防府市で生まれた。高等小学校を卒業後、山口の私塾錦川学舎に学ぶ。一四歳で父が逝去。調剤の仕事をしていた兄を手伝う。同二七年、一九歳で上京。東京で唯一の私立医学校済生学舎へ入る。医術開業試験の前期と後期の国家試験に合格。同二九年、二一歳で東京帝国大学医学部選科に入学し病理学を専攻。選科とは医学の向上心に燃える者に門戸を開いていたコース。正科とは別で東大卒業生名簿に選科の学生の名前はなかった。

選科一年生。病理教室で初めてハンセン病患者の死体解剖に立ち合い、執刀医山際勝三郎教授の許可を得て〈結節癩〉患者の股《また》のリンパ腺の一片からとり出した菌を入手した。

選科二年生。同年〈明治三〇〉、光田はベルリン開催の第一回国際癩会議の記事が載っている医学雑誌を読んで強烈な刺激をうけた。光田著『回春病室』によると、会議には細菌学者のコッホ博士や皮膚科の第一人者がまねかれ日本の土肥慶蔵博士も出席。開催経緯は、東部ドイツのメーメルで二〇数名の患者が発生し、調査の結果、伝染源は隣国ロシアからきた女たちと分かった。らい菌の根絶対策が世論となり、究明のため、世界中から医学者を動員して会議を開いた。雑誌には、会議で研究者たちがライ菌の所在について激しく論争したことも載っていた。

これらの情報や議論が光田の頭から離れなくなった。医学部の学者に正誤をたずねても明確な回答は得られない。らい菌の学問的な興味が湧きあがってきた。

卒業時。養育院の医局に勤めていた病理室の学友が郷里に帰ることになり、後任として勤めることになった。このとき光田は養育院についての知識はなく、その所在も知らなかったという。

顕微鏡の衝撃

光田健輔が医局の雇員《こいん》となったのは明治三一年三月一日のことである。

話をもどすと、同年は本所長岡町から大塚辻町へ移転して二年目、憲忠が『窮児悪化の状況』

の原稿を提出したものの、栄一の気持ちがまだ感化事業へと動いていなかったころにあたる。
年齢を確認しておこう。雇員の光田は二三歳、栄一は五九歳、憲忠は四二歳。
冷静沈着で科学的かつ合理的な頭脳をもつ栄一と、博学で洞察力の鋭い憲忠が、そろいもそろってなぜいっぺんに思考を変えてしまったのか。

ことは光田の言動からはじまっているが、その前にこのときの光田の考え方を紹介しておこう。
〈前年、ベルリンで開かれた第一回国際ライ会議では「ライは伝染病であって皮膚粘膜がライ菌の巣窟である。その予防には病者を隔離するより方法はない」と結論せられているのであるが、日本ではまだ誰も「隔離」することを考えてはいなかった。したがってその病菌は至るところにふりまかれ、恐るべき病毒ははばかりなく伝播して、考えてもぞっとするような開放状態にあったのである〉（前掲『回春病室』以下同・なお、近年は第一回国際ライ会議の研究もすすみ、光田著とは異なる事実が導き出されている。また〈恐るべき病毒ははばかりなく伝播し〉については現代医学では認められていない）
〈私は就任早々、病者のなかに癩が雑居して居《い》ることを知った〉ことで、光田は、雑誌から得た国際ライ会議の情報などをまじえて知るかぎりの知識を、憲忠に伝えた。

憲忠は応えた。大学生の下宿にも同病者はいますよと。憲忠にしてみれば、創立以来、今日までの二六年間、同病者と同居している人のなかから感染者は出ていないし、毎日、彼等の診察をしている看護婦や医者の誰一人として感染した者はいない。それに入沢医長の言葉ならともかく、医療現場の実体験がないうえに、同病の研究も着手したばかりという、二三歳の新米雇員のいうことをどこまで本気にしてよいのやら分からないというのが正直な気持ちであったろう。話を聞き流したのである。

ところが、光田は人並みはずれた情熱と大胆な行動力をもって食いさがった。

〈これではならぬと私は安達幹事に顕微鏡で癩菌を見せた。そうして此《この》菌によって伝染することを話した処《ところ》、安達氏は大いに驚いた。やはり遺伝と思って居たのである〉

憲忠に〈顕微鏡で癩菌を見せた〉という。いきなり何ら医学知識のない素人の憲忠に顕微鏡をのぞかせる。そばで雑誌の情報から得たにわか知識も入れて、知るかぎりのらい菌の伝染の強さと隔離の必要性を強調する。病弱な在院者をかかえた現場の総責任者である憲忠の驚きは、どれほどのものであったろう。

憲忠の筆もある。(憲忠著『光田副院長を送る』)

〈光田君が御就職後、この有様(広間で患者がみんなと雑居)を見て「癩病は伝染病であるのに、他の病者と同室に入れたり、健康室へ雑居させたりしては危険であるから、速《すみ》やかに離隔せねばならぬ」と申し出られ、私どもは驚いて一日、二階の一室で其の伝染病の理由を伺ひました〉

それでも憲忠は、光田の話を鵜呑みにしないで入沢医長にたしかめた。医長は光田の意見を肯定した。「ハンセン病はもちろん伝染病であるから隔離しなければならぬ」。これまで同病に一言の助言もしてこなかった入沢医長が、ここでいきなり「伝染病と隔離」を言い出すのも、今にして思えば不自然であるが、疑心暗鬼であった憲忠の気持ちは晴れた。「ハンセン病は感染力の強い病気」「隔離が必要」。憲忠は光田の意見をうけ入れ、それから栄一に報告したのである。栄一の驚きも大きかった。自身の目でたしかめるべく多忙の時間をさいて養育院を訪れ、憲忠の案内で重症の結節らいの少年と対面した。七歳で酒屋の小僧となったというその少年は、ハンセン病の主人の家に住み、いつも主人のあとで風呂に入った。一二歳のころに斑紋ができた。病気はすすみ、主人同様、顔に酷《ひど》い結節ができておい出された。乞食をしながら東京にたどりつき、浮浪していたところを警察に保護され、養育院に送られたという経歴のもち主であった。

少年と対面したあと、栄一は憲忠の案内で初めて光田と会った。そこで伝染病と隔離の話を聞き顕微鏡をみせられた。二日にわたって話を聞き、そのあと入沢医長にもたしかめている。

光田の筆によれば、栄一に伝染病の話をしたとき、栄一は幼少時代の母栄の教えやハンセン病の子と遊んだ話をうちあけ、〈危ないことであったと何度もくり返して大きく感動せられた〉とのこと、その結果〈私の意見は用いられることとなった〉とある。

ハンセン病を「うつる病気」と、栄一がとらえたことは、母栄の考えを否定したことになる。このあと同病者の救済にのり出す栄一は人々と会うとき、幼少期のボタ餅の話をひき合いに出すことになるが、実際は母栄の言葉が正しかったのである。

ハンセン病者の全国調査が実施されたのは明治三三年、総計三万三三五九人と発表された。

翌三四年、院内に、回春《かいしゅん》病室と名づけられた同病者専用の隔離室が一棟設けられている。回春病室の設置年については、光田著の表現の仕方からか、現在、市販のハンセン病関係の書籍のほとんどが「三二年」となっている。が、〈三四年、さしあたって六号病室（十二坪）に隔離収容し、回春病室と名付けた〉（『養育院八十年史』）とあるように、『養育院史』はすべて「三四年」。これは『月報』でも確認できる。もっともごく普通に考えても養育院で何かを現実化するには、市参事会や市会の承認を必要とするこの複雑なプロセスと、同時期、両会で隔離が話題になっていない実情から察しても、二三歳の光田が赴任してきた翌年に回春病室が設置される、というのは話に無理があり、『養育院史』の「三四年」が正しいと判断できる。

なお、光田の自著の伝記作品には『回春病室』（七四歳・昭和二五・朝日新聞社刊）と『愛生園日記』（八二歳・昭和三三・毎日新聞社刊）がある。記憶の新しい『回春病室』の方が文章も伸びやかで説明も詳しいが、両著で一対となる話もある。ただし両著とも養育院の記憶には思いこみからくる誤認、思いこみからくる手柄話が目立つ。年月の記述には誤認が多く引用時には注意を要する。

とにかく明治三四年に回春病室は設置された。

こまったことに、伝染病を考慮して憲忠が指名をひかえたため病室の責任者になり手がなく、結局光田がなった。体調のよい七〇歳すぎの虎次郎が病室の下働きにと手をあげた。同病の軽傷者に注目した光田が、彼女等に看護法を教えて看護婦を確保した。医師光田の姿勢に感激したという二四、五歳の石渡コト子も看護婦を申し出た。

東京生まれのコト子は大工の棟梁と結婚して一人娘マツを産んだ。夫を亡くしたあと、マツをつれて養育院に入り、児童病室の保母となって下働きをしながら看護婦講習をうけ、明治三三年、正式に看護婦となった。光田のもとで仕事になれたころのコト子は、患者の包帯を巻くなど手当をしているとき、浮浪生活のことや賭事をしていた場所などを、患者から聞いていたことから、逃亡した同病者を仕事の合間にさがしてつれもどし、手厚い看護をしている。

患者の入浴は二日に一回、白湯とは別に専用の薬湯に入った。衣服や布団の消毒は厳重に行われ、患者の衣類には汚れや垢が目にとまりやすい白木綿が用意された。病室の担当看護婦は二、三人、下働きが一、二人。食事は医者が指示した。牛乳や卵その他の滋養品を与える重症病者もいれば三度とも粥という病者もいた。通常、朝は粥、昼夕食は、米六分と麦四分のご飯であった。

市内の盛り場や神社などで倒れて救護されたハンセン病者は、「行旅病人」の名目で護送された。特徴的なのは、春よりも秋から初冬が多いこと。そこには理由があった。

救護された彼等が養育院に入ると、患者となり、一様に長い時間かけて難しい治療をうけることになる。ようやく手足が自由に動きはじめ、本人も周囲も喜んでひと安心するのが春。そのころになると、彼等は浮浪生活を恋しがり、出院の意向をもらして大体が出ていく。逃走もある。外に出た彼等は乞食や浮浪者に逆もどり。暴飲暴食をつづけ、挙句の果てに四肢は糜爛《びらん》し、顔面は腫張、動けなくなるという悲惨の状態となって、ふたたび秋から初冬にかけて行旅病者として本院にもどってくる。多くは余病を併発していた。一八回も出入りした患者がいたという。

養育院では、患者の言葉に耳をかたむけるなどして弾力的な対応をしていた。放浪癖のついた患者や逃亡する患者の気持ちを、栄一は次のように理解している。

〈(養育院に)収容されて来る気の毒な癩にかゝつた人たちを見るにつけて、これは社会として、人道上打ち捨て置き難いことゝ痛感するに至った。そして段々その人たちの心持ちを知って来ると、何れも大か小か恐ろしい自暴自棄な世を呪ふ反社会的な気持ちを持って居る。それもその人たちの不幸な運《めぐ》り合わせを思ふと、誠に無理からぬことゝ思はれてこれは社会防衛上、何とかせねばならぬことゝ併《あわ》せ考へるようになった〉(白石喜太郎著『渋沢栄一翁』)

現場に栄一の目が光る。仁王立ちして救護者を護《まも》ろうとする憲忠がいる。そこには一人ひとりを尊重し大切にするという「養育院精神」が継承されていた。

ハンセン病を光田が「不治の病」としたせいか、栄一の自著にも「不治の難病」の文言は出てくるが、栄一は光田と違って「治る病気」「治したい病気」ととらえていた。病気を治すためと未感染者の予防。そのために栄一は尽力、憲忠も職員も皆同じ目標を掲げてすすんでいくのである。

在院者の生活

回春病室の設立前と後では、ハンセン病者の暮らしはどのように変わったのか。

その視点で考察を試みようとしても、『月報』が明治三四年の創刊のため、それ以前の様子が分からない。各『養育院史』にも記録がない。ハンセン病者を特別視していなかったからであろう。そこで創業当初からの「雑居生活」を紹介しながら、明治三〇年代の同病者の様子を推察していくことにする。

明治三〇年代になると、在院者の経歴も様子も変わった。佇《たたず》まいに気品のある人や新聞雑誌を毎日読むという知識人も交じるようになった。元の職業は、検事、裁判所の上席書記、会社員、学校教員、看守、巡査、郡書記、商人、職人、下駄の歯入れ、納豆売り、辻占い、乞食もいた。

『養育院』によると、在院者の暮らす大部屋のことを〈室〉と表現し、〈男健康室〉〈女健康室〉と呼んで男女を分けている。〈健康室〉といっても、病気の回復者は退出していくため、いるのは〈健康を損《そこ》ねながらも歩行の可能な人〉であった。夫妻が男女別の室に入ることは説明ずみ。

同年（明治三七・六月末）に〈男健康室〉に入室していたのは二〇九名。彼等は、養育院内に三か所ある〈南室〉〈北室〉〈第三健康室〉で生活をしていた。

〈南室〉と〈北室〉の広さは各一〇四畳敷。そこに押し入れが四か所、おき戸棚が二か所、厠があった。〈第三健康室〉は五六畳敷。一〇畳一間の看護室が付属として設置されていた。この時期の〈第三健康室〉は、在院者が増えてきたこともあり、栄一が〈女健康室〉の女たちを、別の〈男健康室〉へと移動させている。これは後述する。各室には元窮民・元行旅病人・重度の精神遅滞者・視覚障がい者・口のきけない人も皆一緒に暮らしていたのである。

〈遊食者〉を出さないために、ほとんどが労働（作業）についた。時間は八時間。朝は七時から、昼休みが一時間、夕方五時まで。少しでも動ける人は炭団《たどん》、木工、理髪などをし、動きにくい人は、もっと軽い作業として、わら細工、麻裏、マッチ、紙箱、洗濯、仕立てなどについた。そばに監督をしながら一緒に作業をする雇い人がいる。

終えると全員が自室にもどる。室内では、仲間同士が身のうえを語り合い、別のグループでは昨日のおかずの品評会をしたり趣味を楽しんだり、とくに仲間に入らず趣味のない人は夕食をまつだけと、各人自由にすごしていた。

働いたお金の一部を本院の〈預かり金〉として貯金し、院のさだめる金額に達すると自立できることは前記した。このころになると、相当の金額を貯めながらも、親族の縁に薄いことや高齢を理由に本院に残る者が出ていた。口のきけない三五歳すぎのお玉も、懸命に働いたおかげで三〇〇円の貯金をしたが、自立の自信がなく、出院したくないという理由を認められている。

若干の賃金が支払われるのは月末であるが、お金は何に使うのか。

どの〈室〉でも、ふだんの生活を維持していくためには、厠掃除、湯のもちはこび、座敷の掃除などは自分の役割と決められていた。身体的に無理な人や知能面で不可能な人たちは誰かに頼む。その場合にお金を払う。たまには外の物が欲しいこともあれば、必需品として備えておきたい物も出てくる。そのときのために室内で信頼のおける二、三人を選んで「使い屋」と呼んだ買い物担当を決めていた。使い屋に品物を頼むとき、代金と一緒に報酬として脚銭《あしせん》を払うのである。この脚銭も各自の工賃から出していた。院の許可をもらって外出する使い屋は、体調が悪く、外出の許されていない人や歩行の不自由な人たちに喜ばれていたという。元窮民の豊田某はこの使い屋の脚銭を数年間コツコツと貯め、ついに出院し、古着商を営むようになっている。

こうした共同生活のなかに、回春病室へ入る前のハンセン病者もいたのである。回春病室へ隔離されてからの仕事については不明。記事では、全体的な院内の様子を、「在院者たちの作った自治組織によって養育院の生活の秩序は整然と保たれていた」と記している。『月報』（第三〇号）には、回春病室が開室してから約二年経ったころの記事ある。題は〈院内の別天地〉、同病者の日常の様子が〈他室と大いに其の趣を異にして、全く別天地の如き観を呈している〉と紹介されている。要約して読みやすく直す。

「室内には、日蓮上人の肖像を描いた一幅を祀《まつ》り、法華経八部はこの室の重宝となっている。朝起きると、第一に彼等は日蓮祖師画像の前で祈禱をする。信仰は堅固で、祖師を信仰したならばこの悪疾は早晩必ず癒されると信じている。また彼等は、たがいの身の上話を聞くことをこのうえなく楽しみとしている。本院では、特別の配慮をして、寄附の小説や雑誌を貸し出しているため彼等はこれを楽しみとして読んでいる。最近この仲間に入った者で、上手に祭文を語る者がおり、毎日夕方にはつづきものを語るので、仲間にひじょうにもて囃されている」と。

時期を同じくして、別紙に、穏やかな生活が推察できる記事もある。

回春病室前に約一二〇坪あまりの空地があり、その空き地を体の不自由な患者同士がコツコツと耕して畑に造りかえた。五、六月には畑一面に馬鈴薯、南瓜《なんきん》、茄子、大角豆等が青々としげり、花も天竺牡丹、孔雀草、撫子、朝顔などが咲き乱れた。田園の趣味は彼らに無上の慰藉を与えた。

実りある野菜の一部は食卓にのぼり、一部は売って患者たちの小遣いにしていたという。

医師光田健輔

光田健輔はハンセン病患者の研究に没頭した。〈人の手に触れたがらない病人を私が好んでみるのも、むさぼるような研究心が尻押しをしてやらせるのであった〉（光田著『愛生園日記』以下同）

養育院で死亡者が出ると、遺体を清めて棺におさめ、そのあと献体として大学病院に送ることになっていた。毎日五〇体ぐらいはあったという。

病理研究に熱意を燃やしていた光田は送られていく遺体があきらめきれなかった。診療室での死体解剖は禁止されていたが、光田は設備のない診療室において胆石で死んだ女の解剖をした。いちどの体験は次を呼ぶ。夢中で何人か解剖しているうちに、憲忠の可愛がっていた孤児が脳膜炎で死亡したときも遺体を解剖してしまい、それが患者の通報で憲忠の耳に入って大騒ぎとなった。仏教徒である憲忠は遺体を粗末にあつかわれたことと禁止令を破ったことで怒り心頭に発し、診療室へ駆けこんで光田を叱り飛ばしたが、怒りはおさまらず、栄一のもとへ走った。憲忠の怒りの剣幕にただならぬ気配を感じた栄一は一大事とばかり、東大病院へ馬車を走らせて、大学の浜尾総長に直言した。

「派遣の若い医員はけしからん」。理解をした浜尾総長はわびて「即刻免職にしよう」と解雇を決めにかかったが、光田の熱意ある研究姿勢を認めていた入沢医長の弁護で反故となった。光田の首は「今後解剖はいたしません」という始末書一枚でつながった。

しばらく慎んでいた光田であるが、我慢ができず、またこっそりと解剖をしはじめた。〈シンの疲れる徹夜仕事だが、翌日休むわけにはいかない。それでも私は徹底的に研究心を満足させている〉。

養育院の診察室で治療を受ける患者は、〈行旅病者〉だけでも毎月一二〇人から一五〇人はいた。にもかかわらず、光田はそれらの患者にはハンセン病者ほどの熱意をみせなかった。患者の対応や報告が遅い。在院者の全責任をもつ憲忠が怒鳴り声が響いた。栄一も何回か注意をしている。憲忠が光田の熱心さを高く評価し、将来を嘱望したのは後年のことである。

若い光田は、自らの情熱のおもむくままに行動した。

勤務をはじめた翌年の明治三二年から同三五年までの約四年間、研究は解剖の病理研究にとどまらず、全国の同病集落を行脚し状況調査に夢中になった。休暇を利用して、熊本県のハンナ・リデル女史が経営する回春病院に滞在して同病者の調査もした。ふだんは日曜日ごと、わらじがけで同病者の密集する東京近辺の草津温泉・伊豆・身延・秩父・奥利根を歩いて、発病の経過や分布の模様を調べた。遠くは愛知県の知多半島、西国三三か所、四国遍路の順路をまわっている。

行脚を終えたころ、光田は『月報』に連載記事を書いた。『癩病離隔所設立の必要に就いて』『上州草津及び甲州身延に於ける癩患者の現況（其一・二・三）』等。

反応は少なからずあった。同（明治三五）年六月、埼玉県衆議院議員の斎藤寿雄代議士ほか三名が北里柴三郎博士の激励のもと、帝国議会に、予防すべき疾病の一つに〈らい病〉を加える必要があるという内容の〈癩患者取締りに関する建議案〉を提出した。衆議院では決議にいたらなかった。そのあとも、元警視庁警察医長の山根正次代議士が数回にわたって花柳病とらい病の建議をしたが、大して注目されなかった。社会の認識を高めようと、光田が『ライ病隔離必要論』を出版したのも同年。これもほとんどとりあげられることはなかった。

同時期、「感染力は弱い」と主張する医学博士は少なくなかったが、栄一と憲忠がそうであるように、田中太郎は『月報』に「ハンセン病は伝染のもっとも激烈なもの」とひんぱんに警鐘を鳴らす記事を書いた。この認識が養育院の総意となっていたのである。

院内の工夫

次の上段は「ハンセン病者の人数」、下段の／からが「肺結核病者の人数」である。

明治三六年＝六月末　二三名・一二月末　二四名。／　六月末二八名・一二月末　三三名

明治三七年＝四月末　二三名　　　　　　　　　／　四月末　三八名

一二坪の回春病室は、八畳が三室。定員数が一五名。一室に五名の割合で設計されていたようである。狭い。当然人数が増えてくると病室は不足してくる。

病室確保のため、栄一は明治三六年三月、市参事会に二つの上申書を提出している。

一つは、「こんど新設される病院に、専門の治療所を設けて、本院の患者を入れてください」と、

もう一つは「(東京市が) 本院の隣地〈鈴木病院が建つ〉にある適当な地所を買入れ、病舎を建築して(ハンセン病者を入れるために) それを本院へ貸与してください」であった。

許可のおりたのは、後者の隣地の地所と家屋を購入する件のみであったが、さっそく鈴木病院から購入したその家屋に女たちを移し、元の〈女健康室〉に〈男健康室〉から男たちを移したのである。このときの〈男健康室〉が先記〈第三健康室〉となっている。

いっこうに改善されないのが回春病室の狭さ。患者が二四名ともなれば八畳の一室に七、八名が居住することになり、寝返りもうちにくいほどのぎゅうぎゅう詰め、体の一部に腐爛が認められる患者もいたことで事故が生じやすく危険な状態となっていた。

またもや栄一は上申書を提出。そこには「看護婦室と診療室を仮に別築し、元の室に患者を移したい」と記し、別築にかかる予算を計上、さらに別紙に新築家屋の図面をそえたのである。これは翌三七年二月一七日のことであるが、市長の返答はなかった。その間、栄一は新しい患者が送致されてくることを予想して、一時的な収容所を準備するように、との指示をしている。

それにしても上申書の回答が遅い。何とかしてこの劣悪な環境から患者を救い出さねばと覚悟を決めた栄一が、三回目の上申書を提出したのは四か月後。そこには「わずか一二坪の離隔室に二四名を入れ、狭くて、夏がきても蚊帳をつることもできない状態にある」と、患者の心の悲鳴が聞こえてきそうな切羽詰まった内容がつづられていた。加えて荏原《えばら》郡目黒村にある、大塚正心夫妻の経営する私立病院慰廃園《いはいえん》へ委託したいという希望も入れると、この慰廃園の件のみ四日後に許可がおり、さっそく七月に比較的軽症な患者一〇人を移したのであった。

先の新築家屋の増築を上申したあと、追伸として四回目の上申をした。肺結核患者の室が男の患者用しかなかったことから、女子と子どもの専用病室を希望している。

市長の返答は三か月後の九月、二件一緒に届いた。

しかし、ハンセン病室の増築費用はわずか四四八円。病室は二〇坪の土地に一棟の木造平屋を建築しただけとなった。それにくらべ、肺結核病室の方は一三六五円一八銭となり、約七七坪の土地に二棟の病室を増築し、その新病室に肺結核患者と失禁病者を移動させたのであった。

増築してもハンセン病患者の室は狭い。本院の見学に訪れた著名な兄弟、法学博士の岡村輝彦と医学博士の弟岡村竜彦とが、狭い病室にいる重軽の患者に心を痛め、慰めになればと遊具品を備えた娯楽所の寄贈を申し出たのは明治三九年のこと。市参事会で承認され、回春病室の近くに娯楽室一棟が建てられた。一二畳の一室と玄関、戸棚と厠も設置。心と体の苦痛が和らぐようにと、室内には碁、将棋、トランプ等遊戯の機器が備えつけたのである。


光田が、栄一と憲忠に一〇〇人収容の隔離施設の実現化を執拗にせまったのは明治三七年のことか。光田の希望と、栄一の発想との関係はよく分からないが、栄一は養育院の事業として、のちに長病者専用の「板橋分院」を創設するように、寄附をつのって、ハンセン病者専用の施設を造ろうとした。この場合のハンセン病者とは〈行旅病人〉同様、郷里を逃れて町を彷徨《さまよ》っている病者のことで、自宅療養者をふくむ全体的な同病者をさしているのではなかった。

世論を喚起して人々の共感を得ることが即予防につながると考えた栄一は、国会議員を兼任している議員の多い市参事会において、光田の講演を企画した。

当日栄一、憲忠、光田がならんだ。

養育院に隔離施設を設置したい、という栄一の提案に、激しい反対の声があがった。

「ハンセン病の病屋など、とんでもない。東京には養育院があるだけでも、乞食や浮浪人が増えて迷惑しているのに、そのうえ地方から患者が集まってくれば、東京はどうなるのだ」

「患者は各地方にいる。それは全国調査で分かったことだ。これは東京だけの問題ではない。国の問題である。病気も病舎建設も東京市ではなく、国がやればいいことだ」

壇上で光田が話をすると、さらに大きな反対の声が会場に響いた。

「ハンセン病は感染力が強いといっているが、そうではない。感染力は弱いのだ」

会議のあと、光田は〈私は人力車に顕微鏡をつんで市の参事を個別に訪問して、らい菌を見せて伝染病の恐るべき説を説いてまわった〉という（前掲『回春病室』）。

このときも、ハンセン病と隔離のことは、社会の話題にのぼるほどではなかった。

数日後、尾崎市長から市の意見も同じ反対であることを、聞かされた栄一は、たしかにこれは国家の問題として解決するよりいたし方ないと考えるようになったのである。

隔離への一歩

栄一が動きはじめるのは、明治三八年、井之頭学校設立の年からである。きっかけはイギリス人ハンナ・リデル女史の訪問であった。

伝道のために熊本を訪れた聖公会の宣教師リデル女史は、加藤清正を祀った本妙寺のお花見で物乞いをしている浮浪同病者の光景をみて衝撃をうけ、彼等の救済を決心して帰国した。基金を作ってふたたび来日、明治二八年、熊本市外に回春病院を建設した。このとき、栄一は集めた寄附金一万五、六千円を贈っている。同病院の経営が寄附金によって支えられていたことにより、リデル女史は各地で講演し、知人に寄附を仰ぎ、母国へ窮状を訴えるなどして苦労をした。ところが母国イギリスでは、日露戦争で日本が勝利したことで日本は金持ちだとして援助をうちきった。たちまち六〇名あまりの病者の治療費と食事代が欠乏した。リデル女史は、上京して早稲田大学総長の大隈重信に窮状を訴えたが、「私は基金募集が苦手、社会事業の相談は渋沢さんにしてください」といって紹介状を書いた。それを持参してリデル女史は栄一を訪ねた。リデル女史から事情を聞いた栄一は、外国人がわが国の同胞を助けて苦労しているのに、知らん顔はできないと、協力を約束したのである。

明治三八年一一月六日、栄一は銀行倶楽部で小集会を開いた。

来会者は富商を代表する三井、岩崎、大倉、安田、古川、住友、森村等と島田三郎代議士、内務省衛生局長の窪田、新聞記者等各界の名士が二〇数名。リデル女史もいた。大隈は病欠。最初に栄一が挨拶をした。「わが国にいまだ適切な施設がないことは、国家のために誠に慨嘆に堪えないだけでなく」と、国への批判をまじえてハンセン病者の救助事業の重要性を語った。次にリデル女史が「日本におけるハンセン病患者をいかにすべきや」の題で意見具陳、光田が「らい病は恐るべき伝染病である」を語り、ほかに講話がつづいた。そのあと、この回において〈らい予防法〉を議会へ提出しようと、満場一致で議決したのである（前掲『窪田静太郎論集』）。

以降、栄一が短期間のうちに、精力的に活動したことが『栄一日記』から読みとれる。

集会から五日後の一一月一一日＝「九時に養育院に出向き一〇時ごろリデル嬢、頭本元貞、金沢久、山根正次、諸氏と会う」。一〇日後の二一日＝午後「島田三郎と頭本元貞がきて同病患者のことを話す」。翌月一二月九日＝「午前一〇時に早稲田の大隈伯を訪ね一〇名前後の人と同病患者の救護の方法を話し合い、三条を決す」と動いている。

翌三九年の五月一四日＝午後二時に銀行集会場で「らい病救助方法講究のことを議す」ために大隈伯、清浦、石黒其他の人が集まって話し合った。大隈の演題は「らい病の求治」であり国家の急務という視点で語っている。五月二二日＝田中太郎が熊本の回春病院へ行き、同病院の建物、患者、経営法、療養のことなどをつづったルポを『月報』に発表。一一月には、リデル女史のために大隈や高木兼寛《かねひろ》（医師）夫人の主唱により、虎ノ門の東京女学館において慈善会を開かれ寄附を集めた。栄一は欠席。

「ハンセン病者のなかでも殊《こと》に浮浪患者の処置については、すみやかに制度を設けてもらいたい」栄一は内務省に再三出向いて、親しくしていた窪田静太郎衛生局長（明治三六年から同四三年まで）に懇請していた。しかし、窪田局長は、ペスト、コレラ、赤痢といった急性伝染病や精神病者の保護など、種々の急用事項を優先させるばかりで、ハンセン病には〈伝染病の実例が極めて稀であった〉（『竜門雑誌』以下同）という理由から消極的であった。

窪田が考えを改め、積極性をみせはじめたのは、先の第一回目の銀行倶楽部の集会において〈らい予防法を議会へ提出しよう〉という、栄一たち参加者の声をうけてのこと。同三九年の帝国議会に向けて法案作成にかかった。対象者を放浪徘徊する同病者と限定し、公費を用いて収容生活を維持するという内容であった。内務省内で同病をとりあつかうのは地方局と風紀取り締まりの警保局。それらの担当者と法案の協議をしたとき、地方局長の吉原三郎から反対の意見が出た。「ハンセン病はいかに学者がこれを論じようとも、伝染する病気ではないから、患者の緊急救護の必要はない」。窪田は同年の法制化を延期し、さらに衛生局内で議論を尽くしたのであった。

明治四〇年三月一八日、「癩予防ニ関スル件」（法律第一一号）が公布され、内務省令第二〇号（同年七月二二日公布）において療養所の設置区域が五か所にさだめられた。

東京・青森県・大阪府・香川県・熊本県。全療養所で一〇五〇床。第一区域の東京府は（伊豆七島、小笠原島を除く）＝神奈川、埼玉、千葉、茨城、栃木、群馬、愛知、静岡、山梨、長野、新潟の

一府一一県の連合立であった。東京府と一一県の同病者が東京の全生園《ぜんせいえん》へ入所するのである。

明治四二年八月、栄一（七〇歳）は辞職していた東京商業会議所から強い要請をうけ、会員五〇余名の団長となってアメリカへ旅立った。視察期間は約九〇日間。過密スケジュールをこなしていくなか、現地でいわれた言葉が胸に残った。「日本は一等国の文明国になったというなるほど戦争には強いが、現今、世界のどこの国でも影をひそめていたハンセン病を、いまどうすることもできないではないか」。その言葉を反芻しながらアメリカをあとにし、帰国途中、ハワイのモロカイ島に立ちよった。ここには一八六六年（慶応二）の法律発布により、ハワイ全土の同病患者を集めて衣食住を官費でまかなうという官立の隔離療養所が設立されていた。

〈米国の大がかりな癩撲滅策の実行を見て、非常に心を打たれたことがあった。故国へ帰って、もう一度わが国の癩に対する考へ方、及び癩病者の処遇を仔細に眺めて驚きと悲しみを深うした〉（前掲『渋沢栄一翁』）。栄一は隔離政策の必要性を再認識したのである。

帰国は明治四二年一〇月三〇日。

明治四二年一〇月一八日、北多摩郡東村山大字南秋津（現東村山市）の約三万坪の林野をきり拓いた敷地に、公立の第一区府県立療養所「全生《ぜんせい》病院」が開院した。収容人員三〇〇名。本院の患者三〇名が警察官によって移送され、五か所の市立病院から二二九名が同じく移送されたのである。院長は警視の池内某、医長に本院副医長の光田（四三歳）が就任、看護婦の石渡コト子も移った。岡村博士兄弟から寄贈された娯楽施設は他の目的に使用が決まり移築されたのであった。

こうしてハンセン病患者は、「養育院精神」で培ってきた救済のノウハウをもつ東京市養育院から、医療従事者の管理する全生病院へと移って行ったのである。

らい予防協会

時間は、全生病院の開院から約二〇年後、昭和四年の春へと飛ぶ。

このころの栄一（九〇歳）は、一般の人々から〈社会的な功労者としても国家的な元老〉（前掲『回春病室』）というように、遥か遠くの人として、仰ぎみられる存在にあった。

その日、光田健輔は胸に一抹の不安をかかえて、飛鳥山邸へと向かっていた。何としてでも活動の表舞台に栄一を担ぎ出したい。それには、貞明皇太后様からお言葉を頂くしかないと考え、大正天皇の待医頭をしていた恩師入沢達彦博士に協力を求めたものの、組織もないのに皇太后様には依頼できないと反対され、悩んだすえに、決心したのが栄一への直談判であった。

光田が全生病院の院長に就任したのは、大正三年のことである。

全生病院の様子については、自著『回春病室』に、次の記述がある。

〈開院後約十年間はいわゆる暗黒の時代であった。金力や腕力のある賭博の親方などが強いもの勝ちの世界をつくり出し、それがために宗教、道徳は地に落ち、貞操はふみにじられて弱いもの

は強者の鼻息をうかがわないで生きて行くのが困難なほどであった〉

院内は、賭博、喧嘩、逃亡、姦淫などが横行し、混乱と無秩序に陥っていたと告白し、同書にその様子が詳記されている。が、そこに書かれていることをすんなりと理解するのは難しい。光田が一方的に無秩序の原因を患者の態度の悪さと決めつけているところに、疑問が生じてくる。

養育院に〈暗黒の時代〉はなかった。だからといって在院者が皆おとなしい優等生であるはずもなく、あつかいにくい人も多々いたことは推察できるが、先に紹介したように、在院者全員が自治意識をもって共同生活を営んでいる。療養所である全生病院を機能させるにあたって、光田が、養育院や他の社会事業家たちから、集団生活の在り様を研究していたのならまだしも、たんに新築の建物に患者をおしこむようにして入れたのなら、無秩序になるのはあたり前だといえばいえなくもない。解培と研究に時間をついやしてきた光田は、自身の心の姿勢を問い直すことなく、前にすすもうとした。「院内の秩序を正して、安らかな療養所をつくり出すため」。この言動に、隔離された患者の二重苦三重苦の悲劇のはじまりをみるのである。

所長となった光田は、結婚を許可する条件に、子孫を絶つという断種手術（精管切除）を強制した。中絶も。これは違法である。それだけではなかった。〈らいの刑務所〉を熱望し、その代わりとなる監禁室を所内に作り、減食や監禁などの罰を与える懲戒検束《ちょうかいけんそく》を行使したのである。

光田が内務省に、らい予防に関する五〇枚の意見書を提出したのは、大正四年（所長就任の翌年）のことで、同六年には、内務省に新設された保健衛生調査会の一員に加わっている。

それについて光田はこう述べている。

〈私が出した意見書は、法律第一一号の改正とライ予防の新しい政策を要望する私案であったから、内閣保健衛生調査でも、私の案にもとづいていろいろ研究が進められた〉（『愛生園日記』）。〈私はライを絶滅する方策を研究することになった〉（『回春病室』）と。内務省の施策を光田の意見がリードしていくようになったということである。

政府側に入った光田がすぐに着手したのが、一部法律を改正して、「譴責《けんせき》・三〇日以内の謹慎《きんしん》」などの懲戒検束を付与し、所長の権限を強くしたことであった。

のちに断種手術は全療養所で実施される。また〈懲戒検束という軟禁的な制裁は、凶暴な者に対してほとんどききめがなかった〉（『愛生園日記』）と記しているように、やがてこの懲戒検束は患者を死に追いやるような重監房へと変質していくのであった。

医者とは思えない残忍な発想と行為である。これを国は認めた。療養所は監禁場所と化し、病者を社会から葬り去ろうとしたかにみえる。患者の屈辱と怒りはどれほどのものであったろう。

つまり、この二〇年で、ハンセン病に対する国の方針は質的に大きく変わった。ハンセン病は感染力が強いため、病気の軽重に関係なく、全国の病者を強制的に隔離するという、「らい根絶」に向けて、新しい法律「癩予防法」の公布へと動き出していたのであった。

光田悲願の「らい予防協会」とは、たとえば、親が病気で子どもが未感染者の場合、子どもの保護に同協会の資金を運用することによって、親は治療に専念できるというように、法律で満たされないことが実際にできるという利点があった。所長の権限で資金を活用できるという魅力もある。（先の重監房建設の費用はらい予防協会から出ている）

このとき、光田には急がなければならない理由があった。再来年（昭和六年）予定の「癩予防法」公布に合わせて、法律のうしろ盾となる、資産三〇万円ぐらいの民間団体「らい予防協会」（正しくは癩予防協会）を設立するという野望があった。まだある。新しいこの法律公布と時期を同じくして、三月には、のちに全国一三か所に設立される国立療養所の第一号が、岡山県邑久《おく》郡裳掛《もかけ》村虫明《むしあけ》（現瀬戸内市邑久町）に「長島愛生園」の名称で開園する。同園の所長に光田の赴任が決まり、東京を離れる日が近づいていた。動ける時間は今しかなかったのである。

飛鳥山邸。栄一を前にした光田は「らい根絶」と「らい予防協会」の必要性を述べた。

「ハンセン病の問題には、法律を側面から応援する、全国的な民間の協力団体が必要になります」

じっと話を聞いていた栄一は、即答をさけた。

「窪田君の意見も聞いてみよう」

以前、同病患者の法律を起草し、このとき行政裁判所長官をしていた窪田静太郎に連絡をとった。飛んできた窪田に、栄一はいった。

「わが輩は、もう歳をとりすぎている。この事業は、君の仕事としてやってもらえないか」

栄一は光田の話をことわるつもりで、窪田に話しをつないだのである。

「これは関係方面も広いし、重大なことですから、よく考えてみましょう」

窪田はそういったきり、口をつぐんだ。

帰途。光田は窪田の車にのった。窪田は先の返答をするかのように、光田に不景気な現状を語り、寄附金募集の困難さや栄一の健康状態を案じて「君、予防協会は難しいよ」と告げた。

絶望した光田は、後日、内務省の高野衛生局長に相談したが、賛成は得られても具体的なことは聞けなかった。ふたたび入沢博士に、皇太后様からご奨励のお言葉を、と懇願したのである。

後日、栄一は、自邸に原泰一（中央慈善協会総務部長）を呼んでこういっている。

〈私は最後迄《まで》、世の為、人の為に働き通したい〉〈だから事業に関する相談、殊《こと》に癩についての打ち合わせであったら、いつでも来て貰《もら》い度《たい》〉（原泰一著「社会事業」第一五巻）

体調のすぐれない体をおこして髭を生やし青ざめた顔をした栄一が、窪田と原を同行し、浜口内閣発足後の新内務大臣・安達謙蔵を訪ねたのは、同年（昭和四）七月三〇日のことであった。

栄一は涙ぐみながら、同病の親子と仲良くしていた自らの幼少年時代と、本院収容の元酒屋で奉公していた同病の少年の悲惨さにふれ、「人道上はもとより、国民保健のうえからも、国家は予算をとってこの事業をやってもらいたい。われわれも国民の総意をもって、この事業の促進をはかる覚悟である」と訴えた。感激した安達大臣は、その意をうけとめた。

栄一の活動の一歩は、翌五年（九一歳）の夏、『栄一日記』にある七月一日と推察する。

安達大臣から、皇太后様より向こう一〇年間、毎年一万円の下賜《かし》があることを知らされたことが契機。関西の資産家や宗教家をはじめ全国の知事に呼びかけたのは安達大臣であったが、栄一も動いた。「この不景気に寄附とは何ごとだ」「子爵は現役でないから呑気なことがいえる」。非難の声が聞こえてくるなか、同年一〇月二一日、栄一の呼びかけで、官邸の安達大臣のもとに一二名の実業家が集まった。栄一と安達大臣から、同協会設立に関する説明をうけた彼等が発起人となった。このとき安達大臣が政府の〈癩患者根絶の計画〉を発表している。〈政府の癩撲滅の第一案は二十ヶ年、第二案は三十ヶ年、第三案は五十ヶ年計画〉(『月報』第五三二号)と。

賛同の手は全国からあがり、発起人は六四〇名となった。

うち一〇〇余名が官邸に集い、昭和六年一月二一日、「らい予防協会」創立総会が開催された。寄附金は一〇〇万円近く集まったという。その三月一八日、「財団法人らい予防協会」が設立。初代会長に栄一（九二歳・死亡年）が就任し、「今少し働けるので、余生をこの事業に尽す所存であります」と挨拶した。

直後の（昭和六年）四月二日、全国のハンセン病者を対象に強制隔離を国策とした〈癩予防法〉が公布されたのである。

この法律による患者への人権蹂躙は、戦前・戦後と深刻さを増して連綿とつづき、人々の間に根強い差別と偏見を生んだ。「癩予防法」の廃止は平成八年。明治四二年公布の最初の法律から数えて異常な長さといえる八九年の歳月がすぎていた。異常な長さの説明をしておきたい。

隔離政策については、すでに大正十二年、ストラスブルグ（フランス）で開催の第三回国際らい会議で、予防上の隔離は有効でも、こまかい配慮を行い、柔軟な姿勢で実施されることが望ましい、と決議されていた。会議に出席した光田はこの決議を無視した。戦後、プロミンの治療薬でハンセン病は「治る病気」となり、回復者が続出。昭和二八年、スペイン開催の第六回らい会議では「隔離」ではなく「開放外来治療」が奨励された。また、療養所グループの頂点に君臨していた光田は、毎回「らい学会」において「感染力は弱い・最初から隔離の必要はない・外来治療は可能」と強制隔離に正面から反対した唯一の医師・京都大学医学部出身の小笠原登博士の主張を封鎖し国賊あつかいして糾弾した。昭和三五年にＷＨＯ（世界保健機構）により「差別の撤廃」と「外来治療」が推奨された。それでもわが国は「恐い病気」と煽《あお》りつづけ、強制隔離を強行したのである。「癩予防法」廃止のときの厚生大臣は菅直人、同省医務局長は、京都大学医学部で小笠原登博士の弟子・大谷藤郎であった。

平成一〇年一一月六日、星塚敬愛園《ほしづかけいあいえん》（鹿児島）と菊池恵楓園《きくちけいふうえん》（熊本）の在園者一三名が、隔離政策により人権侵害をうけたとして熊本地裁にハンセン病違憲国賠訴訟《いけんこくばいそしょう》をおこした。原告全面勝訴の判決を熊本地裁がくだしたのは、平成一三年五月一一日。同月二三日、国の控訴を断念した小泉純一郎首相が元患者たちに長きにわたる人権侵害を謝罪したことは、読者の記憶に新しいであろう。元患者からの提訴はつづき、いずれも原告勝利となった。裁判はいまだつづいている。

栄一は最後までハンセン病者を「助けたい」と思っていた。

光田著を読むと、この栄一の気持ちと、光田の気持ちが同じでなかったことが分かる。

岡山の長島愛生園で仕事をはじめていた光田は、島の療養所生活を映画に撮って『黎明』と題し、静岡と東京の講演会で上映した。東京公演の翌日の昭和六年六月二六日、光田は映写機をかかえて飛鳥山邸を訪れている。（光田著『光田健輔と日本のらい病予防事業』）

〈渋沢さんは、病床から出てきて「よかった」と非常に喜んで、ご家族の人と共に、愛生園の活動写真を見て下さいました〉〈私（栄一）はもう二一年位癩について関心を持っているが、私が死ぬまでに癩病がなくなるということを念願しているのだ〉といっておられました。これは冗談でございましょうが、その当時に子爵は九二歳であったと思われますが、（私・光田）は、急性伝染病ではない癩病が姿を消すのは、御存命の間には難しいということは言わなかったのでありました。その位（渋沢さん）が熱心に考えておられるということを申し上げたいのであります〉

栄一と光田の再会は、これが最後となり、五か月後に栄一は亡くなる。

人生の最期に純度の増した心で〈癩病がなくなることを念願している〉という、この言葉のどこに冗談があろう。これは長い間、栄一が心底願ってきた気持ちであり、この〈念願〉のなかに、私財をなげうって全身全霊で活動してきた栄一の足跡が詰まっている。

ハンセン病を「治る」と信じきって「直したい」と願っていた栄一と、「治らない恐い病気」

とする光田とでは、病気に対する根本的な意識の違いがあったのである。

しかし、「癩予防法」の廃止とともに、元患者の批判は「らい予防協会」と「渋沢栄一」にも向けられた。栄一研究家の意見には賛否両論があるが、自分自身を患者の立場におきかえてみれば、彼等の心情は理解できる。社会事業家として数えきれないほどの実績を遺した栄一の活動のなかで、唯一、誠意が裏面に出た事業として、筆者は「らい予防協会」をとらえている。同時に、改めて社会活動や社会貢献の難しさを知らされるのである。

なお、「らい予防協会」は、昭和二七年に「藤楓協会」、平成一五年に「ふれあい福祉協会」と改称し、現在もハンセン病回復者の支援をする一方、同情の正しい知識を啓発する機関となって活動している。

V 現代の布石編

第12章 礎《いしずえ》の確立

本章では、養育院事業はもとより、約六〇〇ある社会文科系事業のなかから現在につづく社会福祉事業として、とくに栄一と深いつながりのある事業を一つとりあげる。それは児童福祉・保育事業から障がい者・高齢者・介護など、社会福祉法にもとづく民間福祉サービス機関として、私たちの身近なところで暮らしを支えている「社協《しゃきょう》」(社会福祉協議会)の中央組織である「社会福祉法人全国社会福祉協議会」。この嚆矢《こうし》が「渋沢栄一」を会長に頂いた「中央慈善協会」である。先にこれから書きおこしていこう。

中央慈善協会会長

日清戦争(明治二七)から日露戦争(明治三七)にかけて重工業などの軍事産業が発達し、産業の転換期を迎えると、巷に失業者が溢れた。貧困問題が深刻な社会問題となるにつれて、全国各地に救済施設が設立されていった。明治三一年から同三五年までに一一五か所あった施設が、同三六年から同三九年の間に一五〇か所と増え、児童・養老・施療・窮民・経済保護・婦人保護・

軍事援護等の施設が林立したのである。

各々の施設創業者が情熱を支えに孤軍奮闘するなか、事業主の孤立化をなくし、たがいに情報を交換し合えるように、全国の慈善事業を奨励しようと、初めて内務省が動き出した。

活動の中心となったのは窪田静太郎で、監獄局の小河滋次郎や警視庁の松井茂等も賛同、感化生の保護教育者である留岡幸助や養育院の安達憲忠も参加。官民一体で構成されているが、当時はきわめて官僚色の強い団体であった。

それゆえ民間人の栄一が最初に会長候補にのぼったわけではない。のぼったのは内務大臣の児玉源太郎であった。児玉は参謀本部へ復するために辞退した。次いで警察監獄の仕事につき慈善事業の見識が高い清浦奎吾に依頼したが、清浦は承服せず、内務大臣となった平田東助に相談した。二人で推したのが栄一で、栄一の承諾を得たという経緯がある。

中央慈善協会の会長に就任することは、全国にネットワークをもつ慈善事業団体の頂点に座することで、ここにおいて、「渋沢栄一（六九歳）」がわが国を代表する社会事業家として、国および社会から公認されたとみなすことができる。

中央慈善協会がうぶ声をあげたのは、明治四一年一〇月七日のことであった。

この日は、九月一日から一〇月七日まで、麴町区飯田町の国学院大学講堂において内務省が初めて主催した「感化救済講習会」の最終日にあたる。全国から慈善事業家が集まる機会をねらってのことであった。式典では開会の辞と同慈善協会の趣旨を栄一が述べ、祝辞挨拶には内務大臣の平田東助はじめ各大臣が立った。参加者は三四八名。慈善事業家以外に宗教家や管長もいた。このとき講習会が開かれるが、それは、施設創業者の悩みを聞き、要求を掬いとって方策を立てるのではなかった。内務省から一方的に模範とされる情報が伝達されている。前掲の『窪田静太郎論集』によれば、講習会は〈救済の意義〉法学博士・桑田熊蔵、〈泰西に於ける感化救済事業〉を司法省民刑局長・平沼騏一郎というように、三八科目を三五名の学識者が講師をつとめた。栄一は講義「感化事業の方法と感化救済の程度」をうけもっている。

初期の役員は、会長一名・顧問一名・幹事長一名・幹事九名（安達憲忠入る）・評議員は三〇名（田中太郎入る）。会則は「慈善団体の統一整善を期し団体相互の連絡を図ること」「慈恵救済事業を奨励し、これに関する行政翼賛をすること」「事業に必要な講習を開き会報や雑誌を発行する」等。収入源は会費と寄附。正会員は毎年三円を納付とさだめられている。

時代の推移からみて、慈善事業の新旧はこの中央慈善協会の設立で線引きできるところがあるが、具体的には何がどのように変わったのか。

この機をさかいに、慈善救済事業の組織化がはじまったことである。設立した翌年の明治四二年一一月、同協会に加盟した全国の正会員は七三団体におよぶ。そのなかから組織統合の一例として、高知県の高知慈善協会をあげてみる。

高知慈善協会は、高知育児会（孤児・棄児の救護施設）と高知育児院（同上）と土佐慈善協会

（免囚保護・不良少年・孤児の三事業）を統合して組織を編制し、新しく「高知博愛園（育児部）」、「自彊舎《じきょうしゃ》（司法部）」、「高知報徳学校（少年部）」の三部門を誕生させて事業経営にのり出した。

自由民権運動の発祥地である土佐（高知県）では、高知慈善協会を興すにあたって元民権家の大御所たちが中心的役割を担っていたからであろう、当時としては「子ども」について先駆的といえる専門性をみせていた。それを象徴しているのが園の場所と養育へのとりくみである。

救済施設が孤児院と白眼視されていたこの時代に、子どもたちの生活場所を隠すかのような寂しい場所を選んでいない。岩崎弥之助の寄附金三〇〇〇円を遣って、高知城下の一等地、背後に鏡川《かがみがわ》が流れる元家老の豪壮な屋敷を購入して育児部の「高知博愛園」を設立、さらには全国に先駆けて養育の専門家である「園母《えんぼ》」を配属したことである。

園母には小学教員歴二〇年、夫妻で五人の実子を育てた体験があり、民権思想をもつ逸材を迎えた。この園母が、坂本龍馬の姉乙女《おとめ》が手塩にかけて育てた娘岡上菊栄《おかのうえきくえ》であった。

菊栄が児童福祉・福祉の現場を担ったのは昭和二二年までの三七年間。最期はわが国で初めて児童福祉法が制定された昭和二二年一二月一二日の夕刻、床についたまま友人の謡う土佐の「よさこい節」に手拍子をうって楽しんだあと昏睡状態に陥り、翌々日に逝去した。享年八一。

過去に私は菊栄の人生をまとめて上梓した。高知慈善協会が設立する前の「高知育児会」のころの話になるが、育児会の発起人の一人中山秀雄が募金活動で上京した際、田中光顕の紹介で「渋沢栄一」に会い、寄附を頂いたうえに日銀総裁、三井銀行取締役、三井物産社長等を紹介された。

その記録が『高知育児会資金募牒』に遺っていた。そこに記されていた栄一のサインと寄附〈金百圓也〉が脳裏に焼きつき、時間を経て、本稿を書く契機となっている。

菊栄の取材時には、少数とはいえ、彼女の養育した園の子どもや実の娘、甥、親しかった友人が元気であったことから、具体的な「菊栄の養育法」を聞くことができた。当時の養育法は現在とあまり変わるところがなかった。むしろ礼儀作法や自立精神の育成の仕方は現在より細やかで行き届き、この中央慈善協会の設立した明治の終わりごろから大正にかけて、現代につながる養育の基礎が体系的に完成されているという観を強くしたものである。

当然、近代と現代とでは「子ども」に対する見方は大きく異なる。アジア太平洋戦争に送られた園育ちの青年のなかから戦死者が出るたび、遺影を眺めて悲嘆に暮れる菊栄がいた。命を育てる「養育」と「戦争」は対極にある。菊栄が戦争に反対した史実はなく、疑問が残った。

すなわち、中央慈善協会の設立には、それまで施設創業者たちが財政的に苦しんでいたとしても、自らの意志で工夫しながら施設経営できるという自由さがあったが、内務省のもとに統一されることで、施設事業があきらかに天皇を頂点とした中央集権の国家体制にくみこまれていくという意味をもつ。社会事業家の育てる「子ども」は天皇の赤子《せきし》であり「国のための子ども」、成長すればわが日本帝国の忠良な臣民《しんみん》となる。内務大臣平田東助の訓示演説にも「社会事業は国家の良民を育成する事業」と出てくる。こうしたことを考えていくと、近代という時代の空気を呼吸して生きる人らしく、菊栄の養育にも、栄一同様の「お国のための子どもを養う」という意識があったのは当然のことであるが、今改めてその胸中を察すると、社会の矛盾をかかえながら、菊栄は養育者としての人生を全うしたのかもしれないと気づくところがある。「高知博愛園」は、現在、高知慈善協会のもと、児童養護施設「博愛園」となって香美市《かみし》で存続している。

また、明治四四年の内務省の発表によれば、奨励金などの補助金を出すために全国の慈善事業団体に募集をかけたところ、三六七団体の申請があった。そこから小樽慈恵病院、京都市子守り学校、長岡盲学校、新潟育児院、岐阜訓盲院、東京市養育院、高知慈善協会の育児会というように、北海道から九州までの一二五団体が選奨された。それらの団体には奨励金・助成金・奨励品のいずれかが送られた。総金は四万円であったという（『月報』第一二〇号）。

中央慈善協会の設立によって変化したことといえば、活動の視点が、これまでの「貧民救助」から「防貧・社会改良」の視点へと移っていったことがあげられる。名称も大正一〇年には「社会事業協会」、同一三年には「財団法人中央社会事業協会」と変わり組織変更されていく。

同協会の活動は年々充足して啓発項目の裾野を広げていった。全国津々浦々で児童保護・救護・方面委員など、同協会主催の講習会や社会事業大会が開かれるようになると、会長の栄一は東京・大阪・京都・滋賀・名古屋等に出向き、養育院をベースに現場からの貴重な提言をして会員を激励し、没年まで同協会の発展と繁栄に寄与したのである。

中央慈善協会会長としての最期の活動は、九一歳（昭和五年）のときの「救護法」。この法律の制定に貢献したのは、地域の困窮者を救済しようと立ちあがった関西や関東の方面委員（現民生委員）たちであった。制定されても予算がつかず法律は画餅となった。方面委員たちの根強い運動も徒労におわり活路が見出せなくなったとき、栄一の力を最後のたのみとした。

昭和五年一一月八日、二〇名の方面員が飛鳥山邸を訪問。昨日、愛宕町の東京慈恵会病院を行啓される皇太后様につきそった疲れが出たのか、栄一は三八度の高熱を出して伏せっていた。髪を生やし熱っぽい顔をした栄一は、方面員から悲惨な現状を方面委員から聞いて、「それは私の責任でもあります」といって涙を流した。その足で内務省に行き、杖をついて螺旋階段をトボトボとのぼり、安達大臣に会うなり、法律に予算をつけてほしいと涙ながらに訴えたのである。

救護法の施行は、栄一没後の昭和七年一月一日のことであるが、このときの栄一の言動が方面委員たちを勇気づけた。この話は、戦後、重鎮となった社会事業家たちによって語り継がれ、感動の「栄一物語」を生んでいる。

分類収容

次に養育院の話に移ろう。

栄一の六〇代から七〇代半ばといえば、明治三二年から大正五年ごろのこと、右記の中央慈善協会会長に就任したのもこの期間内にあるが、養育院事業においては、精神の瑞々しさを示すかのように、栄一は自らの理想を実現するため挑戦者となって前進していくのである。

在院者が二〇〇〇名を超すようになったのは明治後半からで、同四一年＝二三五三名、同四二年＝一九九八名、同四四年＝二〇〇五名。収容人員八〇〇名で造られている本院は、つねに二倍以上の在院者をかかえることとなった。

狭い雑居の〈室〉から呼吸器系や消化器系の疾患者が続出しはじめ、衛生状態が問題視されはじめた。緊急措置として巣鴨《すがも》村に木造二階建ての民家一棟を購入して分室をかまえ、一時的に健康な大人五〇名を移し、その間に本院敷地内に家屋を増築して、完成後に巣鴨村から全員をもどすという四苦八苦の対応がつづいた。しかし、女健康室、児童室、病室を増築しても、入所者は増えるばかり、事務所の卓上には入院願書が山積していた。さらには雑居生活の在り様が深刻な問題となってきた。どれほど子どもたちに勤勉や努力の尊さを教えても、幼い子の目には、大人の廃退的な病者の様子や徒食の老人たちの言動が映る。これでは教育の効果が足もとから損なわれていくという心配の声も大きくなってきたのである。

様々な負の要素がかさなり、明治中期から大正初期にかけて、これまで資金不足で先送りしてきた在院者の分類収容が本格的に成し遂げられていくことになる。分類収容は雑居生活の終了を意味する。この実現によって養育院の生活は質的に向上していくが、経営者陣には資金という難問題がまちかまえていた。市参事会と市会に理解を望むべくもない。暗黙の了解のうちに栄一の決断が迫られていたのであった。

これまでに紹介した分類収容の一つが井之頭学校である。当学校のはじまりは先記したように、院内に創設された感化部であるが、この創設とほぼ同時期にもう一か所、重要な分類収容が実施されている。千葉県に設置された虚弱児のための海浜療養所である。

安房勝山

あるとき、幼童室の子どもたちの虚弱さが気になった憲忠は、過去三年間の健康と死亡の関係を調べ、一〇〇人中五七人もの子どもが肺結核で死亡していることを知った。肺病が不治の病・亡国の病と恐れられ多くの死亡者を出していた時代である。肺結核にかかる前に子どもの虚弱を改善しておかねばならないと考えた憲忠は、急ぎ栄一に相談した。理解した栄一は、養育院の医長入江達吉博士にこの現状を打開する方策を命じたのであった。

入江医長は建議書〈海浜療病所設立についての主意〉を栄一に提出。同書には、空気の澄んだ滋養品の手に入りやすい土地での転地療養が望ましいとあった。さらに〈欧米諸国に於《お》いては貧民療養所なるものの設けあり〉（『養育院六十年史』）と記されていた。わざわざ〈欧米諸国〉を例にとって必要性を述べたのは、この転地療法が本院の貧民の子を対象としているためであろう。市参事会・市会への説得を意識していたことが推察される。それほどに養育院の子どもの転地療法は世間を驚かせる出来事であった。

五か所の候補地から、安房勝山《あわかつやま》（現安房郡鋸南町）が選ばれた。江戸時代の捕鯨の拠点として知られていた同地には勝山漁港があり、食べ物がおいしく人情も篤いという好適地であった。市参事会で承認を得る際、案の定「院の子にそんな贅沢をさせてよいのか」と批判的な発言が出たとき、栄一は「幼童一人の船賃が一八銭五厘、家賃が一銭、魚や野菜等の物価は東京より三割ほど低廉、経費は予算内でまかなえる見込みである」と、説いて議員を納得させている。

安房勝山では、篤志家広田松二郎の三〇余坪の家屋を借りて保養所とした。入ったのは子ども一六名、看護婦一名、保母三名、在院の保母手伝いの女子三名、医師一名の計四二名。明治三三年八月五日のことである。子どもたちは、医師の指導のもとに海水浴を毎日二回、一日一回は副食に魚類を添えた食事をとり、日増しに元気になっていった。

二か月後の一〇月八日、保養所は変わり、広田の家屋からほど近い、海のそばの法福寺へと移った。本堂の広さは四〇坪あまり。少し広くなると転地療養の成果が出はじめたこともあって、東京から次々と子どもが送られてくるようになり、三〇数名に増えた。

保養地にくる子どもの健康状態を整理しておくと、肺結核の子は本院の病院に入るため同地にはこない。送られてくるのは肺結核の疑いのある子や病後の虚弱の子である。虚弱の病状には、消化器系の消化不良、栄養不良、眼病、皮膚病等が多かった。

満五年経つと、死亡者が一〇〇人中三人あまりとなり、結核性の病気は三分の一以下に減少した。約一〇年の間、すなわち明治三三年八月から同四二年三月末までとなるが、その期間に静養した子どもは三四四名、そのうち全治帰宅者が二九八名、残りは四六名という結果を生んでいる。

安房勝山の保養所は虚弱な子どもたちにとって理想的な療養環境であった。これは、「子どもにふさわしいこと・必要なこと」と判断して、自ら描く子どもの理想郷を創ろう、と栄一が実験的にはじめた事業であった。五年目あたりから、栄一は市参事会へ「永遠に継続する必要がある」と申し立てをし、明治三九年になって市会の協賛を得ることができた。新たに神奈川県の三崎口や安房沿岸などを調査して、七か所の候補地から選んだのが、山と海があり、西の大武岬が西風を防いで土地も高燥、風景もよく物価も安いという千葉県の船形（現館山）であった。

土地購入には、町長の正木清一郎と前町長の相川織江等がいっさいをひきうけて一五〇〇坪の土地を確保してくれた。明治四一年七月に建築工事に着手したのである。

設立資金はどうしたのか。総額は約二万六四七五円。うち一五〇〇坪の土地の購入費と雑費をふくむ約一九四二円を本院臨時費から出しているが、他の土地建物等全体的な資金は、栄一の妻兼子を会長（明治二九年から）とした養育院婦人慈善会の寄附金があてられた。土地の形状が悪いということから畑地も購入して寄贈されている。これらは栄一の指導であったそうだ。

翌四二年五月一六日に「東京市養育院安房分院《あわぶんいん》」が開設された。

病室二棟、居室二棟一〇室（一室・一二畳から二四畳）、一三歳以上の男子用の離れが一棟。新築落成と同時に開院し、安房勝山から、回復の遅れた四六名の子どもと職員九名が移っている。

当日の開院式の挨拶で、栄一は土地の人々と養育院慈善会に対して感謝の気持ちを述べた。そのなかに、栄一らしい現実的で分かりやすい説明の仕方がある。

「すべての子どもの健康状態がよくなるため、薬代が減じ、保母や看護婦の手も減ぜられるだけでなく、その他多くの費用が減ぜられ、子どものうけ入れ（奉公先・仕事見習い）も多くなり、色々な利益が生じてくる。人の生命を助くるといふこともじつに大いなる慈悲であります」

船形町民は祝福した。大正三年、正木清一郎町長をはじめ町民の有志が、安房分院創設と養育院婦人慈善会の多大な援助に感謝の意を表して、分院の裏山南隅の大きくきり立った崖に、栄一揮毫の磨崖碑を造設した。高さ一〇メートル、横幅六メートルの壁面に一文字三〇センチ四方の大きさで養育院の歴史と栄一の遺徳が刻まれた。現在、摩耗した大磨崖碑をみることはできる。

東京から約一三〇名の子どもが拡張した安房分院に交代で送られてくるようになった。療養を徹底したことでその期間は通常一年、長くとも二、三年で健康回復の成果をあげた。東京湾汽船会社の好意により、分院の子ども料金は半額の往復二五銭となり、職員たちを喜ばせている。

安房分院は、栄一没後の昭和一六年「安房臨海学園」と改称。現在、児童養護施設「東京都船形学園」としてつづいている。

巣鴨分院

話は前後するが、分類収容の実現のための資金作りを、栄一はいつから考慮しはじめたのか。その時期を入沢医長から建議書をうけとった最初、この時点で覚悟をしたのではないかと推察できるところがある。が、覚悟をしたからといって、すぐに行動に移すわけではない。先々のことを考えると、虚弱児の対応だけでなく、普通児の専用施設も必要であるし、肺結核患者の施設や失禁者や長病者向けの専用施設もそなえておかなければならない。これ等を完成させるにはどのぐらいの資金が要るのか、どうすればそれを作れるのか。長い間、栄一は頭の片隅で考えていたように思われる。安房勝山での療養を実施してから五、六年経ったころであろうか、結論として出したのが、今後の分類収容のための資金の受け皿となる団体を作ることであった。

それが、明治三九年三月に設立した〈院資増殖会《いんしぞうしょくかい》〉となって実現している。

発起人には栄一（六七歳）のほか、仲間の大倉喜八郎をはじめ尾崎行雄、三好退蔵等二二名がそろった。会長が栄一、事務責任者は憲忠、会計監督は市当局。会員は五年をもって一期とし、毎月規定の会費として一口一か月分・金五銭をおさめることに決まった。

七〇歳を目前にひかえた栄一は、以前と同様、機会あるごと、市民に分類収容の必要性を語り、寄附金集めに走った。『月報』（第九四号）に、本院の慈善演劇会で寄附金募集を訴える栄一の姿が、かいまみえる記事がある。明治四一年一二月二日より一週間、明治座で開催した本院の慈善会では、川上音二郎劇団による「維新前後」六幕と喜劇一幕の興行が大当たりし、連日盛況をきわめた。幕間に、栄一と市の助役とが壇上に出て、本院の歴史と将来の希望に加え慈善会の組織・経歴、院資増殖会の設立等を詳細に演説し、寄附金募集を訴えたのである。記事にはこのときの様子が、〈満場の同情を求めたとき、拍手喝采が鳴りやまなかった〉とある。

このころの栄一は実財界人としても、社会事業家としても、わが国の重鎮としての存在感を示していた。その栄一が昔とちっとも変わらず小まめに動くのである。多くの人はその姿にも感動したのではないか。会員数は二〇九五人とグンとのび、口数は二万三三一口におよんだ。大口の寄附者には岩崎家、渋沢家、穂積陳重夫妻（妻は栄一の長女歌子）、阪谷芳郎夫妻（妻は栄一の次女琴子）が名前をつらねた。幸い八、九万円の寄附予約を得ることができたのであった。

それを確認した栄一は、普通児の分類収容のため、憲忠に候補地探しを指示したのである。

すぐに動いた憲忠は巣鴨《すがも》村に入って耳よりの情報を得た。同村には大谷派東本願寺の建てた真宗中学校があり、それを嘉納治五郎《かのうじごろう》（講道館柔道家）が借りうけて、中国留学生用の宏文《こうぶん》学院を開いていた。その貸付期限が同四一年七月にきれるという。急いで宏文学院を視察した。一万坪足らずの土地に立派な学校と寄宿舎が建つ。幼少年の寄宿寮にはしては少し広すぎるのではないかと首をひねったが、運動場にしても十分な広さ、何より場所がよい。さっそく栄一に報告した。寄附金が集まりしだい購入する予定でいた栄一は、憲忠の報告をうけて、手もとに資金はないものの、先延ばしすれば物件をとり逃がしかねないという思いがあって承諾した。

憲忠は東本願寺浅草別院とかけ合い、本院への譲渡か貸付か、相手の意向を聞きながら交渉をかさねた。浅草別院から譲渡の許可が出て一五万円の金額が提示されたが、巣鴨分院の必要性を熱心に説いていくうちに理解を示してくれた。約一二万三四九五円の安価で譲渡が決まった。栄一の快諾を得た憲忠は浅草別院と売買の内約を結んだのであった。

しかし、院資増殖会で寄附の予約をとりつけたといっても、それはあくまでも予約にすぎず、手もとに寄附金の現金があるわけではない。浅草別院へ支払いする日は近い。借り入れをしようと、栄一は市参事会と市会に申し込んだ。

「院資増殖会の寄附金予約は八、九万円ありますが、今ある現金は四万円であとの全部は五年先に入ります。今資金が必要ですから、寄附金の四万円以外の不足分の用意をお願いします」

両会では認められなかった。

断られると養育院の基本財産から用意するしかない。しかし、本院の元窮民には市税の支給がないためその利子を活用している。また、感化部創設以来、その経費にも同じように利子をあてていたのである。大事な基本財産に手をつけては、これから入所してくる窮民や浮浪少年の人数制限をせざるを得なくなるという最悪の事態をまねきかねない。それだけは避けたい。栄一は追い詰められ悩んだ。考えたすえ、改めて両会への上申をしたのであった。

「基本財産を使うことによって、窮民を減らすことは忍びないこと、その利子に該当する金額だけを市より補給してもらいたい。向こう三年の間に、必ず寄附金の不足分を補充します」

「それならば」。市参事会と市会は同意した。

その決議で巣鴨分院の設置が決まったのである。

明治四二年三月、北豊島郡巣鴨村九八〇番地に「東京市養育院巣鴨分院《すがもぶんいん》」が新築落成した。

南寮・中寮・北寮の三寮（一寮につき二一畳敷一八室）、食堂、浴室、講堂、工場、予備病室等があり幼稚園と小学校を併設。四歳から一八歳までの子ども四二五名が移ったのは五月一九日。

教師陣には、のちに大原社会問題研究所の創立に参加し社会問題研究家となった高田慎吾が東京帝国大学卒業後、本院の現場に入って育児掛の副幹事に起用された。優秀な人材がそろった。

「巣鴨分院」が、現在、練馬区にある児童養護施設「石神井学園《しゃくじいがくえん》」の嚆矢《こうし》である。

板橋分院

幸いにも、院資増殖会の寄附金の集まりはよかった。

会員の拠出金と雑収入とで約一七万三八三八円が集まった。そこから事務費などをさしひいた純益が約一四万四七九七円となった。事務責任者は憲忠である。栄一の指示により、憲忠は全額を〈院資増殖会〉として養育院に寄附をした。養育院ではこれを巣鴨分院の敷地購入にあてたところが、三万円あまりの残金が出た。それを栄一は、長年、心に期していた肺結核患者と中風や失禁老衰など、不治の長病者のためにあてることにした。

不治の長病者については、他の疾患よりも死亡までの期間が長いという理由から、慈善病院や施療病院では入院を歓迎しないという傾向があった。それ等を考慮し、ならば自身の手で彼等を救護しようと考えた栄一は、女子を対象にした分院設置を決めたのである。

大塚辻町の本院から近い、板橋町の西北にある四千二九八坪の畑地をその残金で購入したのは大正元年八月のこと。大正三年一〇月二四日、同地に「東京市養育院板橋分院」が開設した。

建物は木造平屋瓦葺の本館一棟、診療室一棟、収容病棟三棟等。

移転は肺結核患者が五六名、半身不随、脊髄病、慢性腎炎などの長病者が七三名、合計一二九名が入りほぼ満床となった。入所して日の浅いころは重病患者の死亡も多かったが、時間を経てからは、慢性疾患の病者から完治者が出るようになり、栄一を喜ばせた。
なお、栄一の生前に完成をみなかったのが、初期の肺結核患者の専用施設。施設建設のために、千葉県君津郡の土地を調査し予算計上まですすんだが、大正八年三月、結核予防法が公布され療養所設立の中止が決まり、東京市が野方療養所を新設することになったからである。

分類収容の実施によって設立された施設は、以降、飛躍的な発展を遂げていく。本章の最後にその順番と対象者を整理しておきたい。最初が感化部（感化生）・安房勝山（虚弱児）・井之頭学校（感化生）・安房分院（虚弱児）・巣鴨分院（普通児）・全生病院（ハンセン病患者）・板橋分院（結核患者と長病者）。全生病院をのぞいた、すべての施設が寄附金で設立されたのである。目的を果たした〈院資増殖会〉は大正元年に会員募集を廃止、翌大正二年に解散している。

大塚辻町の養育院を本院として専門分化がすすみ、養育院事業が拡大していくと当然職員も増え、組織機構にも変化が生じてくる。栄一の職務上の変化のみ、言及しておくことにする。
大正二年二月四日、東京市は養育院事業を栄一に任せ、市長に代わって一切の権限をもつ「市参与」という職務上の地位を与えている。さらに市参与条例により〈養育院長〉を〈市参与〉とすることが、同月一〇日、東京告示第一二号によりさだめられたのである（『養育院百二十年史』）。

第13章　失意と再生

明治後半から大正初期にかけて、養育院においては分類収容がすすむ一方、〈防貧〉のとりくみ事業が強化され、人々が保護される前に救助しよう、と救貧対策が拡充していった。

都会に憧れて上京し奉公先や商店を希望しても、口入屋《くちいれや》とか桂庵《けいあん》と呼ばれていた職の斡旋業者に騙《だま》され売り飛ばされるという悲劇がおきた。本院出身者でさえ騙される人がいたのである。そうした悪環境を改善しようと、地方出身者の集まる浅草・小石川・芝・本所・深川等の各所に臨時の職業紹介所・労働者宿泊事業・市設貸長屋・病人宿・少年保護所等が設置された。

栄一と憲忠は活動にのり出した。二人が熱を入れた対策に職業紹介所の設置がある。

全国各地から上京して職業さがしをする年代は、最多が三〇代、次いで四〇代から五〇代、一五歳から二〇代とつづく。なかでも少年少女の職業相談に応じるには、その前に、彼等を悪環境から保護する必要があった。この保護所がのちの東京市少年保護所となるという（『養育院史』）。

当時の養育院の救助スキル（技術）は高く、子どもに対してはもちろんのこと、病人や行き倒れの人などの対応にも日ごろの能力が発揮され大いに役立っていた。

右記の防貧の支援事業は東京市からの委託によるもので、東京市に「社会局」（大正八）が設置されると、これ等の事業は養育院から社会局へ移管された。本来、養育院も社会局の所管となるべく事業であるが、養育院だけは移管されなかった。これについては後述する。

大正時代に入ると、あらゆるものが近代を象徴する新しいものとなった。「慈善事業」の呼称も「社会事業」と変わった。貧困は社会が生み出すものだという、社会貧の見方が強調されるようになり、社会連帯の観念が一般化してきたのである。

本院の入所者は増えつづけた。大正三年＝二八三四名、同四年＝二四八〇名となる。

養育院の移転の話が、大正三年ごろからもちあがってきた。建物の老朽化と大塚が市街地のにぎわいをみせはじめたこともあるが、都市政策の見地から、市民公共のために養育院の広大な土地を開放してもらいたいという意見が高まってきたこともある。

移転先は前述の板橋分院（大正三年開設）の隣接地、北豊島郡板橋町であった。

この場所の現在地を先に述べておこう。東武東上線の大山駅の近く、地下鉄三田線の板橋区役所駅からも歩いて行ける。住所は板橋区栄町三五。椅子に腰をかけた巨大な渋沢栄一の石像が設置されている「東京都健康長寿医療センター」が建つ場所である。

移転の資金作りとして栄一（七六歳）は〈養育院移転助成会〉を設立した。

大正四年一〇月のことである。会長にはいつものとおり、自らが就任し、発起人には東京商業会議所の二代目会頭の中野武営、奥田義人などが名前をつらねた。事務担当もいつもどおり憲忠。

このとき敷地確保にあたった憲忠は大変な苦労をすることになる。

板橋に競馬場跡地が二七〇〇坪以上あるという情報を得て、同地の実地調査にのり出した憲忠は一部だけ荒れ地となっていた広漠な土地をみて、敷地としては使えると判断した。話をすすめようとしたとき、購入予定地の坪一円の値段がいきなり四、五円に値上がったうえに、土地所有者の人数が多いことを知った。結核患者と長病者のために創っていた板橋分院に、反対する住民の声も聞こえてくる。同地の有力者の支援がなければ到底まとまらないと判断した憲忠は、町の顔役で府会議長の花井源兵衛と町長の宮本知造の協力を得られるところまで漕ぎつけた。市参事会や市への説明に奔走していた栄一も、花井源兵衛をはじめ、町の諸氏を上野精養軒へ招待して板橋の敷地の必要性と協力を訴えた。それでも、所有権移転登記まで漕ぎつけるのが至難の業、移転料を支払えとせまる連中を相手に、憲忠は誠心誠意対応し、ようやく土地の一件を片づけたのであった。

板橋本院を作る経費の総額（建築費および設備費）は一四六万一七六三円。うち建築材料費の評価額一万八〇〇〇円は栄一の寄附であった。このときも土地購入や新築工事費用のほとんどに寄附金があてられた。そこには長きにわたって本院常設委員をしていた大倉喜八郎の寄附金一万五〇〇〇円もふくまれている。

大正六年一二月、事務所と本館の一部に〈女健康室〉ができあがり、六〇名の高齢女子を移転させたが、その後は資金の関係で遅れ、五年後の大正一一年に本建築に着工、翌一二年三月に大部分が完成した。給水、電灯などの付帯設備にかかろうとしたときに関東大震災がおきたのである。喜びに湧く出来事もあった。大正七年二月一一日、幹事の憲忠が東京府から感化救済事業の功労者として表彰をうけた。翌八年一月一〇日には、八〇歳になった栄一が華族高齢者として御紋章付三重銀盃一組と酒肴料を賜った。祝いごとがつづいた。

次の事件はそのころに起きている。

憲忠の退職

「長いことお世話になりました。よく考えたすえ、養育院をやめさせていただきます」

憲忠がきっぱりと、栄一に退職を申し出たのである。

退職理由と経緯。養育院では分類収容が実現した際に組織換えがあり、各分院に責任者がおかれた。ほかにも雇員《こいん》、臨時雇い、下働きの人など働く人が増えたのである。

総勢二〇〇名前後の働く人々の管理と指導をしていたのが幹事の憲忠。かねがね人々の福祉増進をはかりたいという願望をだいていた憲忠は、従業員同士で積み立てをし、その資金で「大塚報徳会」を立ちあげて理事長となった。業務としては、長屋を作って低廉な家賃で彼等に貸しつけることや、在院者の残飯で養豚事業を興してその利益で役宅の畳修理をするなど、資金を有効に活用していた。大塚報徳会では何らトラブルはなかったが、当会が事件とからんでくる。

話は一〇年ほど前に開設した巣鴨《すがも》分院の土地さがしにまで遡《さかのぼ》る。このとき学校脇に一軒の家屋があった。憲忠の仕事ぶりに感心していた売り主の浅草別院から、その家屋を憲忠個人に寄贈したいとの申し出があった。憲忠は辞退したが、先方は熱心でいくどとなく申し出た。従業員の福祉施設に利用することを思いついた憲忠は、飛鳥山邸を訪ねて、栄一に経過の一部始終を報告し、自らの気持ちを述べた。喜んで栄一は承諾。一任された憲忠は、浅草別院からゆずりうけたその家屋を大塚報徳会の所有とし、慰安設備を整えて従業員の福祉に役立たせていたのである。

ところが、これに関する誹謗中傷の投書が、各新聞社と市参事会・市会へ送りつけられた。投書には、浅草別院から憲忠が個人で家屋をもらい、大塚報徳会を自分の利殖のための団体にしている、それゆえ会計法にも違反しているという内部告発であった。大騒ぎとなった。

投書の主は、憲忠が本院へ世話した人物、雇員の市場《いちば》某であった。

憲忠と市場との関係は、ある日、足の悪い疲れ果てた中年男の市場がいきなり憲忠宅にやってきて更生を誓い、ひたすら援助を懇願したことにはじまる。市場は水戸師範学校在学中に校長を恨んで学校に放火し、北海道の釧路監獄に一〇数年入獄していたが、英昭皇太后崩御の恩赦で出獄して上京。東京で入獄中に知った元教誨師の免囚保護事業家・原胤昭を訪ねた。原の紹介状をもってたずね歩いたがうまくいかず、ある人から「養育院の安達さんなら」といわれて憲忠宅を訪ねた。過去の罪を悔悟《かいご》して出直そうとしている市場を放っておけなかった憲忠はできるかぎりの協力をした。周囲の心配をよそに、市場を雇員としてうけ入れ、機関紙『九恵』（『養育院月報』の改題）の編集をさせるなどしたほか、結婚相手まで世話していたのである。

最初、市場は真面目に仕事をしていたが、慣れるにしたがい地が出はじめ、憲忠の叱責がたびかさなるようになった。今回の投書の原因も市場が叱責された腹いせにしたことであった。

養育院の職員はもとより、内務省の関係者も、東京市庁舎の職員も、ほかの仕事関係者も憲忠を弁護した。栄一も市長や市会へ赴いた。「すべては自分の承諾したことである」。栄一が投書の内容を全面否定したことで事情は理解された。とくに問題はなく事件は解決したのである。

しかし、気持ちのおさまらないのが憲忠。同僚に迷惑をかけたが、何より尊敬する渋沢院長の手を煩わせたことが辛い。養育院に勤務するとき、渋沢院長のお名前を汚《けが》してはならないと心に誓い、それをずっと護ってきた。その自分が院長のお名前に傷をつけてしまったと思い悩んだ。栄一がどんなに言葉をついやしてなだめ励ましても、憲忠は退職願いをとりさげなかった。

その様子をみて、栄一も覚悟を決めた。

「では、私も養育院をやめる。二人でやめよう。やめるにあたっては、板橋移転問題などの仕事を片づけてからにしたい。それまで少し待ってくれないか」

予期しなかった栄一の温情を有難くうけとりながらも、憲忠は一歩もひかなかった。以前から憲忠のすることに市会はイチャモンをつけた。「安達は無軌道に何でも手広くやりすぎる」、郷里の出身者を採用したときには陰口が飛び交った。「岡山閥を作るつもりか、出身地優先では困る」。それらを耳にしていた憲忠は、このまま自分がいると非難の矛先が栄一に向かうことを恐れ、独り身をひくことを決心したのである。

東京市職員の憲忠が養育院幹事となって約二九年の歳月が流れた。その間、愛情不足の幼少の子どもたちの育児に悩んで解決策をさぐり、浮浪少年を導いて井之頭学校創設を実現、虚弱児の保養所の開設、普通児に巣鴨分院を開設、ハンセン病者の対応、不治の長期病人の板橋分院と数々の実績を遺した。本稿でとりあげていない〈保育児の里預け〉〈聴覚障がいがあり口のきけない人〉〈聾唖者〉〈視覚障がい者〉〈盲者〉〈看護婦養成〉の教育にも熱心で〈結核患者〉もふくめ、すべてにおいて在院者の救済と生活向上の種をまき、次々と近代化への工夫をしてきたのが憲忠である。一説には、憲忠の活動を栄一の裏方やかげとみる向きもあるようだが、たがいの拠《よ》って立つところが違うため裏表はない。市参事会・市会に理解を求め、寄附をつのって必要な資金を用意し、憲忠の能力が最大限に発揮できる土壌をきり拓いてきたのが栄一である。栄一と憲忠。二九年という時間のなかで何ごとにも堅忍不抜の精神でとりくむ二人が、現実と未来をみすえて全力ですすんできたからこそ、社会事業の先駆的礎《いしずえ》が築かれた。それが現在へとつづくのである。

二九年間の自らの生き方を、憲忠は自著（前掲『貧か富か』）にこう記《しる》している。

〈私は慈善家でもない。院長の下に唯《ただ》市の一公吏《こうり》として永い勤務を続けたと云ふまでのことである。併《しか》し怠情ではなかった。一生懸命に事務を執《と》ったと自ら信じている〉

号は愚仏《ぐぶつ》。立身出世より愚を守って、先祖伝来の精神的衣鉢をついだ半生であった。

大正八年六月一一日、憲忠は東京市に辞表を提出して養育院を去った。六二歳。

憲忠の高潔な人格と功績を讃えた仲間によって、暗黙の了解のうちに事実は葬られ、退職理由は「病気のため」となった。送別会も同じ理由。『九恵』（第二二〇号）の〈幹事の更迭〉記事も〈本院幹事安達憲忠氏はかねてより病気の為、辞表提出中の所〉と。『養育院史』も同様である。

本稿の取材で訪れた都内在住の憲忠系譜のお宅で、憲忠が所蔵していた銀杯などたくさんの贈呈品をみせてもらった。そのなかに一冊が三、四センチもある分厚い和綴じの上下二冊の論語が交じっていた。栄一の贈呈で日付は「大正一五年一〇月」。楷書の文字がまるで印刷文字のように整然とならんだこの論語の紙面をみたとき、そこに栄一の深い情愛が滲み出ているように思われ大きな感動につつまれたものである。のちに取材を断わられたためこれ以上のことはひかえる。

退職後の憲忠は、大塚辻町の市公舎から、護国寺に近い雑司ヶ谷町一一四番の家に引っ越した。聖徳太子の理想を教化事業の礎にして社会事業を実践するという「上宮教会」（現東京都荒川区東日暮里）に就職したのは大正一一年七月、副会長兼専務理事となって防貧対策としての失業者問題などの業務に精励した。上宮教会は、その後発展を遂げ、現在「社会福祉法人上宮会」として病院・特別養護老人ホーム・保育園等を経営し、広く社会に貢献している。

根っからの子ども好きであった憲忠は家庭でも二人の子どもを可愛がった。郷里の姉小春の子である次男の市正を養子に、萩原家から乳児の千代を養女に迎えている。いちどだけ栄一にわが子市正の就職先を頼んだことは前記した。早稲田大学商科を卒業後した市正は茨城採炭会社につとめている。この紹介人が栄一であろう。千代は東洋高等女学校を卒業。そのあと市正と千代は結婚し二男二女をさずかる。憲忠夫妻が家族の幸福感を味わっていたころ、大正一五年一月に市正がチブスで逝去（前記の栄一が贈った上下二冊の論語は市正の供養のためか。日付は合う）。昭和三年に千代が肺炎で逝去した。残された長女は一〇歳前後。それからの夫妻はわが子同然に四人の孫を可愛がった。夕暮れどきに、仕事を終えた憲忠が、坂になった階段を笑顔であがっていくと四人の孫が右左から飛びついて、にぎやかに門に入っていくのが日常のことであったという。

憲忠は自動車にはねられた。歩いて帰り、運転手が心配するからと騒ぎを制した。それから脳溢血を起こし、右半身不随となって床についた。静かに生涯を閉じたのは栄一逝去の前年、昭和五年一二月二日のことであった。享年七四。「至誠院善威憲忠居士」

一二月四日の告別式には栄一の弔文が霊前に捧げられた。一四日には正七位に叙せられている。近代社会事業の最大の功労者・岡山出身の安達憲忠は、現在、雑司ヶ谷共同墓地に眠る。妻わきは四人の孫の成人姿を見届けて二〇年後の昭和二五年七月一日、安らかな眠りについている。

養育院長をやめる

「二人でやめよう」。憲忠にいった栄一の言葉は本心であった。

栄一が辞意を市長に表明したのはいつのことか。

『栄一日記』によると、この問題のはじまりは、憲忠が栄一に決意を述べた一年前の新年あたりからで、具体的に動き出すのは大正八年の春。同年六月二〇日付に〈安達憲忠氏来り　養育院幹

事辞任の事を告く《ママ》 依って将来の事を談す〉とあるが、この日付は記載ミス。憲忠の退職日が六月一一日であるため、退職後の六月二〇日に〈辞任の事を告ぐ〉はあり得ない。憲忠が一人でやめる決心を告げ、将来のことを栄一と二人で語り合ったのは、一か月くりあげた五月二〇日であろう。そう考えると、できごとのすべての帳尻が合ってくる。まとめると、憲忠が退職を申し出てから約一週間後に、栄一は市に「養育院をやめる」意思を伝えている。それは憲忠在任中のことで、その迅速な対応に栄一の本気度がよく表れている。

それにしてもなぜ、栄一は憲忠と一緒にやめる気持ちになったのか。

考えられるのは憲忠の存在の大きさである。省みれば二人してどれほど多くの困難をのり越えてきたことか。東京市の職員という枠から飛び出して、一人の人間として社会にぶっかっていく憲忠の人柄を信じ、発想の豊かさを愛し、行動力から生み出されるその新情報に、未来像を創り出してきた。前例のない先駆的事業を周囲の人は認めようとはせず、反対の大合唱に遭いながら厳しい寄附金集めに奔走してきたのも、憲忠と志を一つにしていたからであった。栄一自身、憲忠がいなければ社会事業の世界で、これほど多彩に、社会貢献できるとは思ってもみなかったことであろう。感謝の気持ちも湧いてきたはずである。憲忠退職の三か月前、三月四日には日本女子大学創設者の成瀬仁蔵が逝去している。信頼している若い仲間を見送るのは辛い。八〇歳の栄一には憲忠との別れは身にこたえるほどの寂しさに襲われていたのではないだろうか。

しかし、そんな自らの感情を栄一が世間にみせることはなかった。

日記に記載されている五月二八日。市庁舎を訪ねた栄一は、市長の田尻稲次郎と助役の永井環を前に、厳しい表情で養育院に対する市の冷淡さを指摘し、辞任の意を伝えた。

「元来、養育院はいうまでもなく市の事業にして、もとより渋沢一個人の私有ではない。それなのに市の関係吏員の多くはもちろん、首脳部にいたるまでこれを顧みず、冷淡視して、何等の同情、若《も》しくは援助を与えない。今や養育院の事業は、大いに拡張を要すべきときに際しているが、このような有様では到底、私の任に堪へざる思いあり」

驚きあわてたのは東京市側。辞任理由を聞いた二人は反省の言葉を述べ、辞職を思いとどまるよう懇願したが、栄一の決意は固かった。この日はついに立ち別れとなった。

東京市の冷淡さについては、寄附金集めのところで再三述べてきた。それを語る前に、これまで栄一が養育院にたずさわってきた四六年間で、何人の知事と市長がいたのかを調べてみた。

養育院開設時の府知事は、五代目府知事の大久保一翁、このとき（大正八）が二二代目府知事の阿部浩で、都合一八名。市長は、初代が明治三一年の松田秀雄で、同年が六代目市長の田尻稲次郎となり、都合六名。ちなみに栄一逝去の昭和六年まで五八年間にかかわった府知事は二三名、市長が一四名となる。

本来、養育院事業は市と府の責任のもとで行う仕事である。この期間には会議所経営・府経営・委任経営・東京市経営と、いずれの時代も刻苦経営を強いられてきた。どれほど私財を投じ寄附金集めをしてきたかはかりしれない。栄一の胸中に、自分なりに社会へ奉仕してきたという自負心と、もうここらでよかろう、という一線を画す気持ちが芽生えたとしても不思議ではないように思われる。

必死で解決策をさぐっていた永井助役は、栄一の娘琴子の夫・四代目市長の阪谷芳郎に相談した。驚いた阪谷は次の幹事を決めることが先決だと言い、仕事で世話をしたことのある田中太郎の名前をあげた。『月報』の主筆である太郎なら、栄一とも養育院とも縁が深い。

辞意を表明してから五日後。六月三日の午後五時ごろ、栄一はふたたび市庁舎へ出向いて、市長等と話し合いをもった。市長は、市としてのお詫びと感謝の気持ちと次の幹事に田中太郎を就任させることを述べて平身低頭、心をこめて依頼したのである。

栄一の気持ちは翻《ひるがえ》ったのであった。

三日後の六月六日付日記に、〈安達憲忠氏来り養育院の事を談す〉とあるから、このとき栄一は養育院にとどまることを憲忠に語ったのであろう。それから七日後に憲忠は退職する。

日記をみると、この一件にピリオドがうたれたのは六月一三日である。

午前八時に養育院へ行った栄一は、職員一同に憲忠と太郎の幹事交代を説明し、講堂に集めた子どもたちにもそれを伝えた。そのあと官員や医務の人々にも同じように報告して、憲忠と太郎にそれぞれの場所で新旧幹事の挨拶をさせている。

養育院に落ち着きがもどってきたのは、その秋の一一月中旬であった。

栄一は飛鳥山邸に、看護婦と保母と関係者をふくむ八〇余名を招いて、本院職員の慰安会を催した。太郎の開会の辞のあと、挨拶に立った栄一は次のように訓示したのであった。

「世のなかの仕事は種々あり、金銭や物品をとりあつかう業もありますが、自分たちの仕事は人を相手にする仕事です。それには第一に親切(思いやり)の心が必要となります。真から誠実を志し、不幸な人々に親切を徹底するよう、つとめてくださることを望んでやみません。

本日はどうぞ、悠々一日の清遊を尽されんことを望みます」

この挨拶は、ふたたび院長として再出発する栄一が、職員に向かって「ともに精進していこう」と自らの心に誓いを立てた言葉のようにも聞こえてくる。


憲忠が去ったあとの一二月二四日、東京市は「社会局」を設置するが、このとき本章冒頭で述べたように、市は、社会局の業務から養育院事業を外して局に準ずるあつかいとした。栄一は市長に「事務の都合であれば社会局に市参与院長の担任である養育院事業を移管することに異議はない」と申し出たが、市長は拒否、公営施設でありながら栄一に裁量権をゆだねた。これにより栄一の意向が養育院の隅々まで反映されるようになったのである。翌大正九年、条例改正により養育院が「社会事業」の一号となった。また大正一二年三月、〈市参与に委任の件廃止〉(市訓令甲第九号)令により、養育院の収支の事項は本院長の栄一に委任している。

憲忠が去った翌年の大正九年九月四日、栄一は「子爵」の爵位を得た。数え年で八一歳となるが、満年齢では八〇歳の傘寿。実財界人としてただ一人子爵となった理由は、序章で述べたように社会事業への貢献である。説明を補足すると、七七歳の喜寿を迎えた大正五年、第一銀行頭取と東京貯蓄銀行会長等をしりぞいて、実財界から本格的に身をひいた。そのおり栄一は「国民たることは辞するを得ないから死ぬまで努力する」「余年を公共事業にささげる」と公言した。叙爵はそれから四年後となるが、その証《あかし》として、経緯にふれた原敬首相の言葉を紹介しておこう。「あなたが実業界に貢献したことは今さらいうまでもないが、実業界を去ってからも公共事業に尽くした功績は世間も十分認めている。国家としてこれを認めないわけにはいかないから目下奏請しているしだい」(前掲『渋沢翁の面影』)。宮中で子爵を賜ったのは数日後のことであった。

新幹事田中太郎

田中太郎は明治三年一一月一〇日、日本橋区浜町で生まれた。武家の出の父は画家、四つしたに妹がいる。両親と妹の四人暮らしは平穏であった。太郎は久松小学校を卒業後、築地の府立中学校、東京英和学校(のちの青山学院)、高等商業学校(現一橋大学)と進学したが、一六歳で父を亡くし、母と妹を養うために高等商業学校は途中でやめ、働きはじめた。そのころキリスト教宣教師に英語を教わるうちに熱心なキリスト教信者となっている。

明治二二年、内閣統計局の相原重政の紹介により、二〇歳で世田谷代田にあった同局に入る。赤坂丹後町一番地に移転。杉の垣根で庭をかこんだその家の部屋は三間。二畳の玄関を入ると太郎の使う六畳の部屋があった。本箱がないため壁際に和漢洋の書籍を積みあげただけの質素なこの部屋で、太郎は日々、書生風の着物姿で机に向かい外国書籍の研究に没頭し、次々と翻訳しては出版していくのであった。

太郎が欧米へ慈善事業の視察旅行に行ったことは前記した。帰国は明治四二年九月二九日、その一一月に清子と結婚した。太郎は四〇歳、清子は二五歳。母は六二歳、妹は三六歳。

陸軍大佐及川恒昌の次女であった清子は、外国婦人の多い矢嶋楫子《やじまかじこ》の女子学院と浪華女学校で英語を学んだ才女であった。赤坂教会の婦人会で毎週講話をしていた太郎は、同教会の日曜学校で教師をしていた清子と出会っている。約一年半の太郎の欧米旅行中、二人は英語で手紙のやりとりをしていたという。結婚後、清子は家庭に入った。明治四三年三月、春雄が誕生、のちに慶應義塾大学へ進学。太郎は春雄を溺愛した。

三〇代の太郎の『日記』には、道端の哀れな子どもたちを放置できず金銭を与え、優しい言葉をかけていたことが綴られている。「貧しき者を友として生きる」。これが当時の太郎の姿であった。生粋の江戸っ子で性格は武士的気質のストイック、意志の人・行動の人であったともいわれている。

ここで太郎を語るうえで重要参考文献として活用している書籍『田中太郎』について述べておきたい。これは太郎の死後、妻清子が「田中清」の名前でまとめた私家版の追悼記念集で、四〇名近い関係者の追懐文とともに、右記の太郎の『日記』もわずかながら載っている。その追懐文のところどころに、養育院に勤務する前の、太郎の様子にふれた興味深い記述がある。

それによると、太郎の評判は意外にもよくない。態度が最悪。

仕事の優秀性は誰もが認める。明敏な頭脳、綿密な思考法も人々は讃えているが、その反面、態度の悪さは超のつくほどで、ツンとした歩き方、いつも人を睥睨《へいげい》するかのような雰囲気を醸し出していた。ヘビースモーカーでお歯黒を入れているかと思うほど歯が真っ黒という無頓着さ。煙草《たばこ》の煙のなかから悪口や皮肉、辛辣な言葉が機関銃のように発射され、周囲の人々は閉口した。何事にも精力的だが執拗すぎる。剛直、洒脱、行届いて細かいところに気がつくが、大雑把。察しがよく寛容で頼みになるが、癇癪もち。煙たい、毛嫌いしている、というふうに、多角的かつ複雑な感想がならぶ。優秀なるがゆえに仕事上でどこか満たされないものがあったのだろうか、どの姿も田中太郎その人である。

人は環境や状況、与えられたポジションでも大きく変化する。

最初は重圧を感じていたのか、太郎は幹事就任の挨拶で「自分の養育院の仕事は長くはあるまい」と偉そうな物言いをして人々を啞然とさせ、親しい人には「養育院の現業は嫌いだ」と自己中心的なわがまま発言をして驚かせてもいる。その太郎が幹事となると、「貧しき者を友とする」という生来の性情をとりもどし、栄一に仕込まれながら、憲忠と双璧とみなされるまでに成長していくのである。そこには憲忠同様、栄一の崇拝者となり「お名前を汚さないように」と養育院に全身全霊で貢献していく姿があった。太郎の功績には、関東大震災後の巣鴨分院の改築をはじめとする各施設や学校の再建があるが、際立っているのは大震災時の対応である（口絵写真参照）。

関東大地震

大正一二年九月一日午前一一時五八分、関東地方にマグネチュード七・九の大激震が走り一瞬にして帝都は崩壊した。余震と劫火は三日間つづき、膨大な数の死者や罹災者を出した。

そのとき栄一は兜町の渋沢事務所で調べものをしていた。渋沢事務所とは明治六年の大蔵省退職後の住まいで、その後、この瀟洒な元邸宅は、事務所用に改装して使用されていたのである。

最初の大きな揺れがあった瞬間、同室の職員が、反射的に栄一の身体を事務机から離して支え、間もなく各室から一人二人と職員が飛んできて四人で栄一をかこんだ。余震と建物の一部が落下する音響が耳をつんざくなか、廊下をはうようにして隣接の第一銀行へと避難したのであった。

ぶじに飛鳥山邸に帰宅した途端、栄一は猛烈な後悔の念にさいなまれた。

渋沢事務所には、徳川慶喜公の伝記や編纂中の自身の伝記をはじめ、井上馨・陸奥宗光・後藤象二郎・山県有朋・伊藤博文等の古い手紙、書類関係と一緒に集めておいた六〇〇種類の論語なども保管していた。それ等は安全を期して、わざわざ飛鳥山邸から事務所へと移動させた貴重品であった。事務所の様子が気にかかるが、翌日の報告をまつしかなかった。

翌二日から栄一は活動を開始。まずは自邸のある滝野川一帯の住民のために食料の確保として、米を埼玉県から搬入しようと、キリスト教の青年や町役場の吏員を督励して救済につとめた。内閣および赤池警視総監に対して進言にも行っている。

そのころ、小刻みに大地が揺れ、町を焼け尽くす火が赤黒く燃えているなかを、秘書は渋沢事務所や第一銀行の様子を知るために歩いた。ようやく事務所の金庫をみつけ、すべての焼失を確認してから徒歩で飛鳥山邸に向かった。途中で飛鳥山邸が襲撃されるという噂を耳にした。電信電話が不通となり新聞さえとまり、流言飛語が飛び交っていたのである。

夕方、飛鳥山邸に着くと、玄関先にもち出した椅子に座って書生たちに指示を出している栄一の姿がみえた。秘書が渋沢事務所と第一銀行の焼失を報告したとき、目に涙をためた栄一は「残念でした」といったきりであった。飛鳥山邸襲撃の噂も伝えた。「郷里の血洗島村か、お近くのご子息の邸へ避難されてはいかがですか」。この提案に栄一は語気を強めてこう返答した。

〈自分の身を思ふての心配はよく分かるが、それはいらぬことです。若しこの老骨が死んでお国の為になることであれば、いつでも喜んで死にます。既《すで》に八〇余年を生存したことが意外の長寿であるのに、逃げ隠れして、生をぬすまんことは思ひも寄らぬ所です。左様な馬鹿げたことは言はぬようにして欲しいものです〉（前掲白石喜太郎著『渋沢翁の面影』）

堅い決意を告げるかのように、その顔には毅然とした冒し難いものがあったという。

夜になると市内から焼け出されてきた群衆が家の前をとおりすぎて行く。門前の庭の芝生にも罹災者がたむろした。栄一の自動車運転手の一人がピストルをもって暗い邸内を警備している。

子息の武之助も老齢の父に危険があっては大変と、栄一に血洗島村への避難をすすめた。「東京が安定してから復興に協力すればどうですか」と話はじめたとき、栄一が言葉をさえぎった。

「馬鹿なことを。考えても分かりそうなものじゃないか、儂《わし》のような老人はこんなときにわずかなりとも働いてこそ、生きている申し訳が立つというものだ。それを田舎へ行けとは卑怯千万な」

それでも武之助が郷里行をすすめると、栄一は語気激しく言い放った。

「もうよしさない。これっしきのことを恐れて、八〇年も生きてこられたと思うのか。あまりと申せば意気地がない。そんなことではものの役には立ちませんぞ！」

三日に山本内閣が発足すると各方面の活動が開始された。ただちに救護事務局ができ、栄一が救護の方法を講じることとなった。そのあとにできた復興審議会で栄一は委員に選ばれ、また、貴衆両院議長等と協議して大震災善後会を設立して評議員となった。この大震災善後会は、栄一が仲間の実業家とともに組織を考えていた救援会であったことから、東京商業会議所が拠点となっている。以降、栄一は毎日のように東京商業会議所に足をはこぶのである。

一方、大地震による養育院の被害状況は様々であった。

地震発生時、大塚辻町本院では、各室と病棟にいた一〇〇〇人前後いる在院者が飛び出して敷地内に集まった。うちつづく余震のなか、太郎は、狼狽する職員たちに命じて構内にテントを張らせ、仮事務所を作って在院者を避難させた。恐怖に震えながら職員たちは働いた。軽傷者が四名にとどまったのは不幸中の幸いであったが、建物の倒壊は激しく使用不可能となっていた。

翌朝、夜の明けるのをまって太郎は飛鳥山邸へ行き現況報告をした。「本院は半倒《はんだおれ》になり一部は板橋へ移転させましたが、怪我人は一人もいません。巣鴨分院の子どもたちは大丈夫です」

同じ二日目、村山正脩《まさなが》が安房分院から大塚のテント本部にたどり着いた。一人二人と集まってくる幹部連中から、太郎は各分院の被害状況の報告をうけた。救出対策が練られる。

巣鴨分院の被害は一部瓦壁が落剝したていどでもっとも軽微。井之頭学校は瓦や壁の大部分が落剝しただけですんだ。震源地の近くで激震にみまわれた安房分院の被害は予想を上回るほどの甚大さ、一〇名の子どもと一名の従業員が圧死した。倒壊家屋は校舎・事務室・寮舎・病室、食堂等、かろうじて残ったのは講堂一棟のみであった。

三日目の朝、太郎は飛鳥山邸へ行き、栄一に泣きながら死者の出た安房分院の報告をしている。

同日夕方、山手方面の一部を残して町を焼き尽くした猛火が小石川台までせまってきた。本院の風上にあたる江戸川方面にも火の手があがり、その煙が養育院内にも流れこみ、火の粉が飛来してきた。激震の影響で本院の気缶室が大破し、在院者の給食と医療が困難になるという緊急事態が発生した。テントに残る大部分が病者と老衰者。不便なうえに衛生上の問題が生じやすい。テント生活の長居は無用と判断した太郎は、全員を建築中の板橋に避難させることにし、職員一同を集めて大号令をかけたのである。

「もはや養育院も猛火にやられるに違いない。諸君は足腰の立つ者を一人でも多く安全地帯に避難させてください。私は残って皆さんを見送り、動けなくなった人々と生死をともにします」

　太郎の決死の覚悟に全員の職員が胸うたれた。日露戦争で旅順の戦場を体験していた会計課の若林金次郎は、武将が戦場に処する際の態度である、と深く感激したという。

　職員の引率のもと、約一〇キロ先にある板橋町の未完成の養育院を目指して在院者たちの避難が開始された。昨年七月に起工しておいた板橋の養育院の建物は、屋根瓦が落剝しただけで被害が少なかった。問題は混乱している市中での移送法である。ようやく馬車を雇うことができ、緊急必需品の移送から開始した。それが九月八日のこと。翌九日には焼け野原のなか、病者と幼児と老齢者を合わせた四三〇名を自動車と馬車に分けて移送、あとの四八八名は、やむなく係員のもとで隊列を組んでの徒歩となった。若い職員は老人を背負い、病める者は看護婦の担架で、幼い子は一人の保母が二人を背に負い一人を胸にだいた。たがいに助け合い励まし合いながら休憩をはさんで少しずつすすんで行った。残った人たちを後続の救護車がはこんだ。在院者も職員も極度の緊張により一心不乱に前進したせいか、ふだんでも難しい在院者の移送を、ゆっくりとはいえ、特別の問題もなく一日で終えたのである。翌一〇日より最後の物品輸送に移っている。

　そのころ太郎と職員が頭をかかえたのは壊滅状態となった安房分院のこと。激震にみまわれて以来、その日の衣食住にも事欠き、昼夜分かたず襲ってくる余震に怯《おび》える子どもたちを、職員たちは自分の家庭や家族を顧みず命がけで護っていた。問題は救出方法と避難先である。先記の村山が安房分院から急いで本院にもどり、テント本部で相談したのもこのことであった。

相談の結果、避難先は巣鴨分院と決まった。問題は救出方法である。良案が浮かばない。誰かがいった。「罹災者の避難救助の応急手段として、海軍省が駆逐艦や水雷艇をもって安全地帯まで輸送してくれるそうだ。この船で救出してもらおうじゃないか」。評議は一決。渋沢院長のひと声で、これは簡単に実現するものだと誰もが信じて疑わなかった。

さっそく村山は栄一に会いに出かけた。もしかしたら院長からよく気がついたとお褒めの言葉を頂戴できるかもしれない、と胸をときめかしてのことであった。東京商業会議所で面会を求めた。入った部屋には徳川家達ほか二、三の著名人がいた。村山は栄一に思いの丈を述べた。

「安房分院の救出の件でございますが、交通機関も汽車もなし、汽船もとまり、連絡のとりようもございませんが、これを一時巣鴨分院へつれてまいりたいと考えております。伝え聞くところによりますと、罹災民避難のためならば、海軍省で水雷艇を特派して頂けますそうで、もしこれが叶いましたら、これほど安全なことはございません。どうか院長のお口添えを願いまして、私がこれから海軍省へうかがい、懇願してまいりとうございます」

すると、しばらく横を向いて聞いていた栄一が、村山をみてこういった。

「そりゃあいかんよ」

今は国をあげて秩序回復につとめ罹災応急の措置に力をそそいでいる最中、海軍は海軍として手にあまるほどの仕事がある、こんなときにお国の海軍の手をわずらわす必要はない、と。

「安房分院にも主務がおるじゃろう。一〇〇名あまりの子どもは船形で二、三艙《そう》の漁船の世話になり、天候の具合をみて主務が東京につれてくればよいと私は思う。こんなときだからこそ人民はなるべくお上《かみ》の手をわずらわさず、自分でできることは自分で処理するように心がけねばならぬ」

叱られた村山は二の句が告げなかった。帰り道、栄一の言葉を反芻しながら、院長は偉いお方だ、と敬服し、有難い嬉しいという晴れやかな気持ちになった。

テントにもどった村山の口から院長栄一の言葉が発せられた。

それは疲労困憊していた幹部たちの心の栄養剤となり、銘々が自分自身をとりもどした。

皆の気持ちが安房分院の子どもへと向かう。もともと虚弱で病質な子どもたちである。九月上旬とはいえ地震以来、戸外に張ったテント生活では朝晩の秋冷がしのびよる。病者が出てもおかしくない。日常の生活必需品を入手する方法も途絶している。いっときも早い救出を、と幹部全員が一致団結して積極的に動きはじめた。

救援として派遣されたのが井之頭学校の教員二名とたくましく成長していた生徒一四名。一行は九月八日、若干の食糧品を携帯して東京の霊岸島から海路で安房分院に入った。倒壊した建物の片付けや瓦礫の撤去、埋もれた物の掘り出し作業をして一週間ほどで帰京。そのあと子どもたちを迎えにふたたび教員、事務員、井之頭の生徒たちが安房分院へと向かった。一〇五名の子どもと主務、看護婦、保母等一三名が、同月一九日、ぶじに巣鴨分院まで送り届けられたのである。

蘇った養育院

震災後の養育院復興資金については、市参事会と市からは一円の援助もなかった。

養育院全体の応急修理と復興工事の資金は、市参事会の承認を得て、基本財産からの流用金八万円と寄附金八八〇〇円の合計八万八八〇〇円をあてることになったが、資金不足に陥るのは目にみえている。案じた太郎は栄一に確認した。

「安房分院は法令にもとづいて開校した学校ではありません。この復興はどうしますか」

「せっかく長い間、よい成績をあげてきたし、子どもたちにはまたとない楽天地となっている。このまま地震のために廃止するのは残念である。何とかして復興の方法を考慮しよう」

栄一のこの言葉で、安房分院の継続は決定したのであった。

しかし、養育院にかかりっきりになれない栄一は資金調達に苦しんだ。その様子をみて、市からの借り入れを提案した太郎は奔走して資金を獲得してきたのである。

安房分院の復興予算が三万一七〇〇円と決められ第一期復興工事にのぞんだ。翌一三年三月に完成し、子ども五〇名が巣鴨分院から移送された。第二期復興工事の資金は、栄一の配慮によって得た大震災善後会の寄附金五万円があてられて着工。広くした敷地に寮舎が建ち、翌年三月、残りの六〇名を転院させた。これで復興事業を終了したのである。栄一は同地域の人々にお世話をかけたという気持ちからであろう、安房分院所在の罹災者に私財一〇〇〇円を寄附している。

関東大震災の翌年の大正一三年三月、板橋の地に新築の養育院が完成した。
敷地二万六七〇〇坪、建坪五四九〇坪。大塚辻町の本院を約二倍に拡張した規模であった。建物は〈室〉の大部分が和式平屋建て、採光と換気が配慮され衛生環境がよくなった。医局も様々な点が改善された。のちに板橋本院の死亡率は以前にくらべ約三割減となっている。

また容易に承諾しない栄一を説き伏せて、同年二月末、養育院常設委員一同と養育院幹事等で「渋沢養育院長銅像建設会」が結成された。彫刻家小倉右一郎製作による巨大な青銅像が完成し、除幕式を翌年一月一五日に開いた。花崗岩の台座に椅子に腰かけた栄一の青銅像はアジア太平洋戦争中に戦争資材として供出を余儀なくされ、石造の像に変わっている。

大正一三年一一月末日の〈収容者統計〉は場所別では次のようになる。（『月報』第二八一号）

板橋本院＝（元窮民・元行旅病者）　計一一二八名　男六六八・女四六〇
板橋分院＝（大人の長病者・結核患者）　計一七七名　男一二一・女五六
巣鴨分院＝（棄児・遺児・迷児の普通児）　計四八六名　男三一五・女一七一
安房分院＝（虚弱児）　計四九名　男三五　・女一四
井之頭学校＝（浮浪少年等の感化生）　計一〇五名　男一〇五
院外保育委託児＝（里預けの乳幼児）　計二二五名　男一〇九・女一一六
合計＝二一七〇名

※子どもの在院者の詳細を述べると次のようになる。

幼稚園　＝（幼児）　（計一六名　男九　・女七）

通学＝　自習小学校高等科　（計三名　男三）

仰高等学校高等科　（計二名　男二）

杉山鍼按学校　（計二名　男二）

東京盲学校　（計一名　男一）

東京高等工芸学校附属工芸実修学校（計二名　男二）

養育院が本郷加州邸の空き長屋に創立してから五二年。その間、浅草溜、上野護国院、神田和泉町、本所長岡町、大塚辻町、豊島郡板橋町で六回目の移転となった。「東京市養育院」はこの板橋において医療分野もふくめ、近代性をほこる立派な東洋一の救護施設に蘇《よみがえ》ったのである。右記をみると救護施設というより、立派な教育機関といった観がする。

新しい板橋本院大講堂において、移転拡張披露会が盛大に挙行されたのは三月二一日のことであった。壇上に立った栄一は次のように挨拶をしている。

「理想をいえば養育院に入院する者が一人もいなくなり、本院のごとき救済機関は一日も早く潰れてしまうのがよろしいのでありますが、しかし、世のなかが進歩しますと、塵埃が溜まると同様、貧乏人も増えてくるのが社会のつねでございます。とにかく過去五〇余年間、本院が、都市救済機関として相当の働きを尽し、かつ時代の変遷と要求にともなって、徐々に規模を拡大し得たということは、わが東京市のために喜ぶべきことであります」

祝宴の席上、栄一を支え苦楽をともにしてきた大倉喜八郎（本院常設委員）が、栄一に近づき、本所長岡町の苦しかった委任経営時代のことや大塚辻町時代の思い出を語り合った。

それを聞いた周囲の人々は、二人の心中を忖度《そんたく》しながら感激し、皆でうなずき合ったという。

五月二九日、大講堂で在院者の慰安会が開かれた。一般の在院者には鮨一折と手ぬぐい、長病者のいる板橋分院の一同には、カステラ一折と半紙一帖が贈られた。余興に落語、浪花節、喜劇、義太夫、かけ合い噺などがあり、久々に在院者の笑い声が講堂に弾けた。

なお、在院者の「慰安会」が毎年一回開かれるようになったのは関東大震災の前の大正一〇年四月からで、当日は三食とも特別献立で供食するほか、慰安にと種々の余興が企画された。昭和五年から春秋二回となる。雇員以下の従業員の慰安会も同じ大正一〇年から催された。講堂で一同昼食をともにして、種々の余興に歓を尽くすのが常例となっていたのである。

六月一五日の日曜日、栄一は飛鳥邸に本院従業員一四一名と東京市職員四五名の計一八六名を招いて従業員慰労会を開いた。庭内の芝生にテントが張られ、会場と余興場が設営された。一同に折り詰めと菓子折りが配られたほか、見晴らしのよい裏庭にビールと多種の飲み物、鮨、煎餅、甘酒等の模擬店が出され、芸能一座の曲芸や歌、手踊りの余興を楽しんだ。ちなみに毎回の自邸での慰労会費用はすべて栄一の私財でまかなわれている。

これらの祝宴の前になるが、栄一は、大震災復興委員として社会奉仕につとめていた自身に代わって、本院と各分院の避難および復興資金など、あらゆる業務の陣頭指揮をとり、養育院を護りきった幹事の太郎にねぎらいの言葉をかけている。残念ながらその言葉は遺されていない。

今に遺るのは、太郎が無心した次の言葉である。

「記念のため、私と一緒の写真撮影を、お許しいただけませんか」

栄一は快諾。上野精養軒の店内にある写真屋で、二人して記念写真を撮ったのであった。

おりにふれて、太郎が栄一に写真撮影の許可をもらったのは、自身との記念というより『月報』の口絵写真など仕事に活用するためであった。気持ちのなかには、栄一の身近にいる者として、少しでも院長の姿を写真におさめておきたいという尊崇の念があったことは推察できる。

現在、数々の栄一の写真が遺されているのは太郎のおかげでもある。

昭和を目前にひかえて、養育院はここに新たな門出を迎えた。

大正一三年、栄一は八五歳、田中太郎は五五歳。

〈養育院移転助成会〉は、翌年の大正一四年九月三〇日に解散。残金は以前と同様、養育院の基本財産に投入されている。

第14章　喜びを噛みしめる

七〇歳代から八〇歳代の栄一の内面および私生活にせまってみよう。

七七歳の喜寿（大正五）を迎えた年に、栄一が実財界を引退し「余年は公共事業にささげる」と公言したことは前記した。その時期の発言に〈私が真に楽しく感ずるのは、論語の話でもするとか、或いは養育院其他の公共事業の為に奔走するとかいふ事である〉（『竜門雑誌』）とある。

このころの栄一は、輝かしいほどの顔色で溢れるほどの元気があり、朝は早くから自宅を訪れる人々と面会して話し合い力のかぎり助力した。昼も夜も大抵は集会の約束がある。その間に渋沢事務所の事務をみて来訪者と接するという日々。老いとは縁遠く、アクビをしたことも「疲れた」とこぼすこともなかったという。飲食には嗜好を求めず、出されたものを美味しく食した。朝食はパン・半熟の鶏卵二個・オートミール・コーヒー一杯・果物。夕食にはご飯・吸い物・魚・野菜・果物。昼食はとらず一日二食。衣類のこだわりはなく、一〇数年前の裏のきれたフロックコートを愛用。入浴は朝のみ。三人の執事と四人のお手伝いがいて世話をしている。

これら栄一の素顔は、始終そばにいた秘書の白石喜太郎の証言である（『渋沢翁の面影』以下同）。

栄一は活字を愛した。帰宅後は机のうえに山積している書類、書簡、書籍、雑誌類、新聞等を読む。依頼された色紙や書を揮毫し、進行中の書籍の校正や講演原稿の執筆等も怠らなかった。一日の出来事を記述した『栄一日記』の最後の行には雑誌や新聞を「一覧す・読む・通覧す」とあり、最晩年には、そのあとラジオを聞いて休んでいる。元旦から一年をとおして寝る前には必ず何かを読む。その分野は政治・外交・経済・社会問題・教育、小説などと広い。風邪のために高熱で苦しんでいるときでも、机の前に端座して読書をしていたそうである。

大正四年一〇月六日付（『栄一日記』）の記述に、出張で九州や関西へ行った帰り、汽車のなかで〈白石に雑書を音読せしむ〉、翌七日も、神戸へ向かう車中、白石に〈ベルンハルデー将軍の著書を音読せむ〉とある。疲れてくると秘書に書類や書籍を読ませ、物語を楽しんだ。他人に読ませる「音読」というこの読書法は、自宅では「お読《よ》み上《あ》げ」の言葉に代わり、近所に住む秀雄が毎晩のようにお読み上げに行っている。生涯現役を貫いた栄一には知的好奇心の貪欲さがあり、頭脳はたえず磨かれ内面は燃えていたのである。

加齢には次のような意見をもっていた。

〈一般に摂生《せっせい》が第一であると云はれて居るが、私は若い時から不摂生で、よく医者から「貴方のやうに余り身体を粗末にしては長生き出来ない」と忠告されました。摂生を講釈した医者は皆逝き、不摂生を注意された私が生き残ると云ふ皮肉な結果になり、摂生必ずしも長寿の要件ではないとも申したいのであります〉〈更に要約しますと「労働と節制と満足」これが「健康、幸福、長寿の主因である」と云うてあります〉〈生まれた以上、完全に働き得る限り働かせた方が国家社会の為であって、少なくとも九十歳位までは、おぢいさん扱ひにしないことが必要でありまして、八十八歳になったのが珍しいやうであってはならないと思います〉。（『竜門雑誌』）

九〇歳くらいまではおぢいさん扱いをしないで欲しいとは、実際に「人生百年」の途を歩んでいる人のみいえること、この強気な発言は八八歳のときであるが、翌年（八九歳）には、本院の子どもたちを前に、衰えていく自身の姿を正直にあかしている。

〈今でも私は老衰したとは思わぬが、ただ少し変わったところは、数字の観念の弱くなってきたことである。大正五年に実業界から引退したゝめ、数字は見ないことにしたところ忽《たちま》ち数字の観念が薄らいでしまった。昔は各省の予算は細目に至るまで覚えてゐたものだが、今は日本の予算は一七億円余りといふ位のことしか知ってゐない〉（『月報』第三二六号）

事業の成果

これまで懸命に努力してきた数々の事業に対して、数十年経た今、栄一はどんな気持ちをもつようになったのか。養育院を中心に、時間軸を八八歳の昭和二年とその前後に設定して、事業のその後をおいかけてみる。この時期は逝去までの五年間前後、栄一の最晩年となる。

先にみておきたいのは、四〇代の若い栄一が、社会の旧思想・旧価値観と闘いながらとりくんできた教育事業、七分積金で設立された「商法講習所（現一橋大学）」のその後である。

本校は工業大学や農業大学に遅れて大正九年、「東京高等商業学校」から「東京商科大学」へと昇格したことは前記しているが、そこには厳しい試練の跡があった。

東京商科大学が「創立五〇周年」を迎えたのは、震災後の大正一四年の九月二二日、記念の祝賀会がバラックの講堂で開かれた。

会には総理大臣、文部大臣、商工大臣、各大臣とともに病身の栄一（八六歳）が孫の敬三を同行してならんだ。喉の調子の悪かった栄一は壇上で挨拶の言葉を述べたあと、用意した祝辞を敬三に代読させて喝采をあびた。次にベルギー大使や教授総代の祝辞につづいて、卒業生総代として長老の成瀬隆三が挨拶を終えたときであった。つかつかと演壇にあがった栄一がいきなり成瀬に握手を求め、息を呑んで見守る学生に向かって「諸君のこの学校が大学になるときには、なかなかの問題でありました」と言い、その理由を簡単に説明したのである。

高等商業学校では明治四一年から翌年にかけて申酉《しんゆう》事件という大事件がおきた。栄一が井之頭学校設立や分類収容に奮闘中のころである。当学校の大学昇格を認めなかった文部省が、高等商業学校にあった従来の専攻部を廃止し、東京帝国大学に新設する経済科への組織統合をしようとしたとき、校長と教職員が猛反対した。「商業大学を単独大学にせよ」。辞職者を出し、学生のストや大量退学という最悪の事態をまねいたのである。二年生であった先記の秘書白石喜太郎も退学の意志を固めた一人であった。「わが国には商業界の指導者を養成できる、高度な専門知識を学ぶ商業大学が絶対に必要である」。同窓委員会も大反対するなかで、ひときわ強く文部省や政府に訴えたのが栄一と成瀬であった。当時のことが脳裏に蘇った栄一は、思わず壇上で「まことに感慨無量であります。感慨をこめて握手したしだいであります」と言い、握った手を二度三度と大きくふった。その光景は劇的で感激に満ち、会場は崇高な雰囲気につつまれたという。

閉会後、栄一が講堂を出て自動車にのろうとしたとき、大勢の学生たちが駆けよってきて円陣を作った。自動車は大きな拍手のなかをゆっくりと動き出したのであった。

何ごとにもいえるが、ことさら社会事業の真価というのは、本来それを受容する人々によって評価される、という厳しい一面をもっている。元窮民・元行旅病者のナマの声を聞きたいと思い『月報』を開いたが、一五〇〇名前後も在院者がいるにもかかわらず、たまに俳句が載るぐらいで随想の類は一編もない。それにくらべて、子どもの作文は毎号、安房分院・巣鴨分院・井之頭学校と各校三、四名ずつ載っている。そのため、養育院ならびに栄一に対する見方は、子どもの作文から掬《すく》いあげ、これをもって「養育院と栄一に対する在院者の評価」としていくことにする。

安房分院——毎年開催の「安房分院開設記念」が「二〇周年記念会」を催したのは昭和四年六月一六日（九〇歳）のことであった。安房勝山の保養所からは三〇周年となる。招待者は例年どおり船形町長・土地の名士・関係者が中心。最初の挨拶に立った太郎は、以前、栄一が口にしていた養育院沿革・経営資金・寄附金・現状等を長々と説明したあと、この六年間で計二五三名が体重を増やして元気になったという報告をした。

医者から「外出はひかえ仕事も軽減するように」と強くいわれ、近年欠席が目立つようになっていた栄一も顔を出して謝辞を述べた。「地元有志各位の熱心な同情援助により、収容児童等が、健やかに成長いたしつつある状態を、親しくみるのは、私の真の喜びとするところであります。ここに御礼を申し述べ、あわせて当地方の繁栄を祈ります」

安房分院のこのときの子どもは幼稚園児・尋常小学生・補習科生徒を合わせて九四名。子どもたちは養育院や院長の栄一のことをどのようにみていたのか。

〈『院長さん』　尋五　紙屋その子　十二歳〉（第三三六号・昭四・七。全文・原文ママ以下同）

六月一六日の開院記念日は、私たちの楽しくも嬉しい日でありました。朝から誰を見ても皆嬉しさうでした。私と同室の人などは「嬉しい〳〵」と口にまで出して居りました、それは午後から院長さんがいらっしゃるからです。お昼はお赤飯でした。何時もよりもおいしくいただきました、お部屋へ帰って着物を着がえて外で遊んでゐると鐘がなりました、私たちは門の中へ正しく列びました、私たちは院長さんが早くいらっしゃるとよいがと思ひながら待って居りますと、暫《しばら》くしてから門の前に一台の自動車が止まりました。私はすぐ院長さんがおいでになったのだと思ひました。自動車から下りたのが間違いもなく院長さんでありました。私は院長さんのにこ〳〵したお顔を見た時、飛び上がる程嬉しく思ひました。

〈『院長さんのおみやげ』　尋四　山下きみ子　十歳〉（同・全文）

私は院長さんにおみやげをもらって、たいそうありがたいと思いました。唐《から》まんぢゅうと栗まんじゅうが一二はこ（箱）の中にはいってゐました。そのおまんぢゅうはたいそうおいしゅうございました。私はありがたいと思ひます。そのおまんぢゅうはおいしかった。院長さんのおみやげはほんとうにありがたいと思ひました。

栄一は安房分院・巣鴨分院・井之頭学校を訪問するときには必ず土産の菓子を持参した。体調不良や出張で行けないときでも、季節にふさわしい土産を職員に頼んだ。昭和四年の在院者総数＝二〇九四名、うち子ども総数＝四一三名。これら全員に訪問のたびに用意したのである。土産と一緒に職員にもきめ細かい心配をしている。〈お帰りには金一封をお土産として分院主務に手渡すことをお忘れにならなかった〉（『養育院百年史』・宮本五郎筆）

土産の菓子は駄菓子や煎餅など、祝賀会のような行事のときには箱入りの和菓子であった。土産はその子に向けた贈り物。親・親戚・隣人の誰からももらったことのない子どもたちの淋しい心に、栄一は「家庭的愛情」をそそごうと懸命に子どもを見護り指導してきた。土産の品を「ありがたい」「おいしい」と喜ぶ無邪気さや素直さは子どもにとって大事なこと、いじけていたならこんな潑溂とした温かな感情は湧いてこない。栄一の愛情はしっかりと子どもたちに届き、その柔らかい心を健康的に成長させていたことになる。

巣鴨分院――講堂で「第一九回楽翁公記念会」が行われたのは、先の安房分院の二〇周年の翌年、昭和五年（九一歳・亡くなる前年）五月一五日のことであった。

この日は、七二歳で没した楽翁公《らくおうこう》（松平定信）の一〇〇周年忌として例年より盛大に行われた。午後一時の開会には市の名誉職員、官公吏、慈善会、寄附者、新聞記者等一〇〇名以上の招待者が参列した。重要な記念会には必ず招待していた安達憲忠も参加。憲忠の逝去がこの半年後の一二月であることを思えば、その心は命の炎が燃え尽きるまで養育院の方を向いていたといえようか。すでに古い仲間となった社会事業家の留岡幸助も参列している。

栄一が楽翁公の祭礼行事を命日の五月一三日に実施するようになったのは、二〇年ほど前の明治四三年（七一歳）から。おりしも巣鴨分院が設立された。そのため祭礼行事の会場を本院（当時は大塚時代）から巣鴨分院へと移し、仏式を神式に改めて、同年五月一三日、第一回楽翁公記念祭を開催した。これを機に、栄一は月の一三日を祭礼日とさだめ、毎月一回巣鴨分院を訪問して祭礼を催すようになった。病気以外、日曜も祭日も、大雨などの天気のよしあしにも関係なく、職員の労力にも無頓着で、月の一三日には必ず手土産を持参して訪問したのである。

少年時代に読んだ頼山陽の『日本外史』で松平定信の名前を知るていどであった栄一は、楽翁公に関する史料を集め、公の研究家である文学博士や血筋の方々から教えを請い、知識を得た。憲忠にも研究を命じた。あるとき松平家の子爵の助言により、某寺に定信の心願書が祀《まつ》られていることを知った憲忠は、松平家の家宝で寺宝でもあったその心願書を借りて、栄一にみせた。心願書には天明の飢饉の際に弊政を改革して民の生活を安定させるという執政の覚悟がしたためられていた。栄一は欣喜雀躍。「一身一家を犠牲にして職務を尽すという、真面目にして熱烈なる精神は天地を貫く観がある。いかにも精神をおこめなさった誓文である」。ただちにそれを掛軸に書き写し「養育院の守り神とせよ」と、本院と巣鴨分院に一幅ずつわたしたのであった。

栄一は楽翁公に心酔した。論語を精神の基軸にすえたように、養育院長として楽翁公を心柱におき、「独り誠忠をもって国家に尽くされた人」として、崇《あが》め公の精神を事業の模範としたのである。

毎年の祭礼行事には、栄一が心願書の写しを誓文として拝語した。

そのときの様子は、周囲の人々に「畏敬の真情が肺腑《はいふ》から迸《ほとばし》る如く」映ったという。

人々から社会事業の功績を讃えられるたび、栄一は本気でそれを否定した。

「自分が東京の大恩人だといわれるのはあたらない。みな楽翁公の遺徳によるものです。凶災にそなえるために公が創設された「七分積金」の蓄えが、江戸にあったればこそ……」

「今、この養育院が、広い東京で貧民二千人を収養するといっても、それがどれほどのものでございましょう。楽翁公のごとき大偉人を見習うわけには参りませぬが、私をはじめ、本院に従事する人々が、やはり一身を犠牲にしてこれにあたり、公の遺された徳を拝受するだけでなく、その精神を拝察し、いささかでもこれを修得して、おいおいとこれ等の事業を秩序的に発展させたい、と考えているのでございます」

養育院関係者は楽翁公のことを知っていても、一般には歴史に埋没していた人物。無名に近い公に光をあて、その遺徳を広く世に知らせるために、栄一は記念会のたびに楽翁公の著書を自費出版して配布し、研究者や文学博士をまねいて講演させるなど最大限の努力をした。この一〇〇周年忌の祭礼行事にしても、一昨年、九〇歳の栄一は病軀をおして、徳川家達をトップにすえた「白河楽翁公遺徳顕彰会」を組織し、公の墓にまいってから当行事にのぞんでいたのである。

栄一が人生最後の大仕事としたのが、公の伝記出版であった。『楽翁公伝』を数人の文学博士にまとめさせ自分の名前で出版することを使命としていた。出版に関する詳細は分らないが、亡くなる三、四か月前（昭和六年七、八月ごろ）、家の者に口授して、出版動機と経緯を記した〈自序〉の校正紙に筆を入れている。結局、生前には間に合わず未完に終わった。『楽翁公伝』が定価三円二〇銭で岩波書店から発行されたのは、没後六年を経た昭和一二年一一月のことであった。

巣鴨分院に関することも、子どもの作文で締めることにする。

〈「院長さんのいらっしゃった日」　尋二　塚田よし　九歳〉（第三三八号・昭四・九・抜粋）

院長さんはことし九十歳ださうですがいつもおげんきでにこ〳〵しておいでになるので私はいつも十三日になるのがまちどおしいです。学校の入り口のところでおまちしてゐるとまもなく院長さんは自どう車でおいでになりました。さうしてはがいたい（歯が痛い）といって居らしゃいましたがそれでもすこしおはなしをしてくださいました。それから院長しつへおはりになりました。私は院長さんのおは（お歯）のいたいのが早くなほればよいと思いました。

井之頭学校――昭和五年三月一〇日、栄一（九一歳）は感化法制定三〇年記念日に感化事業功労者として内務大臣より表彰された。その五月に先記の楽翁公忌を開き、秋になって開催されたのが「感化部開設満三〇周年記念運動会」であった。当日、快晴の空のもと、子どもたちは午前一〇時半に運動場に集合。一〇年ほど前から運動会には学校を開放し、近隣の武蔵野尋常小学校、東西の三鷹尋常高等小学校の各男女を招待して競い合うことで交流を深めた。リレー・徒競走・仮装競争・兵式教練などの競技が行われ、盛大なスポーツの祭典となっていたのである。

院長挨拶で栄一は、来賓へのお礼を述べてから、子どもたちに向かって次の話をした。

「諸君の前途は洋々たるものであるから、つねに善事に努力し勉強をしなくてはならぬ。よき幸せとは諸君の日々の小さな注意による善事の集積によって得られるものである。最後に一言申したいことは、人々が自己の権利を主張することのみに熱中して、義務を尽くす観念が乏しくなることである。諸君に対してのみならず私は日本国民全体に向かって忠告いたしたいのであります」

挨拶が終わりしだい競技に入った。生徒たちの声援とともに、父兄と附近の町村民たちが身をのり出して小旗をふって応援する。競技ごとに歓声が井之頭の森をつつんだ。

〈「僕等の徒競争」　尋五　方波見市松　十四歳〉（同・全文）

スタートから一発銃声が秋空に淡い煙を残した。うんと足に力を入れた時には左の方の足がすっと出て居た。どよめきが夢のやうに聞こえた。僕は懸命に走った。観衆の顔は見えない、唯だ一条のコースが前方に見えるのみだ。決勝の白いテープが間近に迫ってゐる。「何くそ」

と口をくひしばったが足は妙に進まない。もう少しだが、それより早く友は滑り込むやうにしてテープを切った。僕も一生懸命走った甲斐あって二等の賞品をいたゞいた。

特殊教育機関では例をみないのが楽団、すなわちバンド演奏。太郎が明治の後半に海外へ慈善事業の研究に行ったとき現地で見聞きしたバンド演奏がきっかけ。経費の都合で実現されずにいたところ木内良胤と渋沢敬三（栄一の孫）の寄附によって昭和元年、クラリネット・ピッコロ・コントラバス・シンバル・トライアングル・太鼓などの管弦楽器がそろった。教習は毎週一、二回実施。案の定、教育的効果をあげた。この日も井之頭学校の生徒たちはタクトをふる指揮者のもと、元気いっぱい淀みなく『軍艦マーチ』等の演奏をし、運動場の華となって各競技に勢いをつけたのである。

〈「記念運動会」　補二　熊本大蔵　一六歳〉（同・抜粋）

プログラムも進み参加小学校選手の決勝となり満場湧くが如くどよめきの中に終わって、リレーレースやバンド演奏、ラジオ体操と順次に進んで盛況裡に運動会は終わった。此の華やかであった運動会の一日に特に感激に満ち永久に記憶すべきことは、我が院長さんがあの御高齢を以《もっ》てわざ〳〵御臨席下さった事である。其《そ》の上ならず御土産に御菓子まで戴いたことは誠に勿体ないことであった。僕は今後とも専念勉強をして、やがて他日立派に社会の一人として立ちこの御慈愛に報ゐんといよ〳〵決心を強めたのである。

〈「記念運動会の日　院長さんのお話を聞きて」　補二　小林賢蔵　一八歳〉（同・抜粋）

我等は一年に一度位しかお会ひ出来ない院長様をこの日我が校庭にお迎へ出来ることをどんなに喜んでお待ちしたかしれない。その院長様を乗せた自動車が晴れの競技場に静かに滑り込んだ時我等の胸は真に感激に震へるのを覚えた。院長様を迎えてこのお話を聞いた時、その一言一句も聞き漏らすまいとする我等は燦たる陽光を浴びるが如く高く温かくして自ら我に伝はる元気を覚えたのである。それは総てを記念する最も深い印象であって、又我等の永久に忘れる事の出来ない光栄であると思った。

栄一は場所や時間を選ばず、いつでも、どこでも、懸命に子どもたちに語った。右の小林君が〈一言一句も聞き漏らすまい〉と、真剣に耳を傾けたのは、一八歳という年齢から察すると、養育院を卒業して社会へ巣立つ時期が目前にせまり、院長の話を聞けるのはこれが最後と覚悟していたのかもしれない。親のない子の社会への巣立ちには困難がつきまとう。現在も同じで養護施設や里親制度、自立支援施設から巣立っていく子は、一人で生きて行かなければならないという厳しい現実を背負っている。ましてや当時は世間から孤児院出身者と蔑まれ差別の目を向けられた時代。子どもたちの将来を考えて生きる基本となる心がけを教えておかなければならない。栄一はあらゆる角度から訓戒を垂れ、くりかえし指導をした。社会事業家としての栄一の一面である。

君たちの「父」

九〇歳になると、自宅養生のため月の一三日に巣鴨分院へ行くこともめっきりと減り、安房分院や井之頭学校の行事も欠席がつづいた。配慮して太郎が現況報告に訪れているが、それだけでは事足りない。栄一はしばしば太郎を呼びつけて、子どもたちの様子をたずねた。

「子どもたちのなかに風邪をひいた者はいないか」と聞く。そのときは必ず「君はどうか、体調はよいのか。体は大事にしなければならない。先生方もお達者か」と心配した。

子どもたちのことでは、熱のこもった相談をすることが多かった。

「勉強はしているか」「どうすれば子どもたちの成績をあげることができるのか。それについてはもっと金をかけなければならないが、その出どころはどうしたらよいか」「分院の子どもたちのことだけではなく、井之頭の生徒のことも気になる。小学校で授ける教育以外、補習科の方も相当設備を施してあると思っているが、これだけでは卒業してもすぐに独り立ちすることは難しかろう。どうしたら銘々の自活の途を立つようにしてやれるのか」

頭のなかは子どものことで一杯。なかでも出院していく子どもたちの将来が案じられ、自身のできることを手さぐりしていた。呼びつけた太郎が不在のときには、巣鴨分院の主務を訪問させ、主務不在のときには、他の先生を呼んで子どもたちの状況を詳しく報告させるのであった。

晩年の栄一の訓話には、自らの生き方を強くうち出すという特徴がみられる。

「私が君たちの父」という言葉を始終口にし、自らの出自、家族、生い立ち、悔しかった岡部の陣屋での出来事をくりかえして語り、実体験から人生の教訓を導き出すようになっていた。

いつごろからそれを口にするようになったのか。養育院関係のみならず実業財界での講演もふくめて調べてみると、八〇歳を迎えてからのようであるが、実財界の大人に向けてより、やはり子どもに向けての話の方が噛んでふくめるように語っている。

たとえば、九一歳では、「私は一七歳のとき郷里岡部の代官が、道理に合わないことをいって自分を辱《はずかし》めたとき、憤怒《ふんぬ》に堪えられなかったことを今でもありありと覚えています」。このあと栄一は必ず子どもたちを激励し、次のように話を締めくくるのであった。

「自己の運命の開拓者となれ、そのために勉強せよ」と。

子どもの胸にはくりかえされる岡部の陣屋での出来事がストレートに響いたようで、悔しさを追体験して作文に書いている。〈少年時代、代官の為に侮辱された追相談に至っては、僕等は我事のように手に汗を握って一種の悲憤すら感じました〉と、一六歳の男子。

最晩年になると、栄一は楽翁公の催事のために巣鴨分院を訪れたときも、門をくぐって最初に行くのは、幼い子が遊ぶ幼稚園、それから学齢期の子のまつ講堂へ行き、その講堂での訓話のなかで「およばずながら、この渋沢が皆さんの父です」と述べた。「私は君たちを自分の子と思う。君たちもまた私を父と思ってもらいたい」。安房分院・井之頭学校でも子どもの心によりそうように、柔らかく温かく優しい親心を伝えるようになっていたのである。

子どもたちは栄一の気持ちに応えた。

〈本当に私共は院長さんを父と思って毎日を楽しく愉快に勉強してきました〉と、一六歳の女子は作文に記し、〈時には院長さん御自身で御自分のことを私達の父だとおっしゃって下さいます。私は夫を《それ》お聞きする度に勿体《もったい》ない様な気がいたします〉と、一五歳の女子も書いている。

『月報』には栄一に対する気持ちを綴った作文は多い。とりわけ九〇歳前後からが目立つ。栄一の誕生日の二月一三日に巣鴨分院でお祝い会が開かれたときの作文もある。〈我が院長さん〉の題で〈院長さんは今年御年が九〇歳におなりになりましたが、たいそう御たっしゃでございまして、まことにお目出たうございます〉と、一五歳の男子は大人びた表現を用いて祝いの言葉を贈っている。実親を恋しがる子どももいた。〈院長様からお土産としていたゞた御菓子を謹《つつし》んで頂戴しました。其の時自分のお母さんが此処《ここ》に居たなら之《これ》を見せてからいたゞきたいなと思ひましたが、それが出来ないのが残念でした〉と、一五歳の男子は正直な気持ちを記している。

あるとき、太郎が自邸にいる栄一に「井之頭の生徒が、巣鴨分院ばかり訪問されるのは不公平といっていますよ」と報告した。栄一は声をあげて笑った。「この老人の顔をみたいとは殊勝《しゅしょう》なことである。それならよい機会に自宅に呼んで一日一緒に遊んでやることにしましょう」。これがきっかけとなり、栄一は最晩年に井之頭学校の生徒を飛鳥山邸にまねいている。

昭和四年五月五日。一一〇名の生徒は、午前八時一〇分の吉祥寺駅発の省線電車を利用して、飛鳥山邸へと伺った。午前九時、飛鳥山邸の洋館の前で整列した生徒たちが整列しているとき、ベランダに栄一（九〇歳）が姿を現した。

「今日はせっかくきてくれても、ご馳走はたいしてない。ただ自由に存分に遊んでください。少しぐらい庭が荒れてもかまわないから。皆さんと久しぶりに会えて、私は嬉しい」

庭の芝生のうえで生徒が数曲のバンド演奏を披露するなど、楽しい時間を送ったあとは、お昼のお弁当。午後一二時半からは、百面相、曲芸、手品等の余興をみて大喝采。プログラムを終えた子どもたちはふたたび洋館前に整列してバンド演奏をし、アイスクリームを食べた。

最後の挨拶にベランダに出てきた栄一は、慈愛溢れる笑顔で、次のように語った。

「私は埼玉県血洗島村の百姓の子に生まれた。一七歳のとき岡部の陣屋で代官にひどく嘲弄《ちょうろう》されたことがある。少年時代に体験した忘れ難い感情が大奮発の動機となることもある。ある事柄について深く感じた経験は、現在に役立つから、自分の進路は自分できり開くという信念をもって生きてもらいたい。今日、渋沢の邸で遊んだことが、いく分か、役に立つのなら満足である」

教員の指導には「思いやり」の意味をもつ「親切」という言葉を言いつづけた。このときの引率者は主務二年目の石崎菊次郎。主務を命じられたとき石崎は栄一から次の指導をうけている。

「世のなかには、百の制度も法律も、一つの親切には遠くおよばぬものがある。いかに学問がすぐれ、またすぐれた制度があっても、親切を欠いては、せっかくの仕事も、仏作って魂を容れぬと等しい。生徒には十分親切を尽くしてもらいたい。ただ注意を願っておきたいのは、生徒のわがままを決して許してはならぬ。正しい躾《しつけ》のもとに親切を尽くすという心がけが必要である」

つね日ごろ、職員と保母たちにも次のように言いきかせていた。

「諸君は、私の分身であると信じていますから、どうか在院者には親切にしてもらいたい。子どもにはわがままをさせないで、正しい躾のもとに……なお一層の精進をお願いいたします」

翌年の昭和五年四月二一日（九一歳）にも招待している。

以前と異なるのは午前一〇時ごろ、子どもたちが庭前に整列したとき、焼けつくような陽光が一帯を照らしていたことと、孫の敬三が付添人でいたことである。満面に笑みを湛えてベランダに出てきた栄一に、敬三が近づいて耳元で何かを囁いた。するとそれをさけるようにして、栄一は石段をおり、生徒のいる庭の芝生に立ったかと思うと、いかにも嬉しいという表情で口を開いた。

「皆の日常の世話は、それぞれの職員に頼んであるが、院長は、皆が真に善い人になり、立派な人物になるようにと深く心配している。それは世間の親たちの、わが子に対する気持ちといささかも変わりない。だから皆は、私を親と思ってよかろう。安心して勉学に励むがよい」

生徒も教員も直射日光を浴びて立つその老体を心配しながら、話に瞼を熱くした。

つづいて栄一は、新任間もない引率の教員に向かっていった。

「なかなか腕白で骨の折れる子どもたちですが、寛厳《かんげん》よろしきを得ることが肝要。真に自らの思いやり衷情《ちゆうじよう》（真心）によって行うべきものです。子どもたちをお願いします」

子どもの成長の姿

健康的に育っていく子どもたちの様子に安堵し満足感をおぼえていたのではないか、そんなふうに喜びに満ちた栄一の胸中を推察できる一例がある。

これは安房分院での出来事。来賓者の館山町長が施設を見学しながら職員に奇妙な質問をした。「この子たちは本当に親のない子？　貧乏人の子どもなんですか」。養育院には孤児院という悲劇のイメージがつきまとい、子どもたちは打ちひしがれているものとばかり思いこんでいた町長は、目の前で笑い、快活に動き、礼儀正しく挨拶する子どもたちをみて目を白黒させたという。

子どもの心と体が健康であることは栄一の長年の悲願であった。このためにどれほど社会と闘い労苦をかさねてきたことか、それがようやく周囲の人々からも一般家庭の子と見紛《みまが》うほどに育った。町長の感想を耳にした栄一が、どれほど嬉しく思ったことか、容易に察せられることである。

また、巣鴨分院では、寮舎その他の腐朽が著しくなったため改築し、昭和二年三月に落成した。それにちなんだ短い作文が『月報』に載った。「院長さん」という題で一二歳の女子が書いている。「寮舎も立派にできて誠にありがたい。これも院長さんのおかげだ。院長さんは自分たちのお父さんのような方であるから、その御恩はいつまでも忘れません」

これを読んだ栄一は、さっそく翌月の巣鴨分院の訓話のなかで感想を語った。

「院長のことを書いた作文のなかに、この分院が綺麗になったのは院長さんのおかげだとありましたが、私よりも、幹事さんやその他の職員にお礼を申さなくてはなりません。皆がこの分院で安穏に生活ができ、ぶじに学業に励むことのできるのは、このうえもない喜ばしいことである。憚《はばか》りながらこの渋沢を親と思って一心に学業に励むように。私のみならず幹事さんをはじめ、先生方や保母さんたちを親とも、師匠とも思い、励んで立派な人になってもらいたい」

子どもを励ます言葉にも、情愛の深さと広さとが溢れるようになっていたのである。

栄一が『月報』を精読するようになったのは、昭和（元年・八七歳）に入ってからであろうか。子どもの成長が手にとるように分かる作文については、太郎に感想を述べている。

「このごろは、なかなか感心なのもあるね」

そのつど、太郎は子どもたちに伝えた。太郎自身も同じように上手になったと褒《ほ》め、子どもたちを大喜びさせて、作文を書くことの楽しさを教えていくのであった。

『月報』、正しくは『東京市養育院月報』は、当時まだ高額で珍しかった写真をふんだんに載せて毎月一三〇〇部を印刷し、関係の深い全国の社会事業団体や市井の人々に贈呈した。金銭や物品を寄附される立場にある養育院長としての栄一は、全国の協力者に向けて、成長していく子どもたちの様子が紙面に躍っているこの機関誌を、心からの感謝をこめて送っていたのである。

〈「鯉のぼり」　尋三　近藤秀夫　一〇歳〉（第三四七号・昭五・六・全文）

今日はあたゝかなお天気です。町には鯉のぼりが立てゝあります。さうして風がふくと鯉のぼりが高く上がります。鯉は大きなくちをあいて風をのんでおなかをふくらませてゆら〳〵とうごいてゐます。それはよろこんでゐるやうに見えます。

〈「心のねぢ」　尋四　安得純　十二歳〉（第三五〇号・昭和五・九・全文）

八月三十一日。日曜日。晴。今日は朝からよいお天気でした。午前中はおさうぢ（お掃除）

やだうぐ（道具）のかたづけなどをしました。午後は第一学期中の出来事やおけいこのことや、お行儀のことなどについて反省をしてみました。四月の初めに先生から「ゆるむ心のねぢをまけ」といふ東京市の標語について話されたことがあるので、僕はそのことを守ってきました。そのためか第一学期の成績は全甲で操行も甲でした。昔の人は「かってかぶとのをしめよ」といったさうだが、僕はやっぱりその心持ちで「ゆるむ心のねぢをまけ」を守って行くつもりでございます。

〈「秋」補一　高松堅二　一五歳〉（同・抜粋）

焼け付く様な真夏も過ぎ今は早や九月の声を聞く様になり、何となくすがすがしく感ずる初秋となった。たそがれとなりて夕日西に没すれば、夕焼けは美しく紅に染まり、次第に夕闇はほのぐらく夜の帳《とばり》を垂《たる》るころ、何処《どこ》からともなくサヤサヤと清涼な風が吹き来りスウと頬をなでて去る、実にすが〳〵しい気持ちである。

子どもたちは思いのままを作文にした。心が季節の移ろいを敏感にとらえる。自然の変化に対する察知能力や観察眼、美しいものへの憧憬を表現する力が紙面に溢れる。尊敬語、丁寧語、謙譲語の使い分けも学んでいる。これらは教育の成果といえよう。教育を行うためには暮らし・生活がたしかなものでなくてはならない。その意味からしても、児童福祉の視点でみる「生活・暮らしのなかの教育」と「集団で学ぶ学校教育」のバラスが整っているあかし。

掲載されているのは選りすぐりの作文であろうが、楽しい嬉しいという感情も、淋しい悲しいという感情も、各々の能力で素直にとらえて表現しているところに瞠目する。空腹で泣く力もなく軒下《のきした》で飢寒《きかん》に倒れていた子どもや、今日を生きるために鋭い視線で町を彷徨《ほうこう》し盗癖をかさねてきた子どもたちが、歳月を経て、人々を感動させるみごとな作文を書くまでに成長している。そこには健康的な未来を予感させるものがある。これは栄一と職員と関係者が、長年「子どもとは何か」を問いつづけ、試行錯誤しながら研鑽し福祉、教育、保健、医療の体制を整えて、日々の暮らしを大切に護《まも》ってきた大きな成果である。

このことを大人もふくめて全体的な視野でみたとき、支援を必要とする人々のために「渋沢栄一」が人生を賭けて、時間を惜しまず、財を惜しまず、精魂尽くして創りあげた養育院の実績ということができる。

(なお「時間を惜しまず、財を惜しまず」は阪谷芳郎の『渋沢青淵公の遺公を拡充すべし』を出典元としている)

第15章　永遠の眠り

〈今日はごく穏やかな日和で、心ものびのびとし、気も晴やかであります〉

九二歳の栄一は巣鴨分院の講堂において、子ども二〇〇名以上を前に冒頭こう挨拶をして、この日の題目「個人の幸福と国家の幸福」について語りはじめた。(『月報』第三六〇号)

「こゝへ来て君たちに会うことができたのは、君たちも喜んでくれるだろうが、君達よりもむしろ私の方が嬉しいくらいである。君達とはいわゆる不思議な縁で、私は君達を実の子か、孫のように思って世話をしている。その世話も一時的のものではなく、永く君達の幸福になるようにと思ってやっているのであります」「現在ここにいる君達の境遇は、お気の毒ながら、決して幸福とはいえないが、しかし君達銘々《めいめい》の努力、つとめ方、やり方によっては幸福となることができるのである」と、子どもたちを激励した。

そのあとこれまでくりかえし述べてきた自身の生い立ち、幼少期の勉学、青年期の社会に対する批判眼など過去の出来事を簡潔に語り、次いで「私は、大学教育をうけていないため、これまで相当に書物を読んで独学してきた」と、かつていちども口にしたことのない思いを吐露したのであった。

「現在にいたるまでの私の独学というものは、普通の苦心ではなかった。社会が変化していくので、私は一身のためでなく、国家のために、相当の功をたてるために努力をしてきた。また、社会問題といふものは、将来にはいかなる結果が生まれるか、といふことを考えてすすまなくてはならないので、養育院のために尽くすということも、国家に尽くすためであり、一人でも多く不幸な者を幸福にしたいという考えからであります。私は自分のためよりも、国家、社会のためをということを心に留めてきたのです」。最後は、子どもたちに言いきかせるように、「要するに自己の努力によって自己を幸福にし、また、国家を幸福にするよう心がけてもらいたいといふことを希望したのであります」と、結んだのであった。

これが昭和六年六月一三日、亡くなる五か月前の訓話である。

この年は、一三日の巣鴨分院への定例訪問は体調不良で見合わせることが多かった。訪問は今回の六月で二回目となるが、一回目は顔みせていどであった。

養育院では「藪《やぶ》入り会」という、院外委託の子と本院出身者が本院へ帰ってくる日を年二回、春と秋にさだめていた。四月三日の春季藪《やぶ》入り会には、午前一〇時の開会に欠席した栄一が、午後一時に自家用車で現れ、各地から集まってきた男子五八名、女子三〇名に簡単な挨拶して、まもなく帰っている。

平常どおりの訓話をしたのは、冒頭の六月一三日が本年の最初となり、同時に、この訓話が生涯最後となったのである。当日の行動はいつもどおり。満面の笑みを浮かべて園児のもとに行き、まとわりついてくる幼子たちと楽しい会話を交わして遊び、それから講堂で訓話をし、終わると校庭で全生徒と一緒に写真を撮った。帰り際もいつものように職員や保母にねぎらいの言葉をかけ、ていねいな物言いで「子どもたちをよろしくお願いします」と、頭をさげたのである。

栄一は生命ある間際まで現役の姿勢を崩さなかった。

〈自分の余命も長くはない〉

ときどき栄一がこういうようになったと同書の太郎の筆にある（前掲田中清著『田中太郎』）。先記の秘書白石著にも〈それは此頃になって、先生がともすれば「死」に付いて話されるようになったことである〉（前掲『渋沢翁の面影』）と出てくる。八〇歳の終わりか九〇歳になってからか、太郎は〈余命も長くはない〉を聞くたび、寂しい感じを腹の底まで染みわたらせながらも否定できず、覚悟をするようになっていたという。

養育院において余命を意識した栄一の発言をさがしてみると、亡くなる二か月前の九月初旬、飛鳥山邸において太郎と仕事のうち合わせをしているなかにはっきりとみられる。

安房分院ではきたる（昭和六）一〇月一日、関東大震災の犠牲者一一名の追悼記念碑の除幕式が予定されていた。それを太郎が告げると、栄一は前向きな返答をした。安房分院の二〇周年記念会に行ってから約二年が経つ。「今後房州まで行く機会があるどうか分からないから、除幕式には臨席したい。元気な子どもたちの顔をみてきたい」。栄一の健康がこれを許さないだろうと考えた太郎は、自身が代理で行くことの許可を得たのである。

人前ではまだ凛とした大御所の雰囲気を漂わせていても、日常の所作の一つひとつに老いの影が色濃くつきまとう。この時期から太郎は自邸で休養する栄一によりそうようになっている。

「近日中に写真を撮らせて頂きたい」。

飛鳥山邸で、髭を剃らないままの栄一と事務諸般の打ち合わせを終えた太郎がこう申し出たのは九月一五日のこと。栄一は快諾した。翌日は雨。快晴となった次の一七日の午後、太郎は上野広小路の横内写真館の主人を同伴して邸に行った。

髭を剃ってさっぱりとした表情で待っていた栄一は、写真屋の主人をみるなり上機嫌でいった。「君が写真を撮りにくるというから、今朝、髭をあたらせたのだよ」。栄一の着ている縞の羽織をみた太郎が紋付羽織をすすめた。「なるほど」。奥の部屋へ行った栄一は、羽織を紋付に替えただけでなく、袴を着用、提げ時計まで巻いた正装姿で「これでよいかね」と言いながら出てきた。撮影場所はベランダ。カメラを構えた写真屋が「子爵お笑いください」と声をかけると、「おかしくもないときに笑えといっても、うまく笑えないよ」と返答した瞬間、シャッターがきられた。写真には右目をやや細くし、右唇をかすかにあげて微笑している九二歳の顔が映っている。

現在も広く使用されているこの写真を、実財界の高齢者の顔とみる人はいないであろう。たんなる好々爺《こうこうや》という人がいるかもしれないが、自我をとり去りおのずと人々が心を許して近寄りたくなるような温かさを醸《かも》し出した慈父の顔、完成された社会事業家の顔とはこういう顔をいうのではないか（口絵写真参照、二枚）。「よいおりだから、一緒に写そうよ」。カメラには、椅子に腰をかけて両の手を袴のうえに軽くおき正面を向いた堂々たる栄一と、横で背筋を伸ばして立つ太郎がおさまったのである。これらの写真は『月報』（追悼号・第三六四号）の口絵を飾っている。

最後の言葉

持病の喘息に苦しんでいた栄一は、横臥より籐椅子にすわることが多くなっていた。腸に不快を覚えるようになったのは九月初旬、下旬には腹部の苦痛を訴えはじめ、一〇月に入ってから大腸狭窄症の症状が出はじめた。入沢達吉博士をはじめ主治医の林正道ほか数人の医師が協議した結果、人工肛門を作るために手術が必要となった。

栄一は承諾し、手術は一〇月一四日と決まった。

ところが、その二日前になって、栄一が手術の中止を訴えたのである。

「自分はすでに九二歳の老人、いわばすでに死んでいるべき年である。これでも成すべきことは多いから、天然の命を縮めようとは思わぬが、特別のことまでして命を保とうとは思わない」

説得には長男の篤二があたり、栄一は改めて手術に同意をしたのであった。

「田中を呼べ」

手術の前日の一三日、栄一は執事に電話をかけさせた。午後一時、養育院で受話器をにぎった太郎に執事がいった。「子爵があなたを呼べとおっしゃっているが、どうか相当の口実をつけて、あなたの方からお断り願いたい」。この日にかぎって、太郎は忠告をことわって飛んで行った。

「アアきたか、きたか」

座布団に端座していた栄一は、今まで読んでいたと思われる『月報』を左手にもってにこやかに太郎を迎えた。明日手術をする病人とは思えないほどの血色のよさであった。この部分は栄一が太郎に語った最後の言葉となり重要と思われるので、太郎著の文章を転記する。


私が子爵の前に坐ると、直《じき》に養育院のことに就《つ》いてお話を始められ、此頃《このころ》は基礎が固まって安心だと云ふことや、目下平素二千三、四百人の収容者を引き受けて、大体院の自力で経営していけるやうになったのは市なり国なりへの大なる御奉公で、過去五十八年来、院長として苦心した自分の努力が無意義に終はらなかったことが嬉しいと云ふことや、収容者特に少年少女の将来の福祉《ママ》に就いては今後尚ほ一層心配をして呉《く》れるやうにと云ふことや、私自身の健康を注意せよと云ふことなどをこま〴〵とお話があって、明日手術を受ければ当分会ふことも出来まいと思うからそれで来て貰った訳である、之《これ》と云ふ取り留めた用件もないのに呼び付けて気の毒でしたと、最《もっ》とも行届いた御挨拶があったが、今から思へば其時のお話は誠にシンミリとした平素とは少し変わった調子のものであった（『月報』第三六四号）

ここにある〈此の頃は基礎が固まって安心だ〉とは基本財産のことである。

基本財産は昭和に入って一〇〇万円台となり、この昭和六年＝一一九万九四七六円となった。

年々支出も多額になるが、余裕はなくとも、それに対応できるだけの基盤ができたことに、栄一は満足していた。重複するが、この基本財産の利子と寄附金が〈市内窮民〉と〈井之頭学校〉の運営費にあてられている。ここにおいて栄一は納得できるほどの「養育院」を創りあげたということになる。

長く本院の常設委員をつとめた大倉喜八郎の最晩年の寄附についてもふれておきたい。

大正一三年、喜八郎は八八歳の米寿を記念して、社会事業と教育のために、市長の後藤新平と養育院長の栄一の二人に宛て一〇〇万円の寄附をした。うち二五万円が養育院宛てで、支払い方法は毎年六万二五〇〇円を四か年の年賦をもって還納することになっていた。大倉喜八郎は昭和三年四月二八日に逝去、享年九二。つねに栄一を理解しともに養育院を支えてきた。こうした仲間の積極的な好意が基本財産を充実させる大きな力となっていたのである。

話をもどすと、手術の日の一〇月一四日。手術室となったベランダで行われた手術は二〇分で終わった。翌一五日は平静にすごした。一六日は午前中から体温が三八度にあがった。

この日（一六日）、午前一一時から午後一二時二〇分まで、巣鴨分院講堂において、一か月前に飛鳥山邸で撮った写真の伝達式が行われている。集められたのは本院と各分院の代表者、巣鴨分院の職員と保母と子どもたち。巣鴨分院の主務から栄一の病状が報告されたあと、額入りの写真が皆に配布された。このときの写真は、椅子に座った正装の着物姿と慈父の顔の二枚ではないか。本取材で現在の養護施設を訪問した際、石神井学園園長室の壁面頭上高くに着物姿の写真が飾られ、船形学園の応接室で慈父の写真を拝見した記憶がある。

伝達式とその後の様子については詳記された子どもの作文を紹介する。

〈「院長さんのお写真」　実補一　阿川徳次郎　一四歳〉（『月報』第三六四号）

（午前十一時）突如として講堂集合の鐘が響き渡った。廊下に並んで居ると誰かゞ「写真伝達式だ」と囁いてゐた。やがて主務さんが壇上にお立ちになって、此頃は院長さんが御病気で当分は分院にも御出になれないと思ふから、此の写真を院長さんと思って御仕へするやうにと御話をされた。御話がすむと各保母さん方へ順々に院長さんの写真をお渡しになった。僕らの寮にも自習室の東側に此の御写真をかゝげてあります。それから僕等は毎日毎晩此御写真の前に立って一同そろって礼拝をしてをります。時折は自分独りで心静かに御写真の前に立つ事もあります。何時もその度にあの御懐かしい滋顔が微笑を湛へて僕等を見つめて居て下さいます。自習に疲れた時、勉強に嫌気がさした時など何気なしに御写真を仰いでハッとして気をとり直す事が度々です。何時如何《いついか》なる時でも、院長さんが額の中から僕等の事を御覧になって居られるのだと思ふと、心の中に不思議な力が湧き出して来るやうな心地がします。先生や保母さんの御話によりますと、此頃院長さんの御病気は御重態にあらせられますさうで、御写真の前に立つ毎に御病気が一日も早く御快癒になるやうに心から御祈りして居ります。保母さんや同室の友人達が御写真の前に黙禱を捧げて居るのを見る事も度々です。

この阿川君の思いは全在院者と職員の心情を代弁していた。写真伝達式を境に全員が心を一つにして回復を祈った。〈院長さんは世にさまようてゐた僕等を助けて育てゝ下された真の親よりも有難いお方です。一日も早く御全快になり、再びあの慈愛深いお顔を拝したいと生徒一同神かけて祈って居ります〉と、一六歳の男子は回復の願いを作文に込めた。

翌日（一七日）は、栄一の熱はさがり、局部の疼痛も減退したが、食欲不振。三〇日には重態に陥った。手術の結果は良好であったが、気管支肺炎を発した。一二〇以上あった脈拍はいっとき八〇台まで減少、食欲がないため衰弱が目立ちはじめた。

日ごとに見舞客が多くなり、応接室のみならずどの部屋も一杯。様子を知りたい各新聞社からは電話での質問責めとなり、見舞いの手紙の束が増えた。太郎は新聞記者係をひきうけた。

一〇月三一日には、栄一の病状が各新聞の朝刊で一斉に発表された。病状は当日の夕刊でもとりあげられ、ラジオのニュースでも報じられるようになった。一一月に入ると、新聞報道はもちろんのこと、ラジオもニュースの時間ごとに放送し、汽車の列車ニュースでも流された。

商科大学、東京女学館、早稲田大学の学生が見舞いに訪れた。日本女子大の学生が老校長（栄一のこと）にと手作りのサンドイッチと寿司を持参してきたのも同日のことである。

それは一一月二日、亡くなる九日前の出来事であった。

「田中を呼べ、田中を呼べ」

病気疲労でウトウトしていた栄一は太郎の名前をはっきりと何回も呼んだ。枕頭に詰めている看護婦たちはそのうわ言に驚いたが、田中が誰なのかは知る由もない。栄一はふたたび太郎の名前を呼んで、「養育院のことは、よろしく頼む」と口走った。

うわごとについて、子息秀雄の筆によると、ウトウトしていた栄一がふと目を覚まして、養育院初期の主事や第一銀行の重役の名前を聞きとりにくい声で、誰それさんはまだおられるのか、とたずねたというが、看護婦たちが聞いたのは、そのような追懐の世界ではない。今の心の在り様を映し出した言葉である。意識の不鮮明なこのうわ言にこそ、栄一のこのときの真意が表れていると確信し、本稿では「養育院のことは、よろしく頼む」を、最後の言葉としたのである。

それを太郎が知ったのは、翌三日。この日は親族以外の面会は謝絶状態にあった。

子息の正雄（三男）から、昨日父に会いましたか、と聞かれ、会っていないと答えている。このとき太郎は、院長は養育院のことで、まだ私に何かお申しつけなさりたいことがあったようだと思ったという。太郎は幹事という職務の責任のおもさを感じていた。板橋本院・板橋分院・安房分院・井之頭学校・巣鴨分院の各責任者と子どもたちが見舞いの品の松の盆栽鉢を用意して指示をまっていたが、日々栄一の病状に変動があるため、決められずにいたのである。

太郎が見舞いの日と決めたのが、翌四日。幸いこの日の栄一は小康状態を保ち、皇后陛下から下賜《かし》された野菜スープを「有難い」と目に涙を浮かべて口にした。

同日、職員と事務員の引率で、巣鴨分院の八名と井之頭学校の九名が見舞いに行ったのである。〈十一月の四日には院生の総代が御邸へお見舞いに参りました。私もその中に加わりましたが、御見舞い客の多い割合に邸内は誠に静寂でありました。私達は玄関先で院長さんの御快癒を黙禱して帰りました〉と、実補二年・十七歳の男子は書いている。

ここ二、三日がもっとも警戒の時期と医師から告げられたのが六日。病室でのつきそいは当直医と六名の看護婦が三名ずつ交代。この日の病状は午後五時の時点で、肺炎は快癒に向かいつつあるも食欲はなし、と報告されている。

一一月八日の朝は、徳川慶光公爵の母堂の見舞いがあり、栄一は仰臥のまま両手を胸のうえにそろえてお辞儀をした。午後一二時半、長男篤二の案内で、第一銀行の二代目頭取の佐々木勇之助ほかごく親しい著名な実業家と財界人が見舞いに訪れた。しばらく目をつぶっていた栄一は、「どうか諸君に伝えてくれ」と言い、途切れとぎれに次のことを語った。

「私は帝国臣民として、また東京市民として甚《はなは》だ行届かなかったが、自分としては誠心誠意御奉公をしてきた。こんどの病気ではあるいは再起はできないかもしれない。たとえ私は他界するようなことがありましても、皆さんの御事業とご健康をこの渋沢がお祈りし守護したいと思います」

見舞客が感動した。このときの言葉は長男篤二によって新聞記者に伝えられ、九日の新聞の大見出しには次の文言が躍った。〈渋沢は死んでも皆さんを守護する〉（朝日新聞）。〈病床から我実業界へ挨拶〉（日日新聞）。〈死を覚悟して国家を思ふ〉（読売新聞）等。

中央社会事業協会総務部長の原泰一《たいいち》が見舞いに行ったときも、栄一は「皆さんを私がお守りいたします」といって原を感激させている。午前一一時に栄一と握手をして別れてきたという市長の永田秀次郎は、新聞記者に〈市民の父として仰がれてゐた人で、市民は何となしに慈父の如き親しみを持ってゐました〉と、栄一を〈市民の父〉と讃え、過去五〇余年にわたって無給で養育院のために尽力してこられたことに感謝した。うわ言で「田中を呼べ」と催促し「養育院のことは、よろしく頼む」といった言葉を、家人から聞いてさらに感激し、〈老子爵が死ぬまで養育院のことに就いて御心配しておられるのを人伝えに聞き、今更ながら感じ入っております〉（『時事新報』一月一一日付）と、感想を語ったのであった。

九日の病状は、午前二時ごろまで安眠をし、三時ごろしきりに喉の渇きを訴えた。つき添いの看護婦が番茶をすすめると二口三口と飲んで「アアうまい」といってふたたび眠りについた。

突如容態が急変したのは午前五時すぎ、宿直医が急遽家人と主治医の林を呼び応急手当を施した。午前六時の体温は四〇度、脈拍一二六、呼吸は疾速、意識はなく危篤状態に陥った。

家人と関係者は対応におわれた。新聞記者の詰め所にいる太郎を手伝いの人が血相変えて呼びにきたが、不思議と午後から容態はもち直した。見舞客の多さと邸に漂う陰鬱な緊張感を察知した新聞記者が、勘を働かせて「渋沢子爵逝く」の号外を出してしまい、一般の人々に大きな衝撃を与えた。記者の大失態であった。

翌一〇日、午前一一時、詰め所にいる太郎のもとへ、またもや手伝いの人が飛んできた。「すぐ病室へ」。栄一の身体は強かった。年齢のわりにその生理年齢はまだ六〇歳ぐらいであろう、と主治医の林を驚かせていたが、ついにその日を迎えることとなった。

昭和六年一一月一一日、午前一時五〇分。家族・親族の見護るなか、栄一は何の苦しみもなく安らかに永遠の眠りについたのである。

ベッドに横たわる遺骸は北枕におかれ、枕頭には論語の六局屏風一双が立てられ、香煙が立ちのぼった。くしくもこの日は国際平和記念日。国際連盟協会の会長であった栄一はこの日、愛宕山のラジオ放送局から全世界に向かって人道と平和を訴える予定であった。当日の放送内容は急遽変わり、栄一の訃報を伝えることとなった。

同日、邸の外では白黒の幕が張りめぐらされ、青年団や消防組の人たちが紋章をつけて立ち、玄関式台には喪服の接待係が左右に六人ずつならんだ。午後、いち早く弔問に駆けつけたのが、巣鴨分院から男子五名と女子四名、井之頭学校から一〇名、各々二名の引率者であった。全員が号泣した。霊前に焼香して、それぞれの思いを胸に帰院したのである。

同日の午後、宮中からの使者が皇太后陛下の言葉を復唱した。

〈慈恵会や東京養育院に対する渋沢の心尽くしを大変喜んで居た。また癩患者の救恤《きゅうじゅつ》に就《つ》いては色々と心配して居たが、此時に際し渋沢を失ったことは、返す〲も惜しいことである〉（前掲白石著『渋沢栄一翁』）

一二日、自邸において、午後八時より寛永寺問跡大喜多守忍大僧上のもとで納棺式が行われた。

東京市養育院長　市参与　正二位勲一等　子爵　渋沢栄一　九二歳。

法号（戒名）は「泰徳院殿仁智義譲青淵大居士」

羽二重の白無垢をまとった故栄一が総桐作りの棺に移され、愛用の論語一巻、筆硯、銀器入れの飴玉、扇子などが納められた。書院正面の霊柩のうえには、栄一の大写真、皇太后陛下、高松宮妃、徳川家達などから賜った供物、さらに勲一等旭日桐花大綬章、勲一等瑞宝章、フランス国のレジョンドノール勲章、ベルギーの王冠第一等章がおかれた。焼香が、高松宮殿下御使、徳川慶光公御母堂、親族、知己等とつづき、納棺式を終えたのは午後九時すぎであった。

ちょうどそのころである。門前の植え込みに息をひそめて隠れている男性がいた。市内で相当の工場を経営していた男性は二〇年前の巣鴨分院の卒業生であった。年に二回の藪入《やぶい》り会を楽しみにして必ず出席し、栄一の姿を仰ぎみては喜び、教訓を聞いては自らの気持ちを鼓舞していた。栄一からうけた恩を忘れなかった男性は訃報を知り、喪服に着替えて邸まで駆けつけたものの気後れして玄関に入れず、暁天の白むまで植え込みに身をかがめてすごし、それから家にもどった。しかし、霊前で焼香ができなかったのは何としても心残り。翌日ふたたび邸へ行き太郎に思い切って昨夜の顚末をうちあけた。「今宵はぜひお焼香をさせてください」。男性の心情に感動した太郎は涙し、それを聞いた家人も涙して男性を書院にとおし、霊前で心ゆくまで焼香をしてもらったという。

一四日、東京市は市会を開いて、弔詞と功労金一〇万円を決議し、その日のうちに永田市長と市会議長が飛鳥山邸を訪れ、東京市の大恩人としての謝辞を述べて功労金を贈呈した。

葬儀の日を迎えた一一月一五日は、昨日の午後から夜になっても降りやまなかった大雨が夜明けには小雨となり、午前六時ごろには、からりと晴れあがって青い秋空が広がった。

霊柩車は午前八時に飛鳥山邸を出て青山斎場へと向かった。そのあとを約一〇〇台の車列が二キロにもおよんだ。沿道では地元の滝野川住民を中心に大勢が見送った。

青山斎場では午前中に葬儀、告別式がとり行われた。一般参加者の弔問は午後一時から三時までであったが、人数が多すぎて三〇分延長され出棺が四時と遅れた。数多い見送り人のなかには遠方から冥福を祈るため告別式に参加した養育院出身者が多数いたのである。

人で埋め尽くされた沿道を、霊柩車は、谷中寛永寺の墓地に向かった。

谷中墓地は、現在、JR山の手線の上野駅・鶯谷駅・日暮里駅などからも近い。以前筆者が栄一の墓を訪れていたときには、広いスペースの墓所は柵で囲まれていた。栄一の墓のそばには、心酔していた幕府最後の一五代目将軍徳川慶喜の墓がある。

惜別の辞

栄一の逝去を惜しむ声は多かった。

タクシーの運転手は「私はお目にかかったことはないが、この人には随分とお世話になったような気がします」と述べている。短歌雑誌『アララギ』（昭和七年二月号）には歌が載った。

〈資本主義を罪悪視するわれなれど　君が一代《ひとよ》は尊くおもほゆ〉

次に三名の追悼の言葉を紹介する。最初に栄一の全体像を語るのは「憲政の神様」といわれた尾崎行雄。井之頭学校設立のときの東京市長である。

〈私は西郷、大久保、木戸には直に会ったことはありませんが、その他の明治年間の一流人物に大概会っています。その中では渋沢君は非常に勝《すぐ》れて居《を》った人で、おそらくは西郷、大久保、木戸に較べても劣らないだろうと思ひます。ひどく備《ととの》つた人で、その上度胸と知恵があり学問にも注意する。大層世間を観る視角が広かった。実業で終始されたが、政治、外交、軍事、何でも見識が通ってゐたやうに思います。あとの人は、一方面だけしか通じなかった。政治家は実業を知らず、実業は政治を知らない。然るに渋沢君は各方面に亘《わた》ってゐた〉〈恐ろしい気力のある人で、徹夜で仕事をしても少しも疲れないなどといふことは聞いてゐたが、市長になってからお目にかかると、養育院を渋沢君は自分の仕事のやうにしてをられた。渋沢君は瓦斯《がす》会社その他市関係の仕事も色々されてゐたが、主たる仕事は養育院で、その働くべきことは、養育院は市長がやるべきものだが、それを、実に親切によく行届いて世話をなすっていらっしゃいました〉(昭和一一年九月追懐談)

政府関係者では、栄一とともに社会事業を興し、このとき枢密院顧問官となっていた窪田静太郎の追悼文から。冒頭部分の短い言葉が栄一の人生を端的に言い表わしている。

〈先生。先生の社会事業界に於《お》ける行蹟は、先生の、経済界に於けるそれと同一でありました。即《すなわ》ち、先生は、経済界に於いて常にその先覚者であられたと同時に、社会事業界に於いても、常にその先覚者であられました〉(『社会事業』第一五巻)

養育院の数多い職員および関係者のなかから一編を選ぶのは難しいが、巣鴨分院の二代目副幹事であった小沢一の追悼文を選んだ。文章の一部分しか紹介できないのは残念であるが、これ以上のふさわしい言葉があるだろうかと思えるぐらい、みごとに栄一の業績をとらえている。

〈東京養育院は子爵自身が守り育てた事業であり、事実上の経営者たる子爵の人格、信念が基になった真の意味の社会事業である〉〈養育院の事業に対しての子爵の態度は誠心誠意という言葉では足りない。その仕事が子爵の人生観と信念の実践であり、探求であり、又この仕事に依って子爵の人生観と信念が深められたのであろう〉〈渋沢子爵は官僚でも政治家でもなく、一個の純粋な人間として日本の文化的基礎を築かれたのであって人間味の豊かな情義に敦《あつ》いことに最も敬慕される〉（『救護事業』第四二三号）

養育院で「故渋沢院長追悼会」が挙行されたのは、葬儀の翌日の一六日であった。

追悼時間は、安房分院は午後九時、巣鴨分院と井之頭学校が午前一〇時、板橋本院と板橋分院では午後一時と、各講堂に設けた祭壇に栄一の写真を飾り、全員が涙して栄一を偲んだ。悲しみにつつまれた板橋本院では、作業で得た薄給から香典を送ろうとした者や線香を買ってそなえた者もいた。本院の院長銅像にも白菊の花輪をささげ深厚の弔意を表したのである。

追悼号の『月報』（前掲第三六四号）と次の号から子どもの作文を各校から一名ずつ紹介する。

安房分院の生徒——〈「僕等の院長さん」　尋五　川上吉和　一二歳（抜粋・以下同）〉
院長さんは僕たちのことを寝ても起きてもしじゅう心配して下さったとのことだ。もし院長さんが此世の中にいらっしゃらなかったら僕等はどうなってゐただろう。僕は一生懸命に勉強をして一日も早く立派な人になって院長さんの御恩に報ゆる様に心掛けやう。

巣鴨分院の生徒――〈「院長さんの訃報に接して」　実補三　西田ひさ　一六歳〉

何時でありましたか、一寸記憶には残ってゐませんが、我分院に御出でになって御訓話をなさって下さいました時、「私は君達を自分の子と思ふ、君達も亦《また》た私を父と思って貰ひたい」と御しゃったことを今だに忘れません、本当に私共は院長さんを父と思って毎日を楽しく愉快にしてきました、今父に死なれた私たちは前途の光明を失ったやうな気がしてなりません。然し院長さんは此の世を御去りになっても其御霊はきっと私達を見つめて下さっていることでせう。現に私共の部屋には何時《いつ》も昼夜の別なく私共を励まし叱咤して下さる院長さんの御写真が掲げられてあります。私はこの御写真を拝する毎に満感胸に迫りて恰《あたか》も生ける院長さんに対する如き心地さへいたし云ひ知れぬ涙があふれて来ます。今日迄育み下さいましたその御鴻恩《ごこうおん》に報《むく》ゆるためには一生懸命に勉強致し立派な人となり、院長さんの尊名を恥ずかしめない人とならんことを心から祈って居ります。

井之頭学校の生徒――〈「噫《ああ》院長さん」　実補一　高田九一郎　一四歳〉

その日（冒頭の六月一三日）はいつもの時よりも一そうニコニコして僕等にこれから後、世の中に出て働くについての為になる御訓話をなされた。あれが最後の御言葉であったかと思ふと何だか胸のそこからこみあげてくる悲しみをおさへることが出来ない。噫《ああ》僕等の慈父と慕ふ院長さんはもう幽明境を異にされたのだ。しかし、あのニコニコとした院長さんの面影は僕等の脳裏に深く深く刻み込まれてゐる。僕等の頭からは恐らく一生涯院長さんの御姿は消えぬであろう。院長さんはなくなられた。しかし、院長さんは僕等の胸裏に生きて居られていつも僕等をお守りくださるのだ。僕はこの事を常に念頭においてこれからも一心に学業を励み他日立派な人となって院長さんの御恩の満分の一でも御報ひしなければならぬと堅く決心してゐる。

栄一の逝去した昭和六年一一月末の〈在院者数〉＝二三九三名。（『月報』第三六四号）

創立の明治五年一〇月一五日から栄一逝去の昭和六年一一月までの六〇年間にわたる人数は、

〈入院者総数〉合計＝七万二三〇三名。（窮民一万四五〇・行旅病人五万一九九八・棄児三万五五・遺児一千四〇・迷児三四九七・感化生一七六七）

〈出院者総数〉合計＝三万三二一三名。（詳細は略）

〈逃亡者総数〉合計＝六〇〇六名。

〈死亡者総数〉合計＝三万六九一名、となる。

支援の必要な人々を救済して保護し、労働のある生活を提供して死亡時は手厚く葬る。明治五年に府知事大久保一翁と営繕会議所の委員によって編み出された〈救貧三策〉は、養育院のなかで時代とともに内容を変化させ充実しながら「栄一の時代」に活きていたのである。

渋沢栄一と安達憲忠と田中太郎。彼等の人間に対する平等観と社会を開拓する情熱によって養育院の六〇年の歴史は育まれ創られてきた。歳月の底流には合計金額一三〇余万円という巨額（『養育院六十年史』）な民間人の寄附金が横たわる。富商の実業家集団である営繕会議所の人々の手によって実現した養育院は、以降も、栄一を中心とした東京商業会議所の人々の力で継続してきた。養育院の歴史は、東京商業会議所を軸にした実財界人の活動の裏面史ともいえる。もちろん市井の人々の力も小さくはない。このことは寄附の対象を会社や企業に求めず、他人に対する「親切（思いやり）」のみに価値をおいた栄一の精神が、いつの世でも人々にうけ入れられてきたことになる。寄附金集めには個人の志や理想という精神面の豊かさ以外、金銭に対する考え方やとりあつかい方の綺麗さが問われる。一銭一厘の間違いも無駄もなく、五八年もの間、使い込みや横領などの金銭トラブルを皆無としてきたことは、当然のこととはいえ、高い評価に値する。日本の銀行の開祖と仰がれた「渋沢栄一」が社会に示した模範である。

現代から当時を照射したとき、江戸期の七分積金の生みの親である楽翁公（松平定信）の意志をうけ継いで、消滅の危機に瀕していた本院を再建し、規模壮大な東京市の公的機関へと発展させたその功績が浮上してくる。当時の先進諸国の欧米でさえ、個人が公的機関を創りあげた例はなかったといわれている。そのことは、貧富貴賤の別なく、人間の命の価値を同等にとらえて共生社会を生み出すという、社会変革を成し遂げ、近未来となる現代への社会福祉の道筋をつけたことを意味する。青春時代から標榜してきた官尊民卑を打破し、下層民を排除せず、人間平等の象徴として精神を躍動させて創りあげてきたのが「養育院」であった。直接人々とふれ合って創出した共生社会。そこに社会事業家として生きた「渋沢栄一」の真の偉大さがある。

明治・大正・昭和の時間のなかを、ひた走りに走り、数々の社会文化系事業を世のなかに定着させた栄一。それにしてもこの事実には、人間の無限の可能性をみると同時に、一人の人間がここまで志を達成できるものかとその強靱なパワーに圧倒される。ただひたすら素志を貫徹し、国のため社会のために貢献した近代の聖賢、それが「社会事業家 渋沢栄一」ということができる。

太郎の死

養育院では、栄一が息をひきとった昭和六年一一月一一日の当日、二代目院長事務取扱として東京市の助役十時尊がつき、翌七年四月一六日までつとめた。翌日の四月一七日、三代目院長として田中太郎が就任したのである。しかし、同年六月五日、太郎は永眠。院長となって二か月足らずの五一日目、栄一の逝去から七か月に満たない二〇八日目であった。享年六三。

栄一の葬儀のあとの太郎の憔悴ぶりは激しかった。〈自分の親を失った以上に精神的打撃を受けた。毎日寂寥に打ち克つべく努力をしている〉と、苦悶の心情を部下に吐露している。

栄一との懇親は約三六年。『月報』の主筆に迎えられたときから数えれば約三二年が経つ。

板橋の自宅には「渋沢子爵の間」と称する太郎専用の部屋があり、そこに栄一の揮毫した掛け軸や扁額を掲げ、最後に飛鳥山邸で二人ならんで撮った写真も飾っていた。太郎はその写真を仰ぎみては思い出にふけることが多くなったという（前掲田中清著『田中太郎』以下同）。

妻清子は、栄一を敬慕する生前の太郎の心中を、次のようにおしはかっていた。

田中の病中よく「子爵が早く来い〳〵と仰《おつしや》る」などと申しましたが、その時はさして私も意に留めて居りませんでしたに、今から思えば子爵を追慕の余り、その御後を慕って参ったので御座いませうか、臨終の室は矢張りこの室で御座います。仰げば子爵の御尊影は莞爾《かんじ》として田中を見守り、その御口には「よく来た、手引きしてやるぞ」と仰せられたげに……。

太郎の精神的打撃を〈殉死致しましたの感が御座います〉と、述べたのも清子であった。

もともと健康であった太郎は晩年になって心臓病と喘息の持病に苦しんだが、愛好の煙草はやめなかった。栄一の葬儀を終えた翌年の同七年正月には、通例の湯河原温泉へ保養に行っている。食欲がなく憂鬱の状態に陥ったのは二月ごろからで、三月には体重が減り、下旬から四月上旬にかけて激しく咳きこむようになった。五月一三日、巣鴨分院の楽翁祭直後の一七日には、本院の編集会議へ出、そのあと市会へ行き院長の挨拶。翌一八日、初めて臥床して医者の診察をうけた。

この日、六月五日日曜日。朝刊を読んだ太郎は、午後一時に診察をうけたとき、医師にたずねている。〈生命に危険は無かろうか、有らば遠慮なく申して頂きたい。仕《し》て置《お》きたい事があるから〉。午後三時、容態が急変、意識不明となり昏睡状態のまま家族や親戚、養育院・役所の関係者が見護るなか午後九時に臨終。死因は心臓衰弱とも尿毒症併発とも同書にある。

死の間際、太郎が〈仕て置きたい事〉といったのは『養育院六十年史』を編纂することであった。

院長就任の四月一七日の直後から編纂準備にかかり、五月二日には、太郎が委員長となり、石崎収入役、二井主事、鮎川事務を委員に迎えた。加えて、本院の仕事を手伝っていた記者兼編集者の布川孫一《ぬのかわまごいち》と子息の布川静雄を嘱託に起用している。

布川は、先記の経済学者田口卯吉《うきち》のもとで経済雑誌の記者をするほか、社会学の学問運動家の顔をもち、社会事業関係の知識も豊富。太郎とは東京英和学校（現青山学院）の同級生で親友の間柄であった。太郎は最悪の状況を予感していたのか、布川に編集趣旨について、〈養育院は故渋沢院長の多大な努力に成りしものなれば、院史には、十分に子爵の高徳を表現してもらいたい。それ以外、いうことはない〉と、伝えていたのである。

過去にいくつかの雑誌を発行してきたこともあって、布川の編集能力は抜群であったらしい。編纂スケジュールは〈五、六月は材料の蒐集閲覧《しゅうしゅうえつらん》に費やし、七月より執筆して一二月に脱稿し、二月より校正に着手〉〈三月下旬に製本完納〉と。予定どおり『養育院六十年史』を昭和八年三月に完成させている。濃紺の表紙で菊版八〇〇頁。この分厚い難解な院史をわずか一一か月で完納するとは、まさしく偉業というしかない。編纂日程も太郎の遺言であったという。

ここで「養育院設立動機」に言及すると〈不体裁〉のくだりは布川孫一の筆と分かった。参考文献は営繕会議所の記録であろう。ところが、当取材調査の終盤、公文書の一文に「本来の養育院に関する史料は戦災で焼失し、公文書自体が『養育院六十年史』を参考史料に用いた」とあった。疑問が同書記載の「養育院設立動機」からはじまっているだけに、元の木阿弥、調査をうちきった。が、みえてきたことがあった。〈乞食物貰い〉〈不体裁〉の文言に、学識豊かな太郎と仲のよい布川が、特別なこだわりをもっていたとは考えにくい。第4章で明記した創立当初の本院規則にも、救護者への温かな眼差しこそあれ蔑視観がなかったところから、布川は当時、日常的に言い交わされていた言葉をごく普通に用いたのではないか、という結論にいたったのである。

太郎宿願の『養育院六十年史』は、その後、東京市と東京都の『養育院史』の原本となって平成の時代まで活用された。そこに無言で大仕事に挑もうとしていた太郎の姿がかさなってくる。

　富貴も地位も名声も求めず一生を賭けて貧しき者の友となり、自ら奉ずる事薄く終始一貫唯労働に其の身を酷使し、人一倍の働きを致しました事は、其の此世《こ》に在りし年月以上生きたとも申せませう。此意味に於いて、人間として偉かったと申すに憚《はばか》りませぬ。

妻清子が記すこの太郎の評価〈人間として偉かった〉に異論を唱える人はいない。

太郎は正真正銘「貧しき者の友」であった。

六月八日、葬儀が芝公園の増上寺で営まれた。「宏徳院慈心行道居士」

養育院の幹事歴約一四年。東京市職員として安達憲忠からうけついだ業務を、栄一によりそって充実させ、養育院を未来へつながる盤石な公的機関へと発展させたのが太郎であった。近代社会事業の代表的功労者である東京出身の田中太郎は、現在、増上寺の近くの某寺で眠っている。

その秋。昭和七年一〇月一五日。養育院は「創立満六〇年」を迎えた。記念祭典を本院講堂で挙行している。来賓には、故渋沢院長の遺族である子爵渋沢敬三の代理として渋沢武之助、故田中院長の妻清子と故安達幹事の妻わか、ほかに各大臣・市会の重鎮をはじめ五〇〇余名が参会。

翌一六日、本院発展に献身的な努力をされた故渋沢院長、故安達憲忠・故田中院長の霊を迎えて慰藉する「慰霊祭」が行われた。三氏の遺族がそろい、本院職員二〇〇余名と在院者・分院・学校代表が列席。遺族代表で渋沢武之助が謝辞を述べた。

翌一七日、「記念運動会」が井之頭学校で、二二日には、巣鴨分院において盛大に開催された。栄一・憲忠・太郎の愛し育てた子どもたちの歓声が青空高く響きわたったのである。

（了）

る。これ等の事業は、出来事やその内容の変遷もふくめて、『養育院史』に記録としてわずかな分量でも遺されているが、渋沢サイドの史料や『養育院日報』を渉猟《しょうりょう》しても、そこに章立てや項目に用いるほどの渋沢の言動を汲みとれなかった。国と市の職員を相手に、安達憲忠が持論をまげずに闘い、養育院にペスト患者を入れなかったことで在院者を救ったという、現在のコロナ禍の状況にあっては他人事とは思えない事象もあるが、そこに安達の姿はあっても、渋沢の言動がみえてこなかったために、とりあげなかったという材もある。

もともと私は現場の取材を主とするルポライターである。本稿を書くにあたっては、史料を取材するという姿勢になっていた。取材にも出かけた。紙面に登場しないものの、現在はどうなっているのだろう、という思いから、渋沢に関係する現在の企業、学校関係、人々を訪ねている。東京都の施設関係者はもとより、西村勝三の調査では「東靴協会」、生誕地である千葉県佐倉でご案内いただいた堀田正典氏、西村系譜の西村昭氏など、それはかなりの数にのぼる。安達憲忠の再就職先の「上宮会」、渋沢が阪崎朗盧を訪ねた事績をもつ岡山の高等学校「興譲館」、同県で石井十次が岡山孤児院を創設した跡地に建つ養護施設「新天地育児院」、憲忠修行僧時代の「願興寺」、千葉県船形において常時物品の寄附をつづけていたご子孫の方々、石川県の「陽風園」からは史料をお送りいただいた。写真をお借りした「渋沢史料館」、板橋の「東京都健康長寿医療センター」顧問の稲松孝思氏には『養育院百年史』『同八十年史』の写真入りCDをお借りした。元編集者の田中万里子さんにもお世話になった。ここでわずかな方しか明記できないのを心苦し